Der Inka

Alberto
Vázquez-Figueroa

Der Inka

Deutsch von
Elke Krüger

Weltbild

Originaltitel: *Viracocha*
Originalverlag: *Plaza & Janes Editores, S.A.*

Besuchen Sie uns im Internet:
www.weltbild.de

Weltbild Buchverlag –Originalausgaben–
Genehmigte Taschenbuch-Lizenzausgabe für Verlagsgruppe Weltbild GmbH, Steinerne Furt 67, 86167 Augsburg

Published by Arrangement wirh Alberto Vázquez-Figueroa
Dieses Werk wurde vermittelt durch die Literarische Agentur Thomas Schlück GmbH, 30827 Garbsen.
Weitere Informationen zum Autor unter www.uklitag.com
2. Auflage 2007

Projektleitung: Dr. Ulrike Strerath-Bolz
Umschlaggestaltung: Hauptmann & Kompanie Werbeagentur GmbH, München
Umschlagabbildung: RMI © Brooklyn Museum of Art / Corbis
Satz: Uhl + Massopust, Aalen
Druck und Bindung: GGP Media GmbH, Pößneck

Gedruckt auf chlorfrei gebleichtem Papier
Printed in Germany

ISBN 978-3-89897-286-4

FÜR
CARLOS ARES

1

Die auf jener Seite gehen zurück nach Panama, um für immer in Ungnade und Elend zu leben. Die auf dieser Seite jedoch folgen mir, um neue Länder zu erobern und Ruhm und Reichtum zu erlangen. Möge ein jeder als Kastilier sich das auswählen, was ihm besser gefällt…

Wieder einmal fiel ihm der heruntergekommene Alte ein, dessen vom Fieber verzehrtes Gesicht, verborgen hinter einem verfilzten Bart, eine Verzweiflung widerspiegelte, die von jahrelangem Hunger, Krankheiten und Elend herrührte. Seine Augen jedoch verrieten, daß er trotz aller Übel, die er von Kindesbeinen an durchgemacht hatte, immer noch – und sein Leben neigte sich dem Ende zu – der wagehalsigste und dickköpfigste aller Capitánes aus Extremadura war.

Mit der stumpfen Spitze seines kümmerlichen Degens hatte der Alte gerade einen Strich in den Sand gezogen, und beim Anblick der rostigen Rüstung, die ihm um seine magere Brust schlackerte, empfand er Erbarmen. Er wehrte sich gegen den traurigen Gedanken, daß es langsam Zeit wurde, diesen alten, müden Kämpfer für verrückt zu erklären.

Aber dort stand er, allein jenseits des in den Sand gezeichneten Strichs; und wieder einmal forderte er sie heraus mit seinem feurigen Blick. Sein Rücken war von Alter und Leiden leicht gekrümmt, und drei weiße, dünne Haarsträhnen guckten hartnäckig unter dem verbeulten Helm hervor, der eher einem alten Küchentopf glich als einem Schutzhelm.

Ohne Zweifel war es das Ende des blödsinnigsten Unternehmens der letzten hundert Jahre, und dennoch vertraute der verlotterte Haufen blind darauf, daß der unbekannte Süden den erhofften Reichtum barg, während eine Rückkehr in die Heimat lediglich eine Rückkehr ins Elend bedeutete.

Ein Raunen erfaßte wellenförmig die Menge der erschöpften Männer, die der Szene beiwohnten. Alonso de Molina blickte seinen Capitán an; der wiederum schaute ihn an, als wollte er ihn hypnotisieren, so daß er seinen Blick abwenden mußte, denn er wußte, der Alte könnte ihn überzeugen, ohne überhaupt noch ein weiteres Wort zu erwähnen.

Dann wandte sich der Alte Bartolomé Ruiz zu, als wäre der im Grunde seine letzte Hoffnung, und nach einigem Zögern machte der andalusische Steuermann drei Riesenschritte und überquerte damit die alberne Linie. Ihm folgten mehrere Männer, deren Namen ihm entfallen waren, und schließlich auch er selbst, Alonso de Molina. Er sollte sich nie darüber im klaren werden, was ihn zu diesem Schritt bewogen hatte, und ob er ihn an fünfter oder sechster Stelle tat. Nach einem Jahr verloren Einzelheiten jede Bedeutung, und niemand dürfte sich noch daran erinnern, was auf der einsamen Isla del Gallo vorgefallen war, und wie viele Traumtänzer sich abermals dem verrückten alten Pizarro anvertraut hatten.

Mittlerweile waren alle endgültig in den Norden zurückgekehrt, in die Armut und den Frieden ihrer Heimat in Panama, Santo Domingo, Spanien oder Nicaragua, und er war wahrscheinlich der einzige, in dessen Ohren noch die Worte des heruntergekommenen Capitáns nachklangen, der weiterhin davon träumte, mit Hilfe eines Dutzends hungriger Spinner ein riesiges Reich zu erobern.

Hätte er an jenem traurigen Morgen eine Vorstellung von dem gehabt, was er jetzt über Größe und Macht dieses Reiches zu ahnen begann, das der starrsinnige Pizarro mit seiner einfältigen Kriegstruppe unbedingt zu erobern gedachte, so wäre ihm die hochdramatische Szene noch lächerlicher vorgekommen, und anstelle von Erbarmen für die letzte kühne Geste seines nicht zu bändigenden Anführers wäre er in lautes Gelächter ausgebrochen.

»Cortés hat es getan!«

Tausendmal hatte er sich das anhören müssen, und tausendmal führte er selbst es an, um sich oder die Ungläubigen zu überzeugen, aber es kam ihm immer haltloser vor, je weiter er in dieses geheimnisvolle Reich vordrang, von dem nie irgend jemand etwas anderes als Unsinn zu berichten wußte.

Damals hatten ganz andere Zeiten geherrscht. Die Leute, die Cortés auf seinen Eroberungszügen durch Mexiko begleiteten, waren aus anderem Holz geschnitzt gewesen. Vor allem aber war das Volk, dem sich Pizarro gegenübersah, ganz anders, und es war unvorstellbar, daß jemand mit einer derartig jämmerlichen Truppe eine so stabile Organisation wie die inkaische ins Schwanken bringen könnte.

Sein Blick glitt über die dicken Mauern der weiträumigen Herberge, in der er übernachtet hatte. Einmal mehr bewunderte er, mit welch ausgefeilter Technik die Steine bearbeitet worden waren, und wie mathematisch genau sie ineinander verfugt waren. Er dachte an die prächtige Stadt Tumbez, an das kolossale Bauwerk der Küstentalbewässerungsanlagen oder an die zarte Schönheit ihrer Keramik-, Web- und Schmuckarbeiten und gelangte erneut zu dem Schluß, daß weder Cortés noch Alvarado, weder Balvoa noch irgendein anderer großer Capitán seiner Zeit an die Eroberung eines solchen Reiches auch nur gedacht hätte.

Und dennoch glaubte er, daß der hartnäckige Francisco Pizarro zurückkehren würde. Ohne Zweifel, um noch einmal zu scheitern, aber so entschlossen wie immer, den großen Sieg zu erringen, den der Himmel ihm hartnäckig verweigerte. Man konnte fast glauben, daß in seinen Venen nicht das rote Blut eines Christen floß, sondern das schwarze Gift eines Menschen, der nicht bereit war, ins Grab zu gehen, ohne seinen Namen mit Feuer und Schwert der Menschheit eingebleut zu haben.

In seinem Alter sehnten sich die alten Leute drüben in Ubeda nach nichts anderem als einem Sonnenstrahl am Morgen und einem Glas guten Weines am Nachmittag, aber jener Extremeño strebte noch danach, tausend Schlachten zu schlagen, hundert Städte auszurauben und seinem König eine Million ergebener Sklaven zu verschaffen. Alonso de Molina war im Schoße einer glücklichen Familie geboren worden und hatte eine sorgenfreie Jugend verlebt. Dennoch verstand er besser als viele andere, warum jener arme Analphabet, unehelicher Abkömmling eines Edelmannes zweifelhafter Herkunft, sich zwanghaft von dem Rest seiner Zeitgenossen abheben wollte. Für Pizarro stellte die Eroberung eines Reiches die einzige Hoffnung dar, ein Leben zu rechtfertigen, das ihn mit nichts als Schlägen und Quälereien bedacht hatte und ihm nur zwei Alternativen bot: den totalen Sieg oder die übelste Niederlage.

Er würde zurückkehren, entweder um zu siegen oder um zu sterben. Alonso de Molina hatte den alten Dickschädel allerdings schätzen gelernt und wollte dessen sicheren Untergang nicht mit ansehen.

Er hörte Stimmengemurmel, das aus der benachbarten Herberge kam, dann feste Schritte, die sich näherten. Gerade setzte er sich auf die Matte, als ein kleiner, aber energisch wirkender Mann eintrat. Er trug ein buntes Gewand und Sandalen aus feinem Leder, und seine Brust zierte das Erkennungszeichen der *curacas*, der Herren von Vasallen.

Schweigend betrachteten sie sich einen Augenblick, und es sah so aus, als wäre der soeben Erschienene zutiefst beeindruckt von der hochgewachsenen Erscheinung mit den hellen Augen und dem dichten Bartwuchs, obgleich er auf dessen ungewöhnlichen Anblick bereits gefaßt zu sein schien.

»Ich heiße Chabcha...«, sagte er schließlich, während er sich mit dem Rücken zur Wand auf eine Steinbank setzte. »Chabcha Pusí, *curaca* von Acomayo, und ich bin angewiesen, dich abzuholen.«

»Wohin sollst du mich bringen?«

Es dauerte ein wenig, bis der andere antwortete, als benötigte er eine gewisse Zeit, um zu begreifen, daß jenes merkwürdige Wesen seine Sprache sprach.

»Nach Cuzco«, sagte er schließlich. »Der *inka* will dich sehen.«

»Huascar?«

»Gibt es vielleicht einen anderen?« fragte der *curaca* mit Erstaunen in der Stimme.

»Ich habe gehört, daß sein Bruder auch nach dem Thron strebt.«

»Atahualpa ist nur sein Stiefbruder, ein Bastard ohne Nachfolgerechte. Nur die Milde Huascars hat es verhindert, daß die Strafe der Götter auf sein unwürdiges Haupt fällt, aber die Geduld meines Herrn geht langsam zu Ende.«

»Soweit ich das beurteilen kann, sollte dein Herr achtsam sein, denn der Machtbereich seines Stiefbruders erweitert sich zusehends.«

»Ich glaube kaum, daß diese Sache dich was angeht. Wie heißt du?«

»Molina ... Capitán Alonso de Molina, geboren in Ubeda.«

Der Eingeborene brauchte erneut einige Zeit, um den unverständlichen Namen aufzunehmen, den er soeben gehört hatte, und als er ihn vollständig in seinem Gedächtnis gespeichert hatte, sagte er: »Hör gut zu, Capitán Alonso de Molina, geboren in Ubeda ... Ich persönlich kann nicht darüber entscheiden, ob du ein Gott bist oder ein Normalsterblicher aus fernen Ländern, aber etwas solltest du bedenken, wenn du in Frieden bei uns leben willst: Die höchste Autorität des *inka* läßt keine Diskussionen zu, und wer seine Autorität in Frage stellt, gerät in Mordverdacht.«

»Hör du mir auch gut zu, Chabcha Pusí, *curaca* von Acomayo ... Ich habe in deinem Land das Schiff verlassen und bin bereit, die Obrigkeit seines Herrschers anzuerkennen, wer immer es auch sei, aber seitdem ich in Tumbez das Land betrat, erzählen mir einige von Huascar, andere von Atahualpa; die einen soll ich nach Cuzco begleiten, die anderen nach Quito; die einen möchten mich wie einen Gott anbeten, die anderen wie einen Hund steinigen ... Welche Haltung soll ich denn einnehmen, wenn ihr euch weigert, mir irgendeinen Anhaltspunkt zu liefern?«

»Warum hast du das getan?« – »Was?«

»Warum bist du in Tumbez an Land gegangen, obgleich deine Begleiter wieder aufs Meer hinausgefahren sind?«

Der Spanier sah ihn lange an, während er sich mit gerunzelter Stirn genüßlich den verfilzten Schnurrbart kratzte, was die flaumbärtigen Eingeborenen – wie er bereits festgestellt hatte – immer wieder verwirrte. Schließlich zuckte er nur die Schultern und winkte ab: »Das ist zweifellos eine gute Frage, die ich mir oft selbst stelle«, meinte er. »Wie, zum Teufel, kam ich auf die Idee, in einem unbekannten Land zu bleiben, wo doch alles, was mir am Herzen liegt, so weit entfernt ist?« Er zuckte ratlos die Achseln. »Ich weiß noch keine richtige Antwort, hoffe aber, sie eines Tages zu finden.«

»Wie hast du unsere Sprache gelernt?«

»Von einigen Gefangenen aus Tumbez, die Bartolomé Ruiz auf einem abgedrifteten Floß fand und zur Isla del Gallo brachte. Ich war schon immer gut in Sprachen. Als Kind habe ich Latein und Griechisch gelernt, als Junge Portugiesisch und Italienisch und als Soldat Deutsch und Flämisch…« Er lachte belustigt. »Aber vermutlich kommt dir das sehr spanisch vor…«

Der *curaca* zeigte mit einer Handbewegung hinter sich, wo man den Ozean vermutete. »Gibt es viele Länder jenseits des Meeres, von wo du kommst?«

»Ja, viele«, nickte Alonso de Molina. »Zu viele vielleicht, den Streitereien nach zu urteilen, die sie vom Zaun brechen… Habt ihr denn keine Nachbarn, die andere Sprachen sprechen?«

»Doch, die haben wir«, gab der Inka zu. »Aber das sind nur *inkas,* Wilde ohne Gesetz und Ordnung, ohne Gott, die sich außerdem gegenseitig fressen…« Für einen Moment wurde er nachdenklich. Versunken strich er sanft den Saum seines Gewandes glatt, eine unbewußte Geste, die er oft wiederholte. Plötzlich schien er zu einem Entschluß gekommen zu sein und stand mit einem Mal auf: »Es ist Zeit zu gehen«, sagte er. »Der Weg ist weit.«

Draußen war es kalt. Zwei Dutzend Soldaten und einige ausdauernde Träger warteten dennoch am Wegrand, und obgleich sich auf den undurchdringlichen Gesichtern mit ihren Adlernasen und dunklen Schlitzaugen selten eine Gefühlsregung zeigte, sah man eindeutig, daß das Erscheinen des Spaniers sie doch bewegte, denn die monströse Erscheinung des bärtigen Riesen, der in glitzerndes Metall gekleidet und mit einem langen Degen und einem »Donnerrohr« bewaffnet war, überstieg bei weitem ihre Vorstellungskraft.

Alonso de Molina hielt ihren Blicken stand, und schließlich wandte er sich an seinen Begleiter: »Wo sind ›Großohr Flötengesicht‹ und seine Männer?«

»Sie sind nach Tumbez zurückgekehrt«, lautete die unfreundliche Antwort. »Und dieser ›Großohr Flötengesicht‹, wie du ihn nennst, ist Chili Rimac, ein direkter Verwandter meines Herrn, dem *inka*. Ich rate dir zu etwas mehr Respekt allen gegenüber, die königliches Blut in sich tragen.«

»Der hatte aber wenig Blut«, erwiderte Molina in eindeutig verächtlichem Tonfall. »Und mehr Angst als Verstand. Überall sah er Feinde, und Ginesillo erlaubte er nicht einmal, näher zu treten, weil er ein Schwarzer war.«

»Schwarzer?« wiederholte der *curaca* ungläubig. »Ein *schwarzer* Mann?«

»Schwarz wie Kohle. Ginesillo ist schwärzer als die Steine der Mauer.«

»Womit bemalt er sich?«

Der Andalusier brach in schallendes Gelächter aus, was die Soldaten in Unruhe versetzte und die Träger aufschreckte: »Er bemalt sich nicht«, erwiderte er. »Als hätte der sonst keine Sorgen! Er wurde so geboren.«

»Unmöglich«, behauptete der Eingeborene und schüttelte entschieden den Kopf. »Noch nie habe ich von einem schwarzen Menschen gehört.«

»Wenn du dich selbst überzeugen möchtest, so brauchst du nur nach Tumbez zu gehen. Dort schnappt er sich jedes Mädchen, das ihm über den Weg läuft. Das verfluchte Großohr wollte ihn nicht mitnehmen, ich verstehe bis jetzt noch nicht den Grund dafür. Seit Jahren unternehmen wir alles zusammen…«

Sein Begleiter sah zutiefst bekümmert aus. »Von einem schwarzen Mann hat er mir nichts erzählt«, flüsterte er. »Noch weiß irgend jemand anderer in Cuzco etwas von seiner Existenz. Die Boten sprachen von einem großen, weißen, bärtigen Mann. Der Herr des Donners und des Todes, aber nicht mit einem einzigen Wort wurde ein…, ein Schwarzer erwähnt. Bist du sicher, daß du nicht träumst?«

»Jetzt reicht es aber«, protestierte Alonso de Molina. »Du wirst mich doch nicht enttäuschen. Ist es denn so schwer, sich einen Menschen vorzustellen, dessen Hautfarbe wie die deines Haars ist?« Er berührte den Inka mit seinem Unterarm. »Ich bin weiß, du kupferfarben, was ist denn so komisch daran, wenn andere dunkelhäutig zur Welt kommen?«

Chabcha Pusí, *curaca* von Acomayo, benötigte eine Weile, um die Fülle von Neuigkeiten, die er in so kurzer Zeit erfahren hatte, zu bewältigen. Nachdem er sich wiederholt den Saum seines Gewandes glattgestrichen hatte, schüttelte er den Kopf, ging zu dem Nächststehenden seiner Gefolgschaft und flüsterte ihm leise etwas zu.

Der Spanier nutzte die Gelegenheit, um auf einen Strauch zu pinkeln und sich somit der unter den Leuten aufgekommenen Unruhe zu entziehen, welche währenddessen miteinander tuschelten und versuchten, sich darüber zu einigen, ob es sich nun um einen Gott oder einen Normalsterblichen handelte. Dabei ließ er seinen Blick über die Wüste schweifen, die sich am Ufer eines grauen, bleiernen Meeres erstreckte, denn die grünen Flecken, die Tumbez umgaben, waren mittlerweile einer monotonen, trockenen Ebene gewichen, überdacht von einem endlosen, trüben Himmel, dessen Licht die Umrisse der Dinge verschwimmen ließ. Dies war zweifellos die traurigste Einöde, die er im Laufe seiner mehr als dreißig

Lebensjahre erlebt hatte, denn der trockene Hitzenebel hatte weder mit dem Dunst im Gebirge noch mit den morgendlichen dichten Nebelschwaden im tiefsten Urwald eine Ähnlichkeit, sondern war eher eine klebrige, abgestandene Luft, wie leblos, und verlieh den Gegenständen, Tieren und sogar den Menschen einen deprimierenden Ausdruck.

Das *tambo* oder Fort, in dem er gerade übernachtet hatte, erhob sich schwarz und herausfordernd am Wegrand an einem düsteren Schlund, der ein langes, ins Gebirge führendes Tal freigab. Die übrigen Gebäude, die in der Umgebung verstreut lagen, waren aus getrockneten Lehmziegeln gebaut, so brüchig, daß nur wenige Tropfen sie wie ein Zuckerstück zum Schmelzen gebracht hätten.

»Wann hat es hier zum letzten Mal geregnet?«

Der *curaca*, der sich wieder genähert hatte, während zwei seiner Männer sich eilig auf den Weg nach Tumbez machten, schaute angesichts der unvermittelten Frage überrascht um sich. Schließlich schüttelte er fast unmerklich den Kopf: »Seit *Viracocha* die Meere und Länder geschaffen hat, ist diesseits der Berge niemals ein Tropfen Wasser gefallen. Es war die Strafe für den boshaften Versuch der Bewohner, ihn zu Tode zu steinigen. Er verfluchte sie auf ewige Zeiten, indem er ihnen das Blau des Himmels und den Segen des Regens raubte.«

Später, als Alonso de Molina auf dem Weg die wenigen Ortsansässigen beobachtete, gelangte er zu dem Schluß, daß die Strafe dieses Gottes äußerst gerechtfertigt war, denn diese Leute schienen ihm die schmutzigsten, unfreundlichsten und trübsinnigsten Gestalten zu sein, denen er je auf seinen vielen Reisen durch alle möglichen Länder dieser Erde begegnet war. Chabcha Pusí schien sich in ihrer Nähe auch nicht wohl zu fühlen, denn sobald er und seine Soldaten in eines der düsteren Käffer einzogen, schnalzten sie mit der Zunge, womit sie die Männer, die sie auf ihren Schultern trugen, zu einem kurzen Wettlauf anspornten.

Der Spanier hatte sich geweigert, die Reise auch nur streckenweise in einer Sänfte zurückzulegen, nicht so sehr, weil es ihm unangenehm war, jemanden zu einem derartigen Dienst zu nötigen, sondern vielmehr aus dem Gefühl heraus, unter solchen Umständen jedem unvorhergesehenen Zwischenfall gegenüber wehrlos zu sein. In all den Jahren der Kämpfe und Hinterhalte hatte er sich daran gewöhnt, nach allen Seiten hin ständig wachsam zu sein, und dank seiner schnellen Reaktion und einer Art sechsten Sinns, der ihn Zehntelsekunden im voraus vor anstehenden Unannehmlichkeiten warnte, war er dem Tod mehr als einmal entronnen. Nun wartete eine sehr lange Reise auf ihn, durch ein Land, das noch nie ein Europäer zuvor betreten hatte. Er wußte nicht, welche Art von Gefahr an jeder Wegkurve auf ihn lauern konnte. Daher war er auch nicht bereit, der verlockenden Bequemlichkeit einer Sänfte nachzugeben und etwas von seiner Verteidigungskraft einzubüßen.

Als sie an diesen Bauern vorbeizogen, die beim Anblick des Zuges zwar ergeben den Kopf senkten, aus dem Blickwinkel jedoch die Truppe auf Schritt und Tritt beobachteten, die Hände unter ihren weiten Kleidern versteckt, ging er stolz erhobenen Hauptes an ihnen vorbei, umklammerte seine Arkebuse und ließ das Blei seines Degens gegen den Brustharnisch seiner glänzenden Rüstung klingen. Er hatte mitbekommen, daß seine Größe – er war fast zwei Spannen größer als der korpulenteste eingeborene Soldat –, seine Waffen, seine Kleidung und vor allem sein dunkler, dichter Bart die Einheimischen in Angst und Schrecken versetzten. Trotzdem war ihm völlig klar, daß dieses anscheinend so friedfertige Volk sich in der Stunde der Wahrheit in einen schrecklichen Feind verwandeln konnte.

»Schlechte Menschen«, murmelte Chabcha Pusí verächtlich und spuckte auffällig aus, als sie wieder eine Ansammlung elender Hütten hinter sich gelassen hatten. »Schlecht, verräterisch und faul. Als mein Herr Huayna Capac noch lebte, verpflichtete er jeden einzelnen, zu jedem Vollmond ein Röhrchen voller Flöhe abzuliefern. Sie ließen sich sonst aus lauter Faulheit von diesen Tieren bei lebendigem Leibe auffressen. Sobald die Dinge wieder in normalen Bahnen laufen, werde ich meinem Herrn Huascar diese Steuer anraten.«

»Kennst du Huascar gut?«

»Niemand wagt den Versuch, den *inka* kennenzulernen«, antwortete er überraschend leise, als fürchtete er, von jemandem gehört zu werden. »Er stammt vom Sonnengott ab, und bekanntlich wird man blind, wenn man direkt in die Sonne schaut.«

»Hierzulande nicht«, bemerkte der Andalusier und wies auf die trübe Scheibe, die durch den staubigen Dunst kaum zu sehen war. »Hierzulande nicht, denn ich habe nie so viele Blinde und Einäugige auf einmal gesehen. Wie kommt das?«

Der Inka blieb stehen und schaute ihn forschend an, dann ließ er seine Hand erneut an den Saum seines Gewandes gleiten, während er fast unhörbar murmelte: »Du bist ein guter Beobachter. Geradezu gefährlich. Unsere Weisen brauchten Jahre, um herauszufinden, daß dies ein Volk ist, über das die Götter des öfteren die höchste Strafe der Blindheit verhängten, und du bemerkst es sofort auf der ersten Durchreise. Warum?«

Alonso de Molina lächelte und zeigte dabei sein breites Gebiß: »Vielleicht geht das auf meinen geliebten Großvater zurück, der erblindete, als ich noch ein Kind war. Das hat mich zutiefst bewegt und für immer geprägt. In Almeria, in der Nähe meines Heimatdorfs, leiden die Menschen seit langem an mangelnder Sehkraft. Aber ist es denn gefährlich für die Sicherheit des Reiches, wenn mir solche Dinge auffallen?«

»Spione achten immer auf alles.«

»Aber sie hüten sich, darüber zu reden«, lachte der Spanier. »Davon hängt ihr Leben ab.«

Er wollte noch etwas hinzufügen, aber eine Unruhe, die jäh unter den vorausgehenden Soldaten ausgebrochen war, hielt ihn davon ab. Man hörte ein Stimmengewirr, und der Zug hielt, als der truppenanführende Offizier bedrückt auf sie zu kam.

»Eine grüne Schlange hat den Weg von Nord nach Süd überquert«, sagte er ernst. »Sie hatte zwei weiße Flecken neben dem Kopf.«

Chabcha Pusí schien zutiefst beeindruckt und fragte im gleichen tragischen Tonfall: »Wie groß war sie?«

Der Offizier zögerte einen Moment, bis er mit den Händen eine Länge beschrieb, die der seiner Arme entsprach. Dies machte den Inka noch nachdenklicher. Schließlich befahl er trocken: »Wir halten an, bis die Sonne ihren höchsten Punkt erreicht hat und ihren Rückzug antritt.«

Er setzte sich auf die Sänfte, die die Träger abgestellt hatten und bereitete sich darauf vor, geduldig auf die anberaumte Zeit zu warten. Alonso de Molina ging zu ihm und hockte sich beunruhigt ihm gegenüber. »Willst du wirklich wegen eines solchen Unsinns anhalten?«

»Unsinn?« erwiderte der *curaca* überrascht. »Nichts ist unheilverkündender, als daß eine Schlange den Weg nach Cuzco in Nord-Süd-Richtung überquert. Ich wäre verrückt, wenn ich nicht anhielte.«

»Ach du meine Güte!« rief der Andalusier staunend. »In Ubeda lassen sich alte Weiber aufscheuchen, wenn ihnen eine schwarze Katze über den Weg läuft, und sogar viele Männer fluchen und schimpfen, wenn sie eine Schlange sehen, aber deswegen eine Reise mitten in der Wüste zu unterbrechen, halte ich für übertrieben.«

»Die Zeit können wir wieder herausschlagen, aber die Gunst der Götter kann niemand wiedergewinnen. Sie haben ihre Regeln, und die müssen wir einhalten.«

Offensichtlich war er nicht bereit, über dieses Thema weiter zu diskutieren. So lehnte sich der Spanier an einen Felsen und betrachtete die karge Landschaft und eine Gruppe von Menschen, die sich in einiger Entfernung damit beschäftigte, mit Hilfe von sperrigen Holzwerkzeugen die trockene Erde umzugraben. Beim Anblick ihrer vergeblichen Mühe und der spärlichen Ergebnisse, die ihnen dieses steinige Gelände lieferte, fragte er laut: »Was machen die eigentlich? Warum verlassen sie diesen unwirtlichen Ort nicht? Nördlich von hier gibt es genügend fruchtbaren Boden und noch weiter oben in den Bergen muß es menschenfreundlichere Gegenden geben. Wieso wollen sie in dieser Hölle hier unbedingt ihren Lebtag verbringen?«

Der Inka drehte sich um, und offensichtlich brauchte er eine Zeitlang, um das aufzunehmen, was ihm gerade zu Ohren gekommen war. Schließlich meinte er in aller Selbstverständlichkeit: »Dieses Land ist genau seinem Stamm zugeteilt, und niemandem ist erlaubt, es ohne Genehmigung zu verlassen. Wer soll denn ein Land regieren, in dem die Menschen dorthin ziehen, wo es ihnen gefällt und sich in den Landstrichen anderer niederlassen? Wer würde ihnen ihre Pflichten beibringen, ihre Steuern eintreiben oder ihnen die Lebensmittel liefern, auf die sie ein Anrecht haben?«

»Also ist hier niemand frei?« fragte der Spanier bestürzt.

»Frei?« wiederholte der *curaca*. »Nur die Vögel im Himmel und die wilden Tiere im Urwald sind Herren ihrer selbst und können gehen, wohin es ihnen beliebt, aber zur Strafe ist ihnen das höchste Gut, der Sonnengott, verwehrt. Die *cuka*-Stämme jenseits der Grenzen streifen aufs Geratewohl durch die Wälder, aber wir unterwerfen sie, weil unsere Kraft auf der Tatsache beruht, immer den Befehlen des *inkas* zu gehorchen. Er macht uns frei, und außerhalb seines Gesetzes existiert nur Chaos, Untergang und Sklaverei. Jedes Volk, das regieren will, muß zuerst lernen, regiert zu werden.«

»Wenn das so ist«, meinte Alonso de Molina zu sich selbst, »so glaube ich nicht, daß unsere Herrschaft über die Länder, die wir in dieser Neuen Welt erobert haben, lange währen wird, denn wenn es überhaupt ein Volk gibt, dem es gar nicht gefällt, regiert zu werden, so ist es meins.«

2

Am Spätnachmittag sahen sie auf dem Gipfel einer weit entfernt liegenden Anhöhe einen weiteren *tambo,* und sie beschleunigten ihren Schritt, um ihn noch vor Einbruch der Dunkelheit zu erreichen, denn jene kleinen Befestigungen waren offensichtlich so errichtet worden, daß die Entfernung von einem Wanderer an einem Tag zurückgelegt werden konnte.

Bei ihrer Ankunft hatten die Wächter bereits ein Feuer entfacht und waren dabei, das einzige Mahl des Tages zuzubereiten, das aus dickem Maisbrei, etwas Trockenfleisch und einigen merkwürdigen Knollen mit rauher Haut und mehligem Inneren bestand, die sie direkt auf die Glut des Feuers legten.

»Na, ich weiß nicht recht!« protestierte Alonso de Molina und zog beim Anblick jener dicken Kugeln mit verkohlter Pelle entsetzt die Nase kraus. »Kohle habe ich noch nie gegessen, und eigentlich verlangt mein Körper nach einem solchen Marsch nach etwas Vernünftigem.« Er zeigte auf die hohen Bergspitzen der Kordilleren, die bereits sehr nah gerückt zu sein schienen. »Gibt es keinen anderen Weg nach Cuzco?« fügte er hinzu. »Ich stamme aus dem Flachland, und dieses Bergklettern ist eher Sache der Ziegen.«

Chabcha Pusí, der sich gerade neben ihn setzte, lächelte flüchtig, etwas sehr Ungewohntes, denn gewöhnlich war er ernst und abweisend. »Nein«, erwiderte er. »Den gibt es nicht, weil die Stadt von einem *inka* vor den Pforten des Himmels errichtet wurde. Viele Berge werden wir erklimmen müssen, um nach Cuzco zu gelangen.«

Lustlos auf seinen heißen Ballen herumkauend, entgegnete Molina fast ängstlich: »Wie lange wird es denn dauern?«

»Das hängt von deinen Beinen ab und davon, ob die Regenfälle die Brücken über den Flüssen fortgeschwemmt haben oder nicht. Wahrscheinlich werden wir beim nächsten Vollmond dort sein. Es gibt nichts Wunderbareres, als bei Vollmond in Cuzco anzukommen und die Stadt im Mondschein glänzen zu sehen.«

»Einen Monat!« fuhr der Andalusier erschreckt hoch. »Willst du mich etwa einen Monat lang durch diese Berge scheuchen? Du bist ja verrückt!«

»Nein«, antwortete der andere ungerührt. »Und wenn du nicht laufen willst, werden meine Träger dich auf den Schultern tragen.«

»Auf den Schultern! Wer hätte das gedacht! Hätte ich doch wenigstens ein Pferd!«

»Ein was?«

»Ein Pferd.«

»Was ist das?«

»Ein Tier. Ein Tier mit vier Beinen wie die Lamas oder Vikunjas, nur größer. Du steigst drauf, und es trägt dich.«

Der Eingeborene sah ihn von der Seite an, nahm eine der schwarzen Kugeln und sagte, während er sie zu schälen begann: »Kein Tier ist so groß, daß es einen Menschen tragen könnte.«

»Natürlich. Sogar zwei Menschen oder noch mehr. Einmal kamen ein paar Zigeuner durch Ubeda und hatten einen Elefanten dabei. Der war so hoch wie die Mauer dort und konnte ein halbes Dutzend Menschen befördern.«

Chabcha Pusí kaute bedächtig, und ohne Veränderung in seiner Stimme murmelte er: »Das ist gelogen!«

Alonso de Molinas Hand fuhr instinktiv an den Griff seines Degens. Das brachte die um das Feuer hockenden Soldaten dazu, sich unverzüglich auf ihre eigenen Waffen zu stürzen, aber ihr Chef winkte ab: »Entschuldige, wenn ich dich beleidigt habe, aber eigentlich bist du es, der mich beleidigt, wenn du meinst, ich nehme dir eine solche Geschichte ab. Ein Tier, so groß wie die Mauer dort, das auch noch sechs Personen tragen kann! Wer hält das für möglich?« Der Spanier, der sich zu beruhigen suchte und sich der Gefahr dieses Zwischenfalls voll bewußt war, wurde für eine Weile nachdenklich, betrachtete eingehend die Soldaten, die ihn beobachteten. Schließlich sagte er mit überraschender Ernsthaftigkeit: »Hör gut zu, Chabcha Pusí, *curaca* von Acomayo! Wir werden lange Zeit zusammen verbringen müssen. Mich interessieren die Bräuche deines Landes, und vielleicht interessieren dich die meines Landes. Daher ist es am besten, eine Vereinbarung zu treffen: Wenn wir nicht auf eine Frage antworten wollen, so tun wir es auch besser nicht, aber wenn wir antworten, dann nur der Wahrheit entsprechend.«

»Einverstanden.«

»Bist du sicher?«

»Natürlich. Bist du nun der Gott *Viracocha* oder nicht?«

»Das ist eine der Fragen, die ich momentan lieber nicht beantworten möchte.«

»Das ist dein Recht.« Der Inka zeigte auf die Arkebuse, die immer noch an der Wand lehnte. »Ist es wahr, daß dieses ›Donnerrohr‹ einen Menschen auf hundert Schritt Entfernung töten kann?«

»Ja, das ist wahr.«

»Wie kannst du es dann leugnen, daß du *Viracocha* bist, wenn du Donner und Tod beherrschst?«

»Ich habe nichts geleugnet; ich habe mir nur die Antwort vorbehalten.«

»Na gut. Hältst du immer noch daran fest, daß es in deinem Land so große Tiere gibt?«

»Ja. Pferde werden dazu benutzt, sich von einem Ort zum anderen zu bewegen oder sie vor einen Karren zu spannen.«

»Einen was?«

»Einen Karren. Ich weiß nicht, wie man das in deiner Sprache ausdrückt. Ein Lastträger auf Rädern.«

»Was sind Räder?«

»Na, Räder eben! Etwas Rundes mit einem Loch in der Mitte. Dadurch steckt man eine Achse, und dann dreht es sich.«

Er brach ab, weil ihm plötzlich einfiel, daß er während seines langen Aufenthalts in Tumbez nicht auf ein einziges Transportmittel gestoßen war, das sich auf Rädern fortbewegte. Er hatte eine vage Vermutung. »Nein, das ist unmöglich!« rief er aus und klatschte leicht in die Hände.

»Was ist unmöglich? Was meinst du?«

»Daß eine so fortschrittliche Gesellschaft das Rad nicht kennt.«

»So ein rundes Ding mit einem Loch in der Mitte und einer Achse, damit es sich dreht? Das sieht mir nicht nach einer großen Errungenschaft aus«, meinte der *curaca* sichtlich verärgert. »Wozu soll es dienen?«

»Um große Lasten zu transportieren. Mit seiner Hilfe kann ein Mann ein zehnmal höheres Gewicht fortbewegen als im Normalfall.«

»Das stimmt nicht.«

»Geht es nun wieder los?«

»Entschuldige, aber du kannst nicht von mir verlangen, daß ich alles glaube.«

»Nein, nur das Selbstverständliche. Gerade hast du mir noch erzählt, daß diese komischen fast verbrannten Bällchen zum Essen sind, und du siehst ja, es stimmt. Bei dem dritten gewöhnt man sich daran, sie schmecken sogar ganz gut. Wie hießen sie noch?«

»Kartoffeln. Sie sind unser Hauptnahrungsmittel in der Sierra, und wenn sie bei eisigem Wind kühl gelagert werden, halten sie sich jahrelang.«

»Gut! Also deine Kartoffeln können dort, wo ich herkomme, genauso großen Eindruck machen wie in deinem Land die Pferde und die Räder!«

Sein Gesprächspartner sah ihn lange an, zog die Stirn in Falten, glättete sich zum x-ten Mal den Saum seines Gewandes, schüttelte den Kopf, als sähe er seine grenzenlose Unwissenheit ein, und sagte schließlich: »Du bist ein seltsames Geschöpf. Seltsam und beunruhigend. Halb Mensch, halb Gott, als hätte *Viracocha* auf seiner langen Reise bis ans Ende der

Meere mit einer sterblichen Frau einen Sohn gezeugt. Als er ging, versprach er, zurückzukommen oder seine Nachfahren zu schicken, aber nie erwähnte er, daß sie nur Halbgötter sein könnten.«

Molina lächelte und schlug sich auf die Knie: »Gut, erzähl mir etwas über deinen Gott *Viracocha*. Ich will von dir alles über ihn erfahren. Woher er kam, was er tat und warum er fortging.«

Man merkte Chabcha Pusí an, daß er den wahren Absichten des Spaniers noch mißtraute oder fürchtete, dieser mache sich über ihn lustig, aber am Ende erwiderte er nach einigem Zögern: »*Viracocha* ist der Herr der Schöpfung, Gott des Universums. Er erweckte Pflanzen, Tiere und Menschen zum Leben, und ihnen überließ er sein Werk als Erbe mit der Bitte, sich untereinander zu lieben. Aber bald kamen Streit und Haß auf, und zur Strafe sandte er ihnen den großen Regen, der die Welt neunzig Nächte und neunzig Tage lang überflutete. Nur die drei Gerechtesten konnten sich retten. Dann kehrte *Viracocha* zurück. Aber die Bewohner von Cacha erkannten ihn nicht und versuchten, ihn zu töten, und steinigten ihn. Daher verfluchte er sie und erschuf am Titicaca-See auch die Sonne und ihre Söhne, die *inkas*. Zum Schluß bestieg er wieder ein riesiges Schiff, fuhr über das Meer davon, von wo er auch gekommen war, und versprach seine Rückkehr. Daher auch sein Name *Viracocha*, das bedeutet ›Meeresschaum‹.«

»Ich kenne eine ähnliche Geschichte«, bemerkte Alonso de Molina. »Ich weiß von einem anderen Volk, das ebenfalls von dem Schöpfer mit einer Sintflut bestraft wurde, vor der sich nur sehr wenige retten konnten. Dann schickte er seinen Sohn, den sie steinigten und töteten. Aber er versprach, zurückzukommen, und viele warten noch heute auf ihn.«

»Nennen sie ihn auch *Viracocha?*«

»Was spielt der Name schon für eine Rolle? Die Anschauung ist dieselbe, und die Geschichte wiederholt sich.« Er hob den Kopf und sah ihn forschend an. »Warum behaupten deine Leute, ich sei *Viracocha?*«

»Weil du in einem Schiff mit weißen Segeln über das Meer kamst, du hast auch einen langen Bart, bist sehr groß und trägst Metallkleidung.«

»Merkwürdig!« murmelte der Spanier. »Sehr merkwürdig, ich wüßte gerne, was Admiral Columbus zu dieser Geschichte gesagt hätte.« Und während er aufstand, fügte er hinzu: »Ich gehe ein bißchen Luft schnappen.« Er zeigte auf den Berg von Kartoffeln, der noch übriggeblieben war. »Das war ein leckeres Abendessen.«

Nach der rauchgeschwängerten Schwere im Inneren des *tambos* war er dankbar für die frische Nachtluft. Er entfernte sich einige Meter von dem großen Lagerfeuer, das die Wächter vor der Tür entfacht hatten, zog Brustharnisch und Schlitzwams aus, legte seinen Degen und die Arkebuse beiseite und wollte sich gerade hinhocken, als sich ein unförmiger Schatten in der Finsternis abzeichnete und sich zu bewegen begann, so daß er aufgescheucht einen Satz machte und sofort Hand an seine Waffen legte. »Zum Teufel! Nicht einmal sein Geschäft kann man in Ruhe verrichten. Wer ist da?«

Zu dem langsam vorrückenden Schatten gesellten sich noch ein halbes Dutzend weitere.

Er zog die Klinge heraus, schob sie schützend vor sich her und ließ sie im diffusen Licht des Feuers bedrohlich funkeln; »Halt!« rief er. »Keinen Schritt weiter! Jeden, der sich weiter vorwagt, werde ich durchbohren.«

Wie angewurzelt blieben die unerwünschten Gäste im Dunkeln stehen, kurz darauf vernahm man ein Geflüster, und dann drangen sie in den Lichtkreis des Feuers ein. Bestürzt stellte Alonso de Molina fest, daß es Frauen waren, ein halbes Dutzend schmuddelige Eingeborene. Je näher sie kamen, desto höher zogen sie ihre Kleider, wobei sie ihm herausfordernd ihre Geschlechtsteile zeigten. Einige glucksten oder gaben mit einer schnellen Zungenbewegung andere seltsame Geräusche von sich.

Sekundenlang war der Spanier so irritiert, daß er zu keiner Reaktion imstande war. Zu seiner Rettung trat der Retter Chabcha Pusí heraus und begann, Steine nach den Eindringlingen zu werfen und sie zu beschimpfen.

Als der Andalusier seine Geschäfte verrichtet hatte, betrat er wieder das Hauptgemach des *tambos,* wobei er verstimmt die belustigten Blicke sämtlicher Anwesenden über sich ergehen lassen mußte, während der *curaca,* möglicherweise ohne ihn gezielt verletzen zu wollen, sagte: »Vielleicht dachten sie, daß jedes deiner Körperteile so groß ausfällt wie deine Gesamterscheinung, und haben dir deshalb nachgestellt.«

»Ich hätte beinahe Angst bekommen.«

»Noch schlimmer wäre es gewesen, wenn es zu einem Überfall gekommen wäre. Sie gehören fast alle zu diesem Stamm, der das Böse überträgt.«

»Das Böse? Was soll das heißen?«

»Das Böse der Frauen. Die Spuren, die Sopay, der böse Geist, in seinen Jüngerinnen hinterläßt. Er verbirgt sein Feuer in ihren tiefsten Intimbereichen, und nachdem die Männer mit ihnen verkehrt haben, bekommen ihre Geschlechtsteile allmählich Schwären. Dann weitet sich das Böse aus und übersät sie mit übelriechenden Pusteln, die Haare fallen ihnen büschelweise aus, viele werden blind und sterben am Schluß unter schrecklichen Schmerzen.«

»Heiliger Himmel«, rief der Spanier entsetzt. »Das versetzt dem Liebestrieb einen wesentlich wirksameren Stoß als die Hölle, mit der uns die Priester drohen. Und gegen dieses Böse kann man nichts unternehmen?«

»Einigen Heilern gelingt es, sie mit Hilfe von Pilzen und Schwüren zu bekämpfen, aber sicher ist, daß die meisten, die es mit einer von Sopays Auserwählten getrieben haben, auf diese Weise sterben. Bevor du also eine Frau anfaßt, vergewissere dich, daß sie sauber ist und nicht mit zu vielen Männern schläft, keine Pusteln hat, daß ihr die Haare nicht ausfallen und ihre Zähne fest im Zahnfleisch sitzen.«

In jener Nacht ließ sich Molina im hintersten Winkel des Forts auf einer Matte liegend die Ereignisse dieses bewegten Tages und alles, was er gesehen und gehört hatte, noch einmal durch den Kopf gehen. Er gelangte von neuem zu dem Schluß, daß es sich gelohnt hatte, Pizarro um Erlaubnis zu bitten, für immer in diesem Reich bleiben zu dürfen, das sie entdeckt hatten und das der impulsive Extremeño eines Tages noch erobern wollte.

So wie es allgemein bekannt war, daß der alte Analphabet es niemals leid wurde zu kämpfen, so sehr war Alonso de Molima, gebürtig in Ubeda, Capitán, Dolmetscher und Stoßtruppführer vieler bewaffneter Expeditionen, die Vorstellung des Tötens zuwider. Er strebte nicht nach Reichtümern, sondern gab sich zufrieden mit dem Land, das in seiner Heimat auf ihn wartete. Es bereitete ihm größte Befriedigung, in unbekannten Ländern umherzureisen in dem Bewußtsein, daß er der erste Europäer war, dem sich die Gelegenheit bot, zwanglos in die Geheimnisse der Neuen Welt einzudringen. Erobern und zerstören wie Cortés und viele andere spanische Capitánes mochte er nicht mehr, genausowenig wie er eine Frau niemals mehr gegen ihren eigenen Willen besitzen wollte.

Nie hatte es ihm etwas bedeutet, ein Dutzend Schlachten zu schlagen oder hundert Eingeborene umzulegen, nichts, verglichen mit dem Gefühl zu wissen, daß er der erste Europäer war, der jenen steilen Pfad, die höchste Kordillere der Erde erklomm, in der die heilige Stadt gebettet lag, die niemand kannte.

»Manco Capac hat sie an den Pforten des Himmels errichtet, dort, wo sein Vater wohnt …«

Die Worte des *curacas* klangen noch in seinen Ohren, ebenso die Erzählungen der Leute aus Tumbez, die behaupteten, daß der Palast des *inka* von den Decken bis zum Fundament golden funkelte. Es war zwar nicht ein Gold, das seine Habgier weckte, aber doch seine Neugierde aufflackern ließ.

»Diese unermüdliche Neugier wird dein Untergang sein«,

pflegte sein Großvater zu sagen, wenn er es schließlich leid war, auf seine Fragen zu antworten. Obgleich seitdem dreißig Jahre vergangen waren, hatte sich an diesem Laster nichts geändert, und eher die Lust nach Abenteuer als die nach Ruhm und Reichtum hatten ihn dazu getrieben, den Ozean zu überqueren und Pizarro bis zur unglückseligen Isla del Gallo zu folgen.

Er schlief ein mit dem Gedanken an die tausend Wunder, denen er von dem Moment des Aufstiegs zu den majestätischen Kordilleren an beiwohnen würde, die sich vor den Türen des *tambos* erhoben. Bei der ersten Helligkeit des Morgengrauens, das langsam hinter den höchsten Gipfeln heraufkroch, schlug er die Augen auf.

Neben der Glut des Feuers an die Mauer gelehnt dösten zwei Wächter, und der ewige Schnee auf den hohen Spitzen in der Ferne reflektierte die ersten Strahlen der Sonne, die sich dort viel eiliger durchzukämpfen schien als an irgendeinem anderen Fleck der Erde.

Alles war hier so anders. Er liebte die Art von Überraschungen, die seine Sinne ständig auf Trab hielten, denn selbst sein Geruchssinn entdeckte bei jedem Schritt neue, betörende Düfte, sein Gehör schnappte oft ungewohnte Geräusche auf, wie beispielsweise die melancholische Flöte, die gerade in der Ferne ertönte. Der Klang kam von oben, von weither, tänzelte auf der sanften Brise von den Gipfeln herab, und es war wie eine Begrüßungsmelodie für den beginnenden Tag.

Er atmete tief durch. Er schien diese feuchte, kristallklare Luft, die er so lange gesucht hatte, gerade erst zu entdecken. »Das ist meine Welt«, murmelte er bei sich. »Genau die, für die ich meine Heimat verließ.«

Die Kälte steckte ihnen in den Knochen, als sie den Aufstieg antraten, aber schon bald begann ihnen der Schweiß den Rücken hinabzulaufen. Er mußte sich über die Beweglichkeit wundern, mit der die kleinen, unermüdlichen Männer die steilen Schlangenpfade hinaufkletterten, so unbeschwert, wie sie durch die Ebenen liefen, während ihm das Atmen immer schwerer fiel, denn die Luft schien immer dünner zu werden.

Die Küste war nun gänzlich zurückgeblieben. Als sie rasteten und er sich am Wegrand umdrehte, staunte er darüber, wie die Wüste genau zwischen dem grauen Ozean und den Berghängen eingebettet lag, eine Laune der Natur, die Geröll dort abgesetzt hatte, um zwei völlig unterschiedliche Welten voneinander zu trennen.

Als er um eine Biegung kam, stellte er fest, daß all seine Begleiter vorausgelaufen waren und sich den eisigen Wasserstrahl einer zwischen den Felsen entspringenden Quelle über die Körper laufen ließen, wobei sie sich Wäsche und Haut heftig rubbelten.

»Komm, du auch!« rief ihm der *curaca* zu und fuchtelte mit den Armen. »Es ist nicht gut, wenn wir auch nur ein Staubkorn dieses verfluchten Landes, der Höhle von Sopay, mit hinaufnehmen.«

Dann durchquerten sie einen engen Schlund, als wäre dies genau der Grenzpunkt zwischen Küste und Bergland, und Wüste und Meer verschwanden. Für einen Moment hielt der Spanier inne, schaute zu einer Bergspitze auf, die mit ihrem Schnee den Himmel zu streifen schien, und ihn befiel das beängstigende, aber doch tröstende Gefühl, daß er soeben seine ganze Vergangenheit hinter sich gelassen hatte und nie wieder »El Capitán« Alonso de Molina sein würde.

3

Als ein *chasqui,* seine typischen bunten Bänder im Wind flatternd, auf die Reisenden zugerannt kam, traten alle respektvoll beiseite, um ihn durchzulassen, denn harte Strafen warteten auf jeden, der das schwere Vergehen beging, sich ihm in den Weg zu stellen, ihm Zeit zu stehlen oder auch nur ein Wort an ihn zu richten.

Die *chasquis* wohnten in winzigen Hütten am Rande der Hauptstraßen des Imperiums, manchmal sogar in Sichtweite voneinander entfernt. Ihre einzige Aufgabe bestand darin, tagelang, wochenlang geduldig darauf zu warten, bis ein anderer Bote auftauchte und ihm Wort für Wort eine Botschaft übergab, woraufhin er sich sofort aufmachte und während des Laufs immer wieder den Text hersagte, ohne einen einzigen Buchstaben zu verändern. Auf diese Weise konnten Nachrichten und Befehle innerhalb kürzester Zeit über große Entfernungen hinweg vermittelt werden, und in seinem Palast in Cuzco war der *inka* immer über alles informiert, was in seinem Reich vorging.

Aber an jenem Spätnachmittag, während sie eine in die Felsen gehauene Steintreppe hinaufstiegen, überholte sie der Läufer aus Tumbez nicht, sondern fragte ohne Umschweife nach Chabcha Pusí, nahm ihn beiseite und sagte rasch die Botschaft herunter, die ihm übermittelt worden war.

Das Gesicht des *curacas* schien plötzlich zu versteinern. Nachdem er den *chasqui* mit einer leichten Handbewegung verabschiedet hatte, schien er noch eine ganze Weile in sich versunken zu sein, bevor er sich betont langsam dem Spanier näherte und mit rauher Stimme sagte: »Ich habe schlechte Nachrichten für dich, sehr schlechte: Chili Rimac hat deinen schwarzen Freund töten lassen und ihn in eine *runantinya* verwandelt.«

Alonso de Molina schwindelte, und er mußte auf einer Stufe Platz nehmen. »Barmherziger Gott!« flehte er. »Unmöglich! Das kann nicht wahr sein! Dieser arme Schwarze hat nie einer Fliege etwas zuleide getan!«

Er verbarg sein Gesicht in den Händen und mußte sich zusammenreißen, um die Tränen zurückzuhalten, denn er hatte mit Genesillo jahrelang Reisen und Abenteuer, Saufereien und Schlachten, Kälte und Frauen geteilt, und die Freundschaft, die sie verband, war so groß, daß der Schwarze nicht einen Moment gezögert hatte, ihn in der verrückten

Idee, für immer in einem fremden Land zu bleiben, zu unterstützen.

Chabcha Pusí nahm auf der nächsthöheren Stufe Platz und verharrte in respektvollem, gesetztem Schweigen. Er schien die Tiefe des Schmerzes zu spüren, der dieses fremde Wesen, halb Gott, halb Mensch, offensichtlich befallen hatte. Als der Spanier aufschaute und nur die eine Frage »Warum?« ausstieß, zuckte er die Schultern und zeigte seine leeren Handflächen, als wolle er damit seine völlige Unwissenheit unter Beweis stellen.

»Vielleicht flößte ihm seine schwarze Haut Angst ein, vielleicht ließ er ihn aus purem Aberglauben töten, oder er wollte gerne eine *runantinya* haben, wie sie niemand auf der Welt besitzt. Er ist von königlichem Geblüt und daher nur gegenüber dem *inka* Rechenschaft schuldig.«

»Was ist eine *runantinya?*«

Der Angesprochene schien zu zögern, doch schließlich antwortete er peinlich berührt mit sichtlicher Mühe: »Es ist eine Art Trommel, die von der Haut bedeutsamer Feinde angefertigt wird. Es ist die wertvollste Trophäe eines Kriegers.«

»Was für ein verdammter Hundesohn!« rief der Andalusier, während er mit einem Satz aufsprang und entschlossen die Treppe hinunterstürzte. »Ich werde mir eine Trommel aus seiner Haut anfertigen. Dieser Mistkerl wird schon noch zu spüren bekommen, wieviel das Leben eines Christen wert ist.«

Der *curaca* war ihm eilig hinterhergelaufen und hielt ihn mit aller Kraft zurück. »Warte!« flehte er. »Keine überstürzten Reaktionen! Du kannst unmöglich nach Tumbez zurückkehren. Ich habe den Befehl, dich nach Cuzco zu bringen.«

»Du kannst dir deine Befehle an den Hut stecken«, lautete die Antwort. »Ich werde diesen verfluchten Großohr töten, und das wirst du nicht verhindern können.«

»Es tut mir leid!« sagte der Eingeborene nachdrücklich. »Mein Befehl lautet, dich tot oder lebendig nach Cuzco zu bringen.«

Der Spanier starrte ihn voller Verachtung an. Mit einem trockenen Schlag stieß er den Arm des Inka beiseite und schleuderte ihn gegen die Treppenstufen. »Laß mich in Ruhe, du verdammter Indio!« brüllte er. »Nichts als eine Horde von Wilden seid ihr, und Capitán Pizarro hatte recht: Nur mit Fußtritten kapiert ihr etwas!«

Mit Riesenschritten setzte er seinen Weg fort. Als er nach einigen Minuten feststellte, daß sämtliche Soldaten ihm folgten, blieb er stehen, legte seine Arkebuse an, zielte sorgfältig und schoß.

Der Knall schien sich durch das Brechen an den Bergwänden tausendfach zu wiederholen, fuhr hinunter in die Tiefen des engsten Schlundes und verschmolz mit dem verzweifelten Todesschrei des Soldaten, der die Felsen hinunterfiel, um am Fuße einer Steilwand zu zerschellen.

Die Truppe blieb entgeistert stehen. Alonso de Molina nutzte den Moment, um seine Waffe erneut zu laden, aber als er sah, daß sich niemand einen weiteren Schritt vorwagte, drehte er sich um und setzte seinen Weg nach Tumbez fort.

In höchster Eile marschierte er voran, bis ihm zwei Stunden später die dünne Luft, die er nicht gewohnt war, die Lungen fast zum Bersten brachte. Gegen seinen Willen mußte er anhalten und sich auf einen Felsen setzen, denn in seinem Kopf begann sich alles zu drehen, und er spürte, wie er sich unweigerlich übergeben mußte. Der Sauerstoff schien nur unter Mühen bis zu seinen Lungen vorzudringen. Seine Arme wogen so schwer, als trüge er statt einer Arkebuse eine Kanone.

Einige Minuten später erschien Chabcha Pusí an der Wegbiegung, doch als er sah, daß das »Donnerrohr« auf ihn angelegt war, blieb er sofort stehen. »Ich bin unbewaffnet!« rief er und warf die Arme hoch. »Ich bin unbewaffnet. Ich komme im Frieden und möchte nur mit dir reden.«

»Ich habe nichts mit dir zu bereden, bevor ich diesen Hundesohn nicht umgelegt habe, und wenn du nicht mit draufgehen willst, halt dich aus dieser Angelegenheit heraus.«

»Das geht nicht!« klagte der andere. »Ich begreife ja, daß du im Recht bist, aber es geht nicht. Wenn ich dich nicht nach Cuzco bringe, muß ich mit meinem Leben und dem meiner Familie zahlen. So besagt es das Gesetz hier.«

»Das habe ich nicht gemacht.«

»Hör mir zu!« flehte der Indio. »Bevor du überhaupt die Hälfte des Weges zurückgelegt hast, wird Chili Rimac bereits von deinem Kommen wissen und wird aus Tumbez flüchten. Das Land ist sehr groß, du wirst ihn niemals finden. Als einziges wirst du erreichen, daß seine Soldaten dich töten. Aber wenn du mit mir nach Cuzco kommst und Huascar um Gerechtigkeit bittest, wenn du ihm klarmachst, daß einer seiner Angehörigen die Sicherheit des Imperiums in Gefahr gebracht und den Zorn der Götter heraufbeschworen hat, indem er ohne Grund einen Freund *Viracochas* ermordete, dann versichere ich dir bei all meiner Ehre, daß mein Herr Chili Rimac bei lebendigem Leibe die Haut abziehen wird und du aus seiner Schädelhöhle *chicha* trinken kannst.«

Alonso de Molina betrachtete ihn lange Zeit, dachte lange nach und nahm schließlich die Waffe herunter. »Du bist ein schlauer Fuchs«, murmelte er. »Ein verdammt schlauer Ränkeschmied, obwohl ich in diesem Fall glaube, daß du verflucht noch mal recht hast. Aber ich sage dir: Wenn dein Herr mir nicht die Haut von diesem Schwein liefert, werde ich ihm seine eigene in Fetzen reißen. Und jetzt laß mich in Ruhe, ich bin erschöpft.«

»Hier!« sagte er. »Es nimmt die Müdigkeit von dir.«

»Willst du mich etwa vergiften?«

Statt einer Antwort steckte sich der Indio die Blätter in den Mund und begann darauf herumzukauen. »Die *coca* ist ein Geschenk von *Viracocha,* um Hunger, Durst, Kälte und Müdigkeit zu bekämpfen. Sie wächst auf der anderen Seite der Kordilleren, und ohne ihre Hilfe hätten unsere Heere vielleicht nicht so viele Schlachten gewonnen.« Er bot sie ihm erneut an. »Nimm!« bat er. »Verweigere nicht die Nahrung der

Götter, sonst muß ich glauben, daß du mit ihnen nichts gemeinsam hast.«

Sie schmeckte so bitter, daß der Andalusier sofort ausspukken mußte, aber angesichts des Interesses, das der Eingeborene zeigte, riß er sich zusammen. Kurz darauf überfiel ihn ein seltsames Gefühl von Euphorie und Erleichterung, er atmete voll durch, und die Müdigkeit schien von seinen Muskeln abzufallen. Er rutschte an dem Felsen hinunter, bis er saß, und spürte das unbändige Verlangen, laut loszulachen, obgleich ihm gar nicht zum Scherzen zumute war. »Donnerwetter!« rief er. »Was für ein komisches Zeug! Ich fühle mich so belustigt, sehe alles wesentlich klarer, die Farben kommen mir viel kräftiger vor, und meine Erschöpfung ist vorbei. Es wirkt wie ein Wunder! Wie hieß es noch?«

»Coca.«

»Coca!« wiederholte er versonnen. »Und was ist es, ein Baum, ein Kraut, ein Busch?«

»Ein Strauch aus den heißen Tälern. Er wächst plötzlich irgendwo, und man kann ihn auch großflächig anbauen, aber nur mit besonderer Erlaubnis des *inka.*«

»Wie man sieht, hat der *inka* alles unter Kontrolle. Das wundert mich nicht. Wenn man in Spanien die Coca kennen würde, hätte der Kaiser das Exklusivrecht darauf. Heilige Jungfrau! Ich kann mir gar nicht vorstellen, wie reich man würde, wenn man in ganz Jaén nur Kartoffeln und Coca anbaute.« Zufrieden stöhnte er aus vollem Herzen und lächelte: »Wie gut ich mich fühle!«

»Das freut mich!« antwortete Chabcha Pusí scheinheilig. »Ich freue mich, daß du dich wohl fühlst, weil ich dir noch etwas Wichtiges zu sagen habe: Der Tod von deinem Freund war nicht die einzige Nachricht, die der *chasqui* uns überbrachte.«

Alonso de Molina zuckte die Achseln. »Das ist mir schnuppe«, meinte er. »Verglichen mit der Geschichte von Ginesillo scheint mir alles Weitere bedeutungslos. Ich habe diesen armen Schwarzen gern gehabt«, seufzte er. »Ich mochte ihn wie wenige andere auf dieser Welt und begreife bis heute nicht, wie dieses verfluchte ›Großohr Flötengesicht‹ mich überzeugen konnte, ihn in Tumbez zu lassen. Natürlich wollte er ihn umbringen, sobald ich mit dem ›Donnerrohr‹ verschwunden war, denn nur das hat ihn wirklich abgeschreckt.«

»Aber warum dieses Interesse an seinem Tod?« wollte der andere sichtlich aufgebracht wissen.

»Keine Ahnung. Genesillo war nicht imstande, einer Fliege etwas zuleide zu tun. Ihn interessierten einzig und allein Wein, Karten und Frauen.«

»Hat er mit einer von Chili Rimac geschlafen?«

»Wer weiß! Seitdem wir das Schiff verlassen haben, standen die Frauen Schlange, und dieser Schwarze wird sich wohl mit dreißig, vierzig Frauen vergnügt haben. Und er sprach ja nicht eure Sprache, wie sollte er wissen, ob sie dem ›Großohr‹ gehörten?«

Der *curaca* kaute versunken auf seiner Cocakugel, und nachdem er die dabei entstehende grüne, dicke Flüssigkeit beiseite gespuckt hatte, gab er sich geschlagen. »In Ordnung!« lenkte er ein. »Eine solche Frage kann nur mein Herr zu gegebener Zeit lösen. Jetzt ist nur die andere Nachricht von Bedeutung: Atahualpa hat seinen Leuten befohlen, dich gefangenzunehmen.«

»Warum?«

»Ob du es nun bist oder nicht, alle behaupten, du seist *Viracocha* oder einer seiner Söhne, und Atahualpa glaubt wahrscheinlich, daß er mit dir an seiner Seite eher die Möglichkeit hat, Huascar zu stürzen, als wenn du ihm feindlich gegenüberstehst. Da das Imperium in einem so schwierigen Moment steckt, könnte er mit Hilfe eines Gottes und«, er wies bedeutungsvoll auf die Arkebuse, »seinem ›Donnerrohr‹ das Gleichgewicht endgültig zum Schwanken bringen.«

»Willst du damit sagen, ich könnte das Zünglein an der Waage werden?«

»Derzeit ja«, gab der *curaca* zu. »Zum ersten Mal in unserer Geschichte wagt es jemand, die Autorität des *inka* anzuzweifeln, und das ändert alles. Bei Huayna Capac wärst du nicht mehr als ein Gast gewesen, aber jetzt stellst du eine Gefahr dar, wenn man bedenkt, daß wir Quito, dem Regierungssitz von Atahualpa, wesentlich näher sind, als Cuzco, dem Regierungssitz von Huascar.«

»Wie nahe?«

»Dreimal näher. Bei zügigem Marsch könnten wir in weniger als einer Woche in Quito sein, und das bedeutet auch, daß wir Gebiete durchqueren müssen, die möglicherweise unter dem Einfluß Atahualpas stehen.«

»Möglicherweise?« wiederholte der Spanier ironisch. »Komm, versuch nicht, mich reinzulegen! Sag mir die Wahrheit!«

»Die Wahrheit?« Der Inka seufzte. »Die Wahrheit ist, daß die Soldaten Atahualpas momentan auf der Suche nach dir sind. Und wie ich Atahualpa kenne, sind seine Befehle klar und eindeutig: entweder sie bringen dich tot oder lebend zu ihm!«

»Nun, das ist dasselbe, was dir sein Bruder befohlen hat, nicht wahr? Was für eine abgebrühte Sippe! Warum haben sie es ausgerechnet auf mich abgesehen?«

»Weil du der Stein bist, der die Sache ins Rollen bringt. Atahualpa ist ein Bastard, aber ein strebsamer, und er hat die Fürsten der Familie seiner Mutter auf seiner Seite, Leute, die von jeher rebellisch und kriegerisch sind. Huascar kontrolliert als Erstgeborener größere Gebiete, und das Gesetz ist auf seiner Seite, aber er ist ein Freund des Friedens. Seine Generäle sind dekadent und bequem geworden. Daher ist Ruminjáhui auch auf Atahualpas Seite.«

»Wer ist Ruminjáhui?«

»›Steinauge‹, ein einäugiger General, aber so risikofreudig und intelligent, daß allein sein Name Angst einflößt. Sollte Atahualpa einmal den Thron besteigen, würde er eine lange

Zeit nur Expansionskriege führen. Mit Huascar sind Friede und Festigung alles jetzt Bestehenden gesichert.«

»Und du bist für den Frieden?«

»Ich akzeptiere, was der *inka* befiehlt, aber persönlich bin ich für den Frieden.«

»Langsam beginne ich zu begreifen: Mit Ruminjáhui und mir würde Atahualpa über seinen Bruder herfallen, ihm den Thron entreißen und sich an die Eroberung der benachbarten Stämme machen. Sag mal, was hat Huascar denn vor, sobald wir nach Cuzco gelangen?«

»Dich seinem Onkel Yana Puma, dem Höchsten Priester, vorzustellen, damit er entscheidet, ob du *Viracocha* bist oder nicht.«

»Und was Atahualpa betrifft?«

»Er wird ihn als Gouverneur von Quito bestätigen, wenn auch unter der Bedingung, daß er seine Soldaten aus dem Dienst entläßt und ihm Treue schwört.«

»Ohne ihn für seinen jetzigen Ungehorsam zu bestrafen?«

»Ob er will oder nicht, er ist und bleibt von seinem eigenen Blut, Sohn von Huayna Capac und daher Nachfahre der Sonne. Die einzige Strafe, die Atahualpa hinnehmen würde, ohne sich erniedrigt zu fühlen, wäre der Tod, aber niemand würde es jemals wagen, einen Sonnensohn umzubringen.«

»Ich verstehe. Und mir ist auch klar, daß er sich hinter einer derartigen Immunität verschanzt.«

»Du siehst, die Lage ist heikel. Meine Aufgabe besteht also darin, dich mit Haut und Haaren vor den Höchsten Priester zu führen«, er machte eine andächtige Pause, »oder zu verhindern, daß du dich auf die Seite Atahualpas schlägst.«

»Du läßt mir keine große Wahl«, gab der Spanier zu. »Und was wird geschehen, wenn der Höchste Priester meint, ich habe mit *Viracocha* nichts zu tun?«

»Das weiß ich nicht.«

»Sicher, daß du es nicht weißt? Bist du sicher, daß sie keine

Trommel aus meiner Haut machen, wie sie es mit Genesillo taten?«

»Ein hochrangiger Fremder kann, auch wenn er nicht unbedingt ein Gott ist, im Inkareich in Ruhe leben, ohne notwendigerweise zu einer *runantinya* verarbeitet zu werden. Wir sind nicht alle so wild wie Chili Rimac.«

»Wahrscheinlich werde ich aber ein solches Risiko eingehen müssen«, sagte der Spanier resigniert. »Schließlich gab mir Capitán Pizarro bereits zu bedenken, daß wir unsere Haut aufs Spiel setzen, wenn wir in Tumbez bleiben, auch wenn ich mir damals nie vorgestellt hätte, daß diese Voraussage wortwörtlich in Erfüllung ginge.« Er stand auf, nahm seine Arkebuse und lächelte gutgelaunt. »Vorwärts!« fügte er hinzu. »Cuzco wartet.«

4

Der tosende Fluß bahnte sich seinen Weg zwischen Steilfelsen entlang, schlug gegen Steine, riß Geröll mit sich, brach Äste ab und verursachte einen ohrenbetäubenden Krach, der von den Bergspitzen aus zu hören war und immer lauter wurde, je mehr sich der steile Pfad dem Flußbett näherte. Nach vier anstrengenden Marschtagen, an denen sie Steilfelsen erklettert, Schluchten umgangen oder sumpfige Hochflächen überquert hatten, verstand Alonso de Molina langsam die Gründe dafür, daß jene Zivilisation das Rad nicht kannte oder ihm zumindest nie die geringste Beachtung geschenkt hatte, denn bei dieser Art von Wegen mit solchen Höhenunterschieden würde jedes rollende Fahrzeug nach kürzester Zeit sein eigenes Hindernis darstellen.

Seitdem sie das Meer endgültig hinter sich gelassen hatten, verwandelte sich die Landschaft in eine faszinierende Welt von Felsen und Schnee, so daß sogar der Andalusier, der meinte, auf dieser Erde bereits alles gesehen zu haben, zutiefst beeindruckt war. Überwältigung war das treffendste Wort, um seine Gefühle zu beschreiben, wenn er seinen Blick nach oben richtete und einen jäh abfallenden Felsen sah, der sich mehr als tausend Meter über seinem Kopf erhob, oder wenn er von einem niedrigeren Berg aus die ganze riesige Ausdehnung des Gebirges bewunderte, dessen Grundfläche wahrscheinlich die Hälfte der Provinz Jaén bedeckte. Die Entfernungen und vor allem die Höhe und der Umfang kamen in nichts dem gleich, was er bisher gesehen hatte. Sicher, er hatte bei der Überfahrt länger als einen Monat auf dem Ozean verbracht, aber dort schien jeder Tag auf dieselbe Art und Weise zu beginnen, die flachen Wassermassen änderten sich kaum und boten keine Anhaltspunkte, anhand derer er sich eine klare Vorstellung über die wirklichen Ausmaße des Ozeans hätte bilden können.

In jener unerhörten Kordillere, die lediglich der aus Marco Polos Beschreibungen von dessen Reise nach China ähnelte, waren die Ausdehnungen und Entfernungen jedoch zum Leben erweckt, denn das wechselnde Licht verschärfte besonders in den frühen Morgenstunden die Umrisse und Schatten auf das kontrastreichste. Die so reine Luft erweckte oftmals den Anschein, gar nicht vorhanden zu sein, und wenn sie anhielten und ihre Schritte nicht mehr zu hören waren, wurde die Stille so beeindruckend tief, daß der Spanier das Gefühl hatte, sich mitten im Nichts zu befinden.

Wenn die Sonne mittags glutheiß fast direkt auf die Äquatorlinie in dreitausend Meter Höhe fiel, schien es, als ob die Strahlen sich in geschmolzenes Feuer verwandelten, das sich gnadenlos über die Menschen ergoß und ihnen die Haut in Fetzen riß, auch wenn unvermittelt die Temperatur, sobald sich eine Wolke vor die Sonne schob, jäh um dreißig Grad fiel, und sofort wieder stieg, wenn sie vorübergezogen war. Selbst die Steine hielten eine solche Strapaze nicht aus und zerbarsten genau dann, wenn der Kopf eines im Flachland geborenen Menschen es am wenigsten aushielt und dessen Lungen es noch nicht geschafft hatten, sich an eine sauerstoffarme Atmosphäre zu gewöhnen und ihn zwangen, des öfteren anzuhalten und zu verschnaufen und damit seine flinken Reisegefährten aus ihrem Marschrhythmus brachten.

»Steig auf die Sänfte!« wagte Chabcha beharrlich einen weiteren Vorstoß. »Laß dich von meinen Männern tragen, sonst kommen wir nie an.«

»Nein.«

Selbst die Coca reichte nicht, um ihm die Schwere aus den Beinen oder die beklemmende Atemnot von der Brust zu nehmen, die ihn in der Höhe von mehr als viertausend Metern befiel. Sein stählerner Brustharnisch schien sich in der Hitze in eine Hölle zu verwandeln, die Arkebuse zog ihn in die Tiefe, als folgte sie einem Ruf aus dem Inneren des Erdreichs, und sogar der Degen verwandelte sich in einen Amboß, den er ächzend über einen ganzen Kontinent zu schleppen hatte.

Alonso de Molina hatte sich immer für einen starken Mann gehalten, aber nun begann er zu glauben, daß die langen Hungerperioden, die Krankheiten und das Elend in den Monaten der Verlassenheit mit Pizarro und seinen Gefährten auf der Isla del Gallo harmlos waren verglichen mit jenem qualvollen Auf und Ab über die endlosen Wege des Imperiums.

Die Eingeborenen allerdings schienen, je höher sie stiegen, geradezu aufzuleben, und ihr Schritt beschleunigte sich, je näher sie den kalten Gebieten kamen, denn der zügige Marsch war die einzige Art, Wärme zu tanken, da weder Soldaten noch Träger Anspruch auf die nur den Führungsschichten vorbehaltene Coca hatten.

»Sie unter das Volk zu bringen würde bedeuten, daß der beste Boden für ihren Anbau zur Verfügung gestellt werden müßte. Außerdem würden viele süchtig und faul. Der einzige Nachteil der Coca ist, daß sie für jeden willensschwachen Menschen zur Gewohnheit werden kann. Daher finde ich es besorgniserregend, wie häufig du sie nimmst. Du darfst dich nicht an sie gewöhnen.«

»Ich garantiere dir, daß ich sie sofort vergesse, sobald wir nach Cuzco kommen«, meinte der Spanier. »Aber ich garantiere dir auch, daß ich es ohne Coca nie bis dorthin schaffen werde.«

Sie waren auf dem Gipfel eines kahlen Berges stehengeblieben, um nach dem Pfad Ausschau zu halten, der sich zu dem tosenden, breiten Fluß hinabwand, der am Fuße eines riesigen Gletschers ins Blickfeld rückte. Die Sonnenstrahlen spiegelten sich im Schnee, und der Spanier wunderte sich über die mathematische Präzision, mit der der Weg angelegt worden war, denn selbst ein Blinder hätte sich darauf fortbewegen können, indem er die Schritte gezählt und im entsprechenden Moment abwechselnd nach links oder rechts abgebogen wäre.

»Wenn nicht gerade Saat- oder Erntezeit ist, ist jedes Dorf verpflichtet, seine Wege auszubessern, und die Weginspektoren kümmern sich darum, daß es von Cuzco bis Quito nicht ein einziges Loch oder einen lockeren Stein gibt.«

»Ist alles so vollständig durchorganisiert?«

»Ohne strikte Anweisungen gelingt es niemandem, so unterschiedliche Völker zu regieren, die in so andersartigen Gebieten leben. Bergstämme, Stämme aus den heißen Tälern, aus den Küstengegenden oder den Urwäldern im Osten, die unverständliche Sprachen sprachen und sehr sonderbare Bräuche pflegten, verständigen sich jetzt in *quechua* und verhalten sich gleich. So wie jeden Tag die Sonne zur gleichen Zeit in ein- und derselben Schlucht östlich vom Titicaca aufgeht und ihr erstes Licht auf die Insel des Mondes wirft, immer zur gleichen Zeit an einer bestimmten Stelle im Meer untergeht, so haben die *inkas* ihr Imperium organisiert. Alles ist geplant und vorhergesehen.«

»Selbst meine Ankunft?«

»Selbst deine Ankunft. Vor zwei Jahren zog ein Komet mit langem Schweif am Himmel vorüber, und laut unserer Propheten bedeutete sein Erscheinen den Tod von Huayna Capac und die Rückkehr von *Viracocha*. Wir haben dich erwartet.«

»Was steht sonst noch über mich in euren Prophezeiungen geschrieben?«

»Geschrieben?« fragte der *curaca* überrascht. »Was bedeutet *geschrieben?*«

»Das, was in den Büchern steht.

»Was ist denn ein Buch?«

Der Andalusier stöhnte laut auf. »Wie soll ich dir bloß erklären, was ein Buch ist? Fangen wir bei dem Papier an, kennst du das?« Aus seiner Rocktasche zog er den einzigen Brief, den er seit seiner Ankunft in der Neuen Welt erhalten hatte, und den zeigte er ihm. »Das ist Papier!« erklärte er. »Weißt du, wozu es dient?«

Der Angesprochene hob es mißtrauisch mit zwei Fingern hoch, betrachtete es eingehend von beiden Seiten und gab es ihm schließlich zurück, als stänke es widerlich. »Wozu benutzt man das?«

»Das ist ein Brief. Darauf erzählt mir meine Familie mit Hilfe von diesen Zeichen alles, was in der letzten Zeit zu Hause geschehen ist. Habt ihr etwas Ähnliches?«

Chabcha Pusí, der sich offenbar lebhaft für die Erklärungen des Spaniers zu interessieren begann, überlegte einen Moment und erwiderte, während er eine dicke Kordel aus seiner Tasche zog, an der mehrere bunte, geschickt geknotete Schnüre hingen: »Wir haben die *quipus*. Je nach Größe, Farbe oder Anzahl und Anordnung ihrer Knoten wird uns etwas mitgeteilt. Dieser hier zum Beispiel teilt mir mit, wie viele Lamas und Alpakas es derzeit in Acomayo gibt, dieser hier, wie viele Gewänder, und das hier, wie viele Schilde und Degen ...«

Alonso de Molina nahm sie an sich und betrachtete sie. Schließlich reichte er Chabcha Pusí den *quipu* zurück und nickte. »Ich verstehe«, sagte er. »Das ist eine gute Art, Dinge in Erinnerung zu behalten. Aber ich möchte gerne wissen, ob du auch von deiner Frau zum Beispiel erfahren könntest, wie es ihr gesundheitlich geht und wie die Ernte ausgefallen ist.«

»Warum sollte ich das? Das erfahre ich doch, wenn ich zurück bin.«

»Ja, gut. Aber angenommen, du wolltest es vorher wissen. Wie könntest du es in Erfahrung bringen?«

»Warum sollte ich es erfahren wollen, wenn ich aus einer solchen Entfernung doch nichts dagegen unternehmen könnte? Lieber reise ich ruhig weiter in dem Gedanken, alles ist beim alten, als zu wissen, daß Naika erkrankt ist und vielleicht stirbt. Das wäre doch absurd, findest du nicht?«

Das konnte man als idiotische Antwort oder aber als schlagende Logik bezeichnen, wenn dem Spanier auch nicht mehr genug Zeit blieb, darüber nachzudenken, denn sein Begleiter betrachtete das Thema als erledigt, stand auf und begann in gewohnt schnellem Schritt den Abstieg zum Fluß. Munter folgte er ihm den steilen Abhang hinunter, bis er hinter der letzten Biegung des Pfades abrupt stehenblieb: Über das breite Flußbett führte eine Brücke aus Seilen, die in der Mitte bedrohlich nah über den Strudeln des tobenden Gewässers hing.

»Du hast doch nicht etwa vor, die zu überqueren?« protestierte er.

Chabcha Pusí sah ihn erstaunt an. »Warum denn nicht? Was ist daran so schlimm?«

Die ersten Soldaten befanden sich bereits auf dem bedrohlich nachgebenden Übergang und klammerten sich, so gut es ging, an eine Art Geländer aus abgenutzten Seilen. Molina war überzeugt, daß der von der Kordillere herunterpfeifende scharfe Wind sie in einem achtlosen Moment mitreißen und in den Abgrund ans Ende der Welt befördern könnte.

»Die sind verrückt!« murmelte er entsetzt. »Völlig verrückt. Ich gehe da nicht rüber.«

»Dir bleibt gar nichts anderes übrig«, lautete die Antwort. »Es gibt keinen anderen Weg.«

»Es gibt immer einen anderen Weg.«

»In diesem Gebirge nicht. Gibt es vielleicht keine Flüsse in deinem Land?«

»Doch, aber nur ruhige mit wunderschönen Steinbrücken darüber.«

Die erste Gruppe war bereits auf der anderen Seite angelangt und verteilte sich mit gezückten Waffen kampfbereit über den Abhang. Als er sah, wie gründlich sie die Felsen und Sträucher auf der Bergspitze mit den Augen absuchten, kam ihm ein Verdacht auf.

»Erwartest du einen Angriff?« erkundigte er sich.

»Kein Ort würde sich für einen Hinterhalt besser eignen«, gab der Gefragte zu verstehen. »Wenn Atahualpa vorhat, dich gefangenzunehmen, so ist dies die passendste Stelle. Wir werden abwarten, bis der Offizier uns bedeutet, daß keine Gefahr besteht.«

»Mir bereitet eher die Brücke Sorgen als alle Soldaten von Atahualpa zusammen.«

Chabcha Pusí lächelte nachsichtig, ohne die Augen von dem gegenüberliegenden Ufer abzuwenden und ohne jedes geringfügige Detail an der einige Schritte von der Brücke aufragenden Steilwand außer acht zu lassen. Schließlich erschien der Truppenoffizier auf einem Felsen, winkte und befahl den Weitermarsch.

»Vorwärts!« sagte Chabcha Pusí. »Und denk daran, diese Brücke ist seit einem Jahrhundert tadellos in Ordnung. Die Menschen in diesem Landstrich haben keine andere Aufgabe, als die besten Seile zu flechten und die Brücke in einwandfreiem Zustand zu halten. Wenn die Weginspektoren auch nur den geringsten Fehler entdeckten, würde der *curaca* samt seiner ganzen Familie in den Abgrund geworfen. Beruhigt dich das?«

»Das könnte es, aber der Wind … Wer stoppt den?«

Ohne die Antwort abzuwarten, trat er resigniert den Weg an. Kaum hatte er ein paar Meter zurückgelegt, hielt ihn plötzlich ein Dröhnen gefangen, das aus dem tiefsten Inneren des Canyons zu kommen schien. Es klang wie ein Brüllen oder ein unaufhaltsames Schluchzen, das sich im Hintergrund mit dem gewaltigen Klatschen des Wassers gegen die Granitfelsen, dem Donnern der auf dem Grund fortgerissenen Steine und dem pfeifenden Wind vermischte. Der Hurrican war gewaltig. Zwanzig Schritte vor Beginn der Brücke gab es bereits ein straffes Seil zum Festhalten, damit man nicht mit fortgerissen wurde.

Der Spanier blieb mitten auf dem Weg stehen, hängte sich die Arkebuse quer um, rückte den Degen und die wasserundurchlässige Ledertasche mit dem darin aufbewahrten Schießpulver zurecht, und nach einigen lauten Flüchen stürzte er sich in das unangenehme Abenteuer.

Es waren zweifellos qualvolle Minuten, so endlos wie die grausamste Schlacht, an der er jemals teilgenommen hatte, denn hier kämpfte er nicht gegen bewaffnete Männer, sondern gegen einen unbezähmbaren Wind und einen tödlichen Schwindelanfall, der ihm derart in den Beinen steckte, daß diese ihm nicht mehr zu gehorchen drohten. Seine ganze Aufmerksamkeit und Kraft waren deshalb darauf gerichtet, sich überall festzuhalten, wo er nur konnte, und so sah er nicht, was sich um ihn herum abspielte. Sobald er den Fuß wieder auf festes Land setzte, nahm er erstaunt wahr, daß auf beiden Seiten der Brücke ein brutaler Kampf in Gang war.

Woher plötzlich so viele Männer kamen, brachte er nie in Erfahrung. Sicher war jedoch, daß sie zwischen Felsen und Sträuchern auf der Bergkuppe auftauchten, kurze Säbel und schwere Keulen schwingend, und sich auf Chabcha Pusís Soldaten stürzten, die sich tapfer verteidigten und ihren Herrn zu schützen suchten. Zur gleichen Zeit hatten die Träger ihre Lasten eiligst hingeworfen und rannten in wilder Flucht davon.

In wenigen Sekunden hatte er seine Waffe schußbereit und schoß gezielt auf den ersten der Angreifer. Der Getroffene führte die Hand an die Brust und schrie vor Schmerz auf, aber entgegen aller Erwartungen entstand diesmal keine Panik unter den Angreifern, denn das Tosen von Fluß und Wind übertönte den Knall des »Donnerrohrs« vollständig. Nur wenige schienen überhaupt gemerkt zu haben, daß der Verletzte von einer Bleikugel aus einiger Entfernung und nicht von einem Hieb aus nächster Nähe getroffen worden war.

Alonso de Molina fühlte sich einen Moment lang völlig lächerlich. Schließlich klammerte er sich an den Arm des *curacas*, um ihn mit seinem Körper zu decken in der Überzeugung, daß die Soldaten den Widerstand gegen einen zahlenmäßig dreifach überlegenen Feind nicht lange aufrechterhalten konnten. Geduldig wartete er, bis der Truppenkommandierende, ein Mann mit kurzgeschorenem Haar und entstellten Ohren, die mit Goldringen behängt waren, die ihm fast bis auf die Schultern reichten, seine Aufwartung machte. Ihm war seine Angst anzumerken; zwar wollte er durch den Tonfall in seiner Stimme autoritär wirken, jedoch klang er nicht sehr überzeugend.

»Ich bin Poma Yaguar, Gouverneur von Huancabamba. Im Namen meines Herrn, *inka* Atahualpa, heiße ich dich willkommen.« Dann zeigte er gebieterisch auf Chabcha Pusí, der fast völlig hinter den Schultern des Spaniers verschwand. »Überlaß den Mann da mir, für den Verrat soll er mit dem Leben bezahlen.«

Molina stieß ihn brüsk beiseite. »Aus dem Weg. Dieser Mann ist mein Freund. Um ihn zu töten, mußt du auch mich versuchen zu töten, und dein Herr wird Rechenschaft von dir fordern, wenn du Hand an *Viracocha* legst.« Er packte Chabcha Pusí am Arm und schob ihn vor sich die steile Treppe hinunter.

Der Gouverneur Poma Yaguar zögerte einige Sekunden, vielleicht weil ihn diese Bestimmtheit des Andalusiers oder dessen rauhe Stimme beeindruckte, und dieser Moment reichte, daß die Männer beiseite traten und den Weg zur Bergspitze frei machten. Dabei konnten sie nicht umhin, die unter den

Sonnenstrahlen Funken sprühende Metallrüstung bewundernd mit den Fingern zu streifen.

Der Steilpfad war zweifellos der schmalste, beängstigendste und ermüdendste, den sie bis zu jenem Zeitpunkt je beschritten hatten. Aber Molina versuchte, sich seine Erschöpfung nicht anmerken zu lassen, und obgleich die dünne Bergluft ihm das Auffüllen der Lungen zu verweigern schien und sein Kopf zu platzen drohte, biß er die Zähne zusammen und ging weiter, getrieben von dem Gedanken, daß ein Gott keine Schwäche zeigen durfte.

»Coca!« murmelte er leise, als er merkte, daß ihm seine Beine jeden Augenblick versagen würden. »Ich brauche Coca! Schnell!«

Chabcha Pusí begriff sofort, griff unmerklich in seinen Lederbeutel und reichte dem Spanier eine Handvoll Blätter und einen Kalkstein. Beides steckte sich dieser sofort in den Mund, kaute darauf los und betete, daß die Droge schnell zu wirken begänne und es ihm ermöglichte, den Aufstieg zum Gipfel heil zu überstehen.

Auf dem Gipfel angekommen, stieg in ihm bei dem Anblick der schönen Landschaft, die sich seinen Augen eröffnete, überschwengliche Freude auf: eine kilometerweite Hochebene mit kurzem Gras und einer Unmenge von kleinen, bleigrauen Lagunen, die wie Quecksilberlachen aussahen und die scharfkantigen weißen Felsen widerspiegelten, die etwa dreißig Kilometer weiter eine weitere, endlose Kordillere bildeten.

»Wie wunderschön!« flüsterte er, sobald er wieder zu Atem gekommen war. »Der schönste Ort, den ich je gesehen habe.«

Chabcha Pusí wandte sich um und starrte ihn höchst ungläubig an. Er konnte kaum glauben, daß ein Mensch, der gerade einen derart kritischen Moment erlebt hatte, plötzlich imstande war, sich an der Schönheit einer Landschaft zu ergötzen. Er enthielt sich jeglichen Kommentars, denn gerade hatte sich Poma Yaguar vor ihnen aufgebaut und stellte sich vergebens auf die Zehenspitzen, um wenigstens bis an den Brustharnisch des Spaniers zu reichen.

»Mein Herr *inka* Atahualpa gab mir den Befehl, dich zu ihm nach Quito, Hauptstadt des Nordreichs, zu geleiten«, flötete er. Gleichzeitig kniete ein Soldat vor Molina nieder und reichte ihm eine kleine Schachtel aus geflochtenem Stroh. »Und mein Herr bietet dir dieses schöne Geschenk als Beweis für seine Freundschaft und seinen Wunsch nach Verbindung.«

Der Andalusier öffnete die Schachtel und fand zwei schwere, feingearbeitete Goldringe, genau wie jene, die der Gouverneur selbst an seinen entstellten Ohren trug. Er sah sie sich eingehend an und grinste. »Sehr hübsch!« sagte er. »Aber im Moment wüßte ich nicht, wohin ich sie mir hängen sollte.« Seine Stimme nahm plötzlich Befehlston an. »Obwohl ich nicht verstehe, warum Atahualpa mir derartige Freundschaftsbeweise erbringt und gleichzeitig meinen Beschützer umbringen lassen will.«

»Diese Männer bewachen dich nicht, sie überwachen dich: Als Gefangenen werden sie dich Huascar vorführen. Ich habe dich befreit.«

»Und bist du nun zu meinem Bewacher oder Überwacher geworden? Meinst du etwa, ich sei so frei, daß ich mich jederzeit überallhin begeben könnte? Kann ich denn zwischen Quito oder Cuzco frei wählen?«

Der Angesprochene wandte sich zu Chabcha Pusí und funkelte ihn wütend an, als sähe er in ihm den Verantwortlichen für eine solche Frage. Schließlich kam ihm die rettende Idee. »Quito liegt näher, und es ist gerechter, zuerst den nächstwohnenden Bruder aufzusuchen. Dann wird dir mein Herr wunschgemäß die Möglichkeit einräumen, die Reise nach Cuzco fortzusetzen. Wenn du es nicht tust, bedeutet das, daß du die beiden Söhne von *inka* Huayna Capac nicht als gleichberechtigt betrachtest. Für meinen Herrn wäre das eine schreckliche Beleidigung und seine treusten Untertanen…«

Alonso de Molina schien zu begreifen, wie unangebracht es war, weiterhin über dieses Thema zu sprechen. Er hatte die versteckte Drohung zwischen den Worten dieses Kerls verstanden und öffnete entschlossen die Hände, eine Geste, die gleichzeitig ausdrückte, wie einerlei ihm die beiden Städte waren und wie dringlich er es fand aufzubrechen.

»Einverstanden. Laßt uns keine Zeit mehr vergeuden. Quito wartet...«

5

Am Spätnachmittag erreichten sie mitten in diesem Wasser- und Sumpfaltiplano eine kleine Ansammlung von Lehm- und Strohhütten. Ihre Bewohner, schweigsame Gespenster mit sonnengegerbter Haut in erdgrauer Kleidung, verzogen sich sofort in den hintersten Winkel ihrer Wohnräume, als sie die bewaffneten Männer erblickten.

Nur der *llaqta kamayoc,* der Bauinspektor und damit die höchste Autorität in einem Gebiet, das so fernab von jeglicher bedeutender Ansiedlung lag, wagte es, ihnen entgegenzugehen und den Zug zu empfangen. Eigentlich war seine Anwesenheit jedoch unnütz, denn kaum sah er den Menschengott mit seiner funkelnden Rüstung, dem hohen Helm und dem dichten Bart, fiel er wie vom Blitz getroffen zu Boden, um sein Gesicht unter krampfhaften Zuckungen in der tonhaltigen Erde zu verbergen.

Der Gouverneur Poma Yaguar versetzte ihm lediglich einen wütenden Tritt, setzte seinen Weg fort und nahm die größte Hütte in Beschlag, deren verschreckte Bewohner er rücksichtslos ins Freie beförderte.

»Ihr schlaft hier!« wies er Molina an. »Bei Tagesanbruch werden wir weiter über den Páramo gehen und südlich des Sees den Paß überqueren.«

»Das wird eine sehr beschwerliche Reise«, wandte Chabcha

Pusí ein. »Wer verdient es denn eher als ein *Viracocha,* die Königsstraße zu beschreiten?«

»Auf der Königsstraße wimmelt es von Spionen«, erwiderte ersterer verärgert. »Und halt den Mund, wenn du nicht meine Geduld aufs Spiel setzen willst. Der *Viracocha* ist mein Gast, das weiß ich, aber du bist mein Gefangener, vergiß das nicht.« Damit ließ er sie an einem Feuer aus Alpakaexkrementen allein. Alonso de Molina entledigte sich sofort des schweren Helms und des Brustharnischs, um auf einer Matte Platz zu nehmen und sich an die Wand zu lehnen.

»Dieser Mann gefällt mir nicht«, murmelte er, während er sich die Hände rieb und sie über die Flammen hielt, um sich aufzuwärmen. »Du hattest recht. Ich mag Atahualpas Leute nicht.«

»Sie wollen Krieg.«

»Vor Krieg schrecke ich nicht zurück«, antwortete der Spanier. »Ich war immer ein Mann des Krieges, aber ich finde es niederträchtig, sich gegen seinen eigenen Bruder zu erheben.« Er stieß einen tiefen Seufzer aus. »Ich fühle mich betrogen«, sagte er kurz darauf. »Die Gefangenen von der Isla del Gallo erzählten mir von einem wunderbaren Land, in dem Ordnung herrsche, niemand sich ohne Abendessen schlafen legen müsse und Gerechtigkeit geübt werde. Und was finde ich vor? Haß und Tod, Verrat und Bruderstreit. Das gefällt mir gar nicht, nein, das gefällt mir überhaupt nicht.«

»Was hast du erwartet?« erkundigte sich Chabcha Pusí, der sich auf der anderen Seite der Unterkunft niedergelassen hatte. »Einen Ausflug aufs Land? Vom ersten Augenblick an fand ich dein Verhalten sehr verwunderlich. Wenn du ein Gott bist, so verhältst du dich wie ein Mensch, und wenn du ein Mensch bist, dann führst du dich wie ein Verrückter auf. Du kannst nicht allein ins größte Imperium der Erde kommen und so leichtsinnig sein. Jetzt weiß ich, daß du kein Gott bist. Nun, ich trachte dir deshalb nicht nach deinem Leben, aber was geschieht wohl, wenn das Poma Yaguar, Chili Rimac,

Atahualpa oder sonst irgend jemand entdeckt? Du flößt Angst ein, und Angst ist immer der schlechteste Berater des Menschen. Sie werden dich umbringen.«

»Was für ein wundervoller Trost!«

»Das ist kein Trost, sondern ein Rat. Du hast mir das Leben gerettet, und die einzige Form, mich zu revanchieren, ist, dir deins zu retten. Hör auf mich! Wenn du nicht auch als *runantinya* enden willst, mußt du dein Verhalten ändern. Du lachst gerne über alles und jeden, aber mein Volk versteht das nicht. Lachen ist typisch für Verrückte.«

»Verrückt ist derjenige, der nie lacht«, sagte Alonso de Molina beschwörend. »Ich komme aus einem Land des Lachens, der Freude, des Gesangs und des Tanzes, denn in Andalusien wirst du dich wahrscheinlich eher ohne Abendessen hinlegen als ohne gelacht zu haben. Aber ich nehme deinen Rat an. Mir ist klar, daß jeder, der unter solchen Bedingungen wie ihr lebt, nicht viel für Vergnügungen übrig haben dürfte. Sag mir, was sollen wir deiner Meinung nach jetzt unternehmen?«

»Unternehmen«, sagte der *curaca* überrascht, »können wir gar nichts. Unser Schicksal liegt jetzt in Atahualpas Hand. Er wird entscheiden.«

»Du irrst dich«, erwiderte der Spanier ruhig. »Ich bin nicht hierhergekommen, um irgend jemandem als Werkzeug zu dienen. Du hattest ja recht. Mir ist Huascar auch lieber. Laß uns nach Cuzco gehen.«

Chabcha Pusí schüttelte den Kopf und es sah so aus, als verweigerte er jede Antwort. Jener gespenstisch große Mann mit seinen Meeresaugen, deren Anblick fast schmerzte, verhielt sich oft wie ein Traumtänzer. Aber nach einem wütenden Schnauben hakte er leicht ironisch nach: »Und was willst du mit Poma Yaguar machen? Willst du ihm einfach sagen, daß wir jetzt gehen? Weißt du, was Atahualpa mit ihm tun wird, wenn er mit leeren Händen zurückkommt? Er wird ihm bei lebendigem Leibe die Haut abziehen, nachdem er in seinem Beisein seine ganze Familie umgelegt hat.«

»Wahrscheinlich täte Huascar mit dir dasselbe. Und dich mag ich mehr als diesen Zwerg.«

»Aber er hat doch die Männer und die Macht!«

Alonso de Molina lächelte flüchtig: »Und ich die Geistesgegenwart«, er legte eine bedeutungsvolle Pause ein und tätschelte liebevoll seine Arkebuse, »und das ›Donnerrohr‹.«

»Hast du vor, ihn zu töten?«

»Nein, es sei denn, er zwingt mich dazu.«

Chabcha Pusí versank in tiefes Schweigen, ohne seine Augen von dem Feuer abzuwenden. Schließlich schaute er erneut auf und meinte: »Mich schmerzt, es auszusprechen, aber wenn du Poma Yaguar nicht umbringst, werden wir nicht weit kommen. Er weiß auch, was gespielt wird, und wird uns – falls nötig – sogar bis vor die Pforten von Cuzco verfolgen. Wenn er aber stirbt, laufen wir keine Gefahr. Ich kenne seine Leute, ohne Anführer sind sie so lange entscheidungsunfähig, bis ein neuer geschickt wird. So ist das Gesetz: Niemand, der nicht der Herrscherschicht angehört, ist ohne ausdrücklichen Befehl befugt, auf eigene Faust zu handeln. Und unter Poma Yaguars Männern befinden sich nur Diener oder Soldaten. Niemand wird es wagen, bei einem so schwierigen Thema wie dem Leben eines *Viracocha* auch nur einen Finger zu rühren.«

»Ich hasse die Vorstellung, kaltblütig einen Menschen umzubringen.« Der Spanier schüttelte schwermütig den Kopf. »Als ich das Schiff verließ, glaubte ich, die Zeiten von Kampf und Gewalt seien für mich endgültig vorbei. Und dennoch habe ich neulich einen deiner Männer getötet, und heute einen Soldaten. Erwarte nicht von mir, daß ich auch noch diesen Zwerg umbringe.«

Der Eingeborene wies mit einer Kopfbewegung auf die Arkebuse. »Und warum hast du deine Waffen mitgebracht, wenn du damit nicht töten wolltest?«

»Um mich zu verteidigen.«

»Genau das hast du bisher getan. Das wirst du auch tun, wenn du Poma Yaguar tötest. Mach dir doch nichts vor!

Wenn du dich nach Quito schleppen läßt, wird Atahualpa früher oder später herausfinden, daß du kein Gott, sondern ein Mensch bist, der ihm nicht sehr nützlich, sondern eher gefährlich sein wird. In dem Fall ist dein Leben nicht mehr wert als meins, und das zählt im Moment rein gar nichts.«

Eine halbe Stunde später gingen sie gemeinsam hinaus. Genau gegenüber der Hütte hockten sämtliche Soldaten um ein Feuer herum zwischen zwei Mauern, die in diesem Dorf eine Art Platz darstellen sollten, während Poma Yaguar auf einem winzigen Hocker in der Ecke zwischen den Mauern saß. Es herrschte bereits vollkommene Dunkelheit, und der Mond war noch nicht aufgegangen. Ein eiskalter Nordwind, der einem die Knochen zu Eis erstarren ließ, wehte über den Altiplano.

Den Spanier versetzte die Zähigkeit dieser Wesen, die in jener einsamen Puna zu leben wagten, in Staunen; eine Steppe, in der nichts als armselige Sträucher und Kräuter wuchsen, welche die wenigen Lama-, Alpaka- und Vikunjaherden kaum zu ernähren vermochte. Nichts außer runden, mehligen Knollen schien sich auf den winzigen Stücken brauchbaren Landes für den Anbau zu eignen, und weit und breit war weder ein einziger Baum noch ein Brennholz liefernder Strauch zu sehen. Sogar die in dieser Höhe sehr dünne Luft schien so kraftlos zu sein, daß sie das Feuer nicht zum Lodern brachte, sondern durch das langsame Abbrennen der sonnengetrockneten Exkremente, dem einzigen Brennstoff, entstand eher stinkender Qualm als Wärme.

Einen Augenblick beobachtete er den in seinen roten, ausgebleichten Poncho gehüllten Gouverneur, der ihm wie eine ausdruckslose Mumie vorkam. Er zögerte, aber schließlich öffnete er ein wenig seine schwere Decke aus Alpakawolle, die ihm Chabcha Pusí zum Schutz gegen die Kälte in diesen Höhenlagen überlassen hatte, so daß die Rüstung die Flammen zurückwerfen konnte und den Soldaten, die ihn furchterfüllt anschauten, in die Augen stachen.

»Wir brechen auf!« sagte er, wobei er sich direkt an Poma Yaguar wandte, dessen Körper sich sofort straffte, als erwachte er unversehens wieder zum Leben. »Mein Freund und ich ziehen weiter, und komm nicht auf die Idee, uns zu folgen, andernfalls muß ich dich töten.«

»Du darfst nicht gehen«, erwiderte der kleine Mann mit zitternder Stimme. »Ich habe den Befehl, dich tot oder lebendig nach Quito zu bringen.«

»Lebendig gehe ich nicht«, meinte Alonso de Molina rauh und anmaßend. »Und niemand von euch hat die Macht, *Viracocha* umzubringen.« Er hob ein wenig die schwere Arkebuse, die er in der rechten Hand hielt. »Mein ›Donnerrohr‹ jedoch hat sie, und wird dir und allen, die sich meinen Absichten widersetzen, ein Ende bereiten. Aber ich werde dir das Leben schenken, wenn du schwörst, daß du uns nicht verfolgst.«

Sowohl Poma Yaguar wie auch seine Männer erschraken sichtlich bei den Worten jenes Menschengottes, der zum ersten Mal damit drohte, seine magischen Kräfte anzuwenden. Unverzüglich lagen sämtliche Augen auf dem kleinen Mann, der außerordentlich bemüht war, seinen Schrecken zu verbergen.

»Das kann ich nicht schwören«, flüsterte er am Ende fast schluchzend. »Wenn ich ohne dich zurückkomme, wird mich und meine Familie ein grauenvolles Schicksal ereilen. Der Zorn meines Herrn kennt keine Grenzen.« Er starrte ihn an. »Töte mich, wenn du weiterziehen mußt, dann werde ich als ein im Kampf gefallener Held gerühmt, und meine Familie wird für immer ein Leben in Ehren führen, aber verlange von mir nicht das Unmögliche.«

Dem Andalusier tat dieser stolze Mann leid, aber er wußte, daß Chabcha Pusí recht hatte. Wenn er ihn am Leben ließ, lief er Gefahr, ihn während der langen Reise bis Cuzco ständig auf den Fersen zu haben. Er zuckte die Schultern und schwang gleichzeitig die Rohrflöte, die er in der linken Hand hatte. »Du hast es so gewollt«, sagte er. »Ich töte dich, damit du ein Held wirst.« Er wandte sich den Soldaten zu, die es nicht wagten, mit der Wimper zu zucken. »Aus meinem ›Donnerrohr‹ wird der Strahl blitzen, der euren Anführer umbringt, und aus dieser Flöte wird die rauhe Stimme der Götter ertönen, die euch taub und blind macht, solltet ihr euch anmaßen, mich auch nur anzuschauen.

Ich rate euch, die Augen zu schließen, wenn ihr euer Leben bewahren wollt, denn der Zorn der Götter ist tausendmal grausamer als der von Atahualpa. Schließt die Augen! Schließt die Augen!«

Er warf die Hirtenflöte ins Feuer, erhob die Waffe, zielte direkt auf Poma Yaguars Brust und schoß.

Der Knall dröhnte durch die Stille der Nacht, das Mündungsfeuer funkte, und der arme Mann fiel nach hinten und stieß einen schmerzerfüllten Schrei aus. Eine kurze Stille folgte darauf. Dann brachte plötzlich das Schießpulver in den Bambusstäben die Flöte zum Zerbersten und ließ es Feuer und Asche regnen. Von Panik ergriffen warfen die Soldaten sich zu Boden und schrien hysterisch.

Alonso de Molina nutzte die Verwirrung, packte den zitternden *curaca* am Arm und zerrte ihn fort, bevor der Rauch sich völlig aufgelöst hatte.

Als nach zehn Minuten der Mutigste unter den Soldaten sich schließlich traute, die Augen aufzuschlagen, fand er nichts als Tod und Einöde vor, und einen unangenehmen, stechenden Geruch, der die Luft erfüllte: der Geruch der Götter, die mit ihren Strahlen und ihren volltönenden Stimmen den gigantischen, schrecklichen *Viracocha* schützten.

Ohne eine feste Richtung einzuschlagen, verloren sie sich eiligst in der Dunkelheit. Bald war weder eine Spur des Feuers zu sehen noch das vom Wind herangetragene Schreckensgebrüll der Soldaten zu hören. Chabcha Pusí zitterte noch immer. Als er sich schließlich wieder gesammelt hatte, schaute er auf, betrachtete die Sterne und wies entschlossen in eine Richtung. »Nach Süden«, sagte er. »Wir werden den See überqueren.«

Kurz darauf ging der Mond auf. Sein goldenes Gesicht ließ die Kälte noch klirrender werden und den Nordwind noch kräftiger wehen, so daß sie wie von einer unsichtbaren Hand vorwärtsgeschoben wurden, als wolle sie jemand von möglichen Gefahren abhalten.

Aber dieser Wind war die größte aller Gefahren. Der Wind und die Kälte, die dieser mit sich führte, als gefiele es ihm besonders, sie von den verschneiten Gipfeln herunterzureißen und beliebig über die Puna zu verteilen, um so jeden Lebensfunken zum Erlöschen zu bringen.

»Wir müssen eine Unterkunft finden, sonst erfrieren wir«, murmelte der Spanier fest überzeugt. »Ich kann keinen Schritt mehr weiter.«

»Bleib nicht stehen!« entgegnete ihm die rauhe, entschlossene Stimme des Inkas. »Wenn wir nicht weitergehen, werden wir vor Kälte umkommen. Los, weiter…«

Sie teilten sich die letzten, noch verbliebenen Cocablätter, und wohlige Wärme hüllte sie ein, bis sie im Halbdunkel eine winzige Hütte und eine Art primitiven, von einer Mauer geschützten Pferch ausmachten, in dem auf engstem Raum zwei Dutzend Alpakas standen.

Sie mischten sich unter die Tiere, dankbar, daß sich durch deren Körperwärme ihre Gliedmaßen entkrampften. Alonso de Molina ließ sich schließlich, völlig unempfindlich gegen den Gestank der Exkremente oder den säuerlichen Geruch, der von den Tieren ausging, irgendwo nieder. Eingequetscht zwischen zwei Alpakas, die gegen seine Anwesenheit kaum etwas einzuwenden hatten, schloß er die Augen und ließ sich vom Schlaf überwältigen. Seine Hände fühlten sich wie Schürhaken an, die seine Waffe nicht mehr zu tragen vermochten, und die Beine gehorchten ihm ab dem Moment nicht mehr, da er aufgehört hatte, sie zu bewegen. Die Kälte war so klirrend und seine Müdigkeit so groß, daß er für einen Moment das Gefühl hatte, der Tod käme auf leisen Sohlen, und die Vorstellung, nicht mehr aufzuwachen, konnte ihn gar nicht erschüttern.

Bei der ersten Helligkeit der Morgenröte wachte er aber auf, und er bemerkte, daß eine leichte Unruhe sich unter den Tieren breitmachte. Als er aufschaute, erblickte er die Gestalt eines heruntergekommenen Mannes, der aus der winzigen Hütte getreten war.

Der Spanier drehte sich zu Chabcha Pusí, der ihm von seinem etwa drei Meter entfernten Versteck Zeichen gab, er solle in Deckung bleiben. Als der Hirte wenig später gefolgt von seiner Herde über die Ebene schritt, traten sie in die Hütte. Chabcha Pusí langte nach einem Tongefäß voll Milch, trank in großen Schlucken und bot es seinem Gefährten an. »Hier!« sagte er. »Schlag dir den Bauch voll, denn wer weiß, wann wir etwas zu essen bekommen.«

Bald darauf nahmen sie den langen Marsch wieder auf. Wie zum Hohn ließ der eisige Wind der vergangenen Nacht nach. Eine tödliche Stille bemächtigte sich des Altiplanos, und die Sonne, hier der Erde näher als irgendwo sonst auf der Welt, brannte derartig herab, daß dem Spanier am Mittag die Haut auf Nase und Stirn in Fetzen herunterhing.

»Ein phantastisches Klima!« grummelte er schlechtgelaunt vor sich hin. »Vermutlich ist diesen Menschen hier auch nicht gestattet, woanders zu leben... Oder doch?«

Chabcha Pusí zeigte in umschweifender Gebärde um sich und erwiderte: »So wie Gott die Pflanzen und Tiere mit all ihren besonderen Merkmalen, ihrer Aufgabe im Leben und ihrem Platz auf dieser Welt geschaffen hat, so bestimmt der *inka* die Art der Arbeit, die die Menschen verrichten sollen, und den Ort. So hat es unser Sonnenvater festgelegt, und das wird auch eingehalten.«

»Oft frage ich mich, ob du das wohl ernst meinst«, sagte Molina. »Ich halte dich für einen intelligenten Menschen, aber bei allem, was mit dem *inka* zu tun hat, setzt dein Verstand einfach aus. Wie kannst du akzeptieren, daß ein Mann als Sohn eines anderen Mannes gleichzeitig ein Gott ist?«

»Schlecht wird es dir in Cuzco ergehen, wenn du das nicht akzeptierst. Huascars Göttlichkeit zu leugnen, bedeutet soviel wie deine mögliche Göttlichkeit zu leugnen. Denk gut darüber nach, denn ich glaube, daß du mit jedem Schritt, den wir uns Cuzco nähern, dem Tod ein Stück näherkommst.«

Der *curaca* hatte recht. Das war Molina klar, und er begann sich zu fragen, wie er wohl reagieren würde, wenn er schließlich vor Huascar stand und ihm wie einem Gott huldigen sollte. Die Existenz von Königsgöttern hatte er bei seiner Entscheidung, in einem äußerlich friedlichen Land zu bleiben, das ihn mit offenen Armen empfing, nicht in Betracht gezogen.

»Du wirst mein Botschafter«, hatte Pizarro ihm beim Abschied gesagt. »Du wirst mich und damit auch den Kaiser vertreten, und wenn ich zurückkehre, und das wird sicherlich geschehen, wirst du mir als Verbindungsglied zwischen uns und diesen Menschen dienen.«

Aber das waren die Worte und Illusionen von Pizarro gewesen, und nicht seine, denn er, Alonso de Molina, hatte niemals angestrebt, für irgend jemanden den Botschafter zu spielen, und noch weniger, als Reinkarnation von *Viracocha* angesehen zu werden. Er hatte immer von etwas anderem geträumt, von etwas, das wesentlich enger an seine Träume als Kind geknüpft war, welches drüben in Ubeda dem kühnen Marco Polo nachgeeifert hatte. Dessen Heldentaten waren ihm damals von seinem Großvater erzählt worden.

Die Abenteuer des Marco Polo brachten gewissermaßen Licht in die Dunkelheit, die in den letzten Jahren das Leben seines Großvaters überschattete, einem lombardischen Architekten, zuerst in Toledo, dann in Sevilla seßhaft. Jahre später brachten sie ebenfalls die Augen der außergewöhnlichen Beatriz de Aguirre zum Leuchten, die mit der Lektüre Marco Polos die langen Stunden auf dem Schiff überbrückte.

Beatriz de Aguirre, dunkel, klein, scharfsinnig und attraktiv, ließ sich auf der Reise nach Panama davon begeistern, daß ein einfacher Fähnrich ihr ganze Passagen aus jenem Buch und vielen anderen Werken, die zweifellos in Originalsprache gelesen worden waren, auswendig aufsagen konnte. Sie reiste in Begleitung ihres Bruders, eines schlauen Strebers, der neben dem Intriganten Pedrarias Dávila ein lukratives Dasein führen wollte.

»Ein Mann wie Sie sollte seine Zeit nicht mit Kriegen verbringen«, sagte sie. »Ihre Zukunft liegt am Hof.«

»Ich hasse den Hof und alles, was damit zusammenhängt«, hatte der Andalusier entschieden erwidert, wenn er auch zugeben mußte, daß er es sehr genoß, stundenlang mit jenem Mädchen auf Deck zu sitzen, das seine Begeisterung für Bücher und für das exotische Land Kublai-Khans teilte.

Er empfand es ebenfalls als höchst angenehm, spätnachmittags ihren Bruder zu besuchen und dort die wundervollen Gespräche fortzuführen, aber er blieb immer der einfache Glücksritter, der sich in absurde Abenteuer stürzte, die ihm eher Hunger und Schmähungen als Gold und Ruhm einbrachten. Nach einigen fruchtlosen Reisen ins Landesinnere von Terra Firme fand er Beatriz bei der Rückkehr verlobt mit einem der vielen eleganten Schmarotzer, die von der Eroberung mehr profitierten als jeder bemühte Capitán, ohne jemals ihr Leben aufs Spiel zu setzen.

Er konnte sie verstehen. Für eine Frau wie Beatriz de Aguirre war die Entdeckung neuer Welten eine Sache von Büchern und Erzählungen, aber keine Lebensform, die man mit einem Mann teilte, der niemals mehr sein würde als Besitzer seines Helms, seiner Arkebuse und seines Degens.

»Ich bin *Viracocha*«, sagte er unvermittelt.

Chabcha Pusí blieb jäh stehen und sah ihn spöttisch an. »Die *soroche* ist dir zu Kopfe gestiegen«, sagte er.

»Was ist *soroche?*«

»Die Höhenkrankheit, die alle befällt, die die Berge nicht gewohnt sind. Wie kommst du dazu, aus voller Kehle plötzlich zu brüllen, du seist wirklich *Viracocha*? Willst du vielleicht dich selbst überzeugen?«

»Dich überzeugt das nicht?«

»Überhaupt nicht. Ich weiß mittlerweile, wer du bist.«

»Sag mal, was würdest du Huascar eigentlich antworten, wenn er dich nach deiner Meinung über mich fragte?«

»Ich gehe davon aus, daß er die Wahrheit sofort herausfindet, wenn er wirklich Gott ist. Und wenn nicht, wird er den Fall den Weisen und Priestern überlassen.«

»Kommen dir Zweifel?«

»Vielleicht. Nach meinen Feststellungen besteht das Hauptproblem mit dir nicht darin, daß du ein ›Donnerrohr‹ besitzt, welches von weitem Menschen tötet, oder daß du einer Flöte schreckliche Töne entlocken kannst. Deine Hauptgefahr ist, daß du zum Nachdenken anregst.«

Sie hatten das Ufer eines breiten Sees erreicht, dessen gegenüberliegendes Ufer kaum zu erkennen war und hinter einer Art Vorhang aus Millionen von Binsen lag. Der *curaca* betrachtete ihn eingehend und schüttelte am Ende verdrießlich den Kopf. »Den zu umgehen, wird mindestens drei Tage dauern, denn der Boden ist aufgeweicht und sumpfig. Wenn wir allerdings einen Fischer bitten, uns hinüberzubringen, riskieren wir, daß er anderen gegenüber von uns spricht.«

»Nicht unbedingt.«

Der Indio sah ihn mürrisch an. »Wenn ich einem Fischer befehle, niemandem zu sagen, daß er uns gesehen hat, wird er nichts sagen, aber wenn ein mir Höherstehender ihn fragt, wird er die Wahrheit sagen müssen. So lautet das Gesetz.«

»Gibt es in deinem Land etwas, das nicht per Gesetz geregelt ist? Manchmal frage ich mich, ob ihr nicht auch die Luft eingeteilt habt, die jeder logischerweise je nach Stand in der Hierarchie oder Grad der familiären Bindung zum *inka* zum Atmen braucht. Das schnürt einem ja geradezu die Kehle zu…«

»Die Sonne regelt mit mathematischer Präzision Jahr für Jahr, Jahrhundert für Jahrhundert, die Bewegungen der Sterne. Von ihr haben ihre Söhne gelernt, das Geschick ihres Volkes zu lenken. Für jeden Menschen gibt es einen Platz, und jeder muß jederzeit an seinem Platz sein. Und alles läuft.«

»Ja. Ich sehe, daß alles läuft, auch wenn viele nicht sehr glücklich darüber sind, wie es läuft.« Der Spanier zuckte die Schultern. »Aber ich bin ja weder hierhergekommen, um Kritik zu üben noch um Politik zu betreiben, sondern nur, um alles kennenzulernen.« Er zeigte auf den See. »Sollen wir versuchen, ihn zu überqueren?«

»Wie denn?«

»Wir suchen ein Boot.«

»Nur die Fischer dürfen die Seen überqueren. Nur sie haben die erforderliche Kenntnis und Befugnis.«

Alonso de Molina ließ ein deutliches Stöhnen vernehmen, das ganz klar seinen Ärger zum Ausdruck bringen sollte. «Hör mal, Chabcha Pusí, *curaca* von Acomayo!« rief er. »Langsam habe ich die Nase voll von so vielen Vorschriften. Um über diesen See zu kommen, brauchen wir einzig und allein ein Boot, Kenntnis und Befugnis sollen uns später kümmern. Einverstanden?«

Der Indio schien nachzugeben. »Nun gut«, willigte er notgedrungen ein.

Eine gute Stunde später entdeckten sie an einer Flußmündung ein an Land gezogenes Boot, aber als der Inka es besteigen wollte, hielt Alonso de Molina ihn mit einer Handbewegung zurück.

»Wohin willst du?« fragte er. »Was ist das?«

»Ein Boot!« war die ungeduldige Antwort. »Das wolltest du doch, oder?«

»Ein Boot?« fragte der Andalusier verwundert. »Das sind nicht mehr als ein paar schlecht nebeneinandergebundene Bambusrohre. In meinem Land sind die Boote aus Holz.«

»Und woher sollen sie das nehmen? Im Umkreis von zehn

Tagesmärschen gibt es keinen einzigen Baum. Hierzulande baut man die Boote aus Binsen. Die *tortora* ist die nützlichste Binse der Welt: sie dient dem Haus- und Bootsbau und wird auch als Brennstoff oder Nahrungsmittel benutzt. Am Titicaca, dem größten See des Universums, an dem auch *Viracocha* die Sonne und den Mond geschaffen hat, dreht sich alles um die *tortora*. Das Leben ist *tortora*.«

»Ganz wie du willst, aber ich fahre damit nicht über den See«, erwiderte Molina mürrisch. »Das sieht so aus, als sauge es sich jeden Augenblick mit Wasser voll wie ein Stück Brot und ginge unter.«

»Wenn Gott will, daß etwas untergeht, wird es untergehen, und wenn er will, daß etwas schwimmt, dann schwimmt es auch. *Viracocha* befahl dem Stein, auf den Grund zu sinken, und der Binse, auf der Oberfläche zu schwimmen, und so geschieht es auch. Steig auf!«

Der Spanier biß die Zähne zusammen und zischte gleichzeitig: »Und woran liegt es, wenn jemand beim Schwimmen plötzlich ertrinkt?«

»Daran, daß er den Gesetzen Gottes nicht mehr traut und dieser ihn bestraft hat.«

Er hatte die Schnur des Bootes losgebunden, so daß sie langsam, getrieben von der sanften Strömung des Flusses, auf das Gewässer hinausglitten. Nach kurzer Zeit trieben sie bereits etwa hundert Meter von den letzten Binsen entfernt.

Erst dann stellte Alonso de Molina fest, daß auf dem Boot kein Ruder vorhanden war, und sonst auch gar nichts, das als solches benutzt werden konnte. »Und womit, zum Teufel, sollen wir steuern?« fragte er verwirrt.

»Sein Begleiter drehte sich um und sah ihn feindselig an. »Ich dachte, du wüßtest, wie man das macht«, antwortete er erbost.

»Wie machen es denn die Fischer?«

»In Ufernähe benutzen sie einen langen Stock und zum Hinausfahren ein Segel.«

»Aber hier gibt es weder Stock noch Segel.« Sie schauten sich gegenseitig lange an, der eine dem anderen gegenübersitzend, während das Boot immer weiter auf den See hinaustrieb, der einem riesigen blauen Spiegel gleich die verschneiten Gipfel des Gebirges reflektierte.

Der Spanier konnte nicht umhin, belustigt zu lächeln. »Ich würde gerne Capitán Pizarro in dieser Situation erleben. Der hatte nie Sinn für Humor. Er würde sein Schicksal dem Himmel zu Füßen werfen und ihm eine Erklärung abverlangen für eine derartige Grausamkeit.«

»Niemand hat das Recht, sich über seine eigenen Fehler zu beklagen. Ich sagte ja, wir sollten einen Fischer suchen.«

»Laß uns jetzt nicht darüber streiten. Mit dem Degen und der Arkebuse können wir ein Segel bauen, aber mein Poncho reicht nicht dafür. Wir müssen wohl dein Gewand benutzen.«

»Du willst doch wohl nicht, daß ich mich ausziehe?«

»Du hast die Wahl: entweder du ziehst dich aus oder wir verbringen den Rest unseres Lebens mitten auf dem See. Und langsam bekomme ich Hunger.«

Der Eingeborene zögerte, und fast hätte er sich geweigert. Nach einigem Hin und Her legte er am Ende seine Kleidung ab und reichte sie dem Andalusier, der daraus ein Segel zusammenstückelte so gut es ging. Das Ergebnis entsprach trotzdem nicht seinen Vorstellungen, denn dieses merkwürdige Boot ohne Ruder und Kiel begann unter den wenigen Windstößen, jäh aus allen Himmelsrichtungen kommend, sich im Kreis zu drehen oder hin- und herzuschaukeln.

Während sie schweißgebadet darum kämpften, das Festland zu erreichen, überraschte sie der Einbruch der Dunkelheit. Allmählich gewöhnten sie sich an die entsetzliche Vorstellung, eine ganze Nacht in unerträglicher Kälte mitten auf dem See zu verbringen, als Chabcha Pusí ihm plötzlich gebieterisch befahl, sich nicht zu rühren. Er beobachtete die gesamte Umgebung mit höchster Aufmerksamkeit und murmelte schreckerfüllt: »Nein! Das ist unmöglich! Nicht jetzt!«

Alonso de Molina folgte seinem Blick. Etwas Auffälliges sah er zwar nicht, bemerkte aber dennoch, daß etwas Außergewöhnliches bevorstand, als hätte die Welt unvermittelt aufgehört, sich zu drehen, und der normale Rhythmus des gesamten Universums für Sekunden ausgesetzt.

»Was ist los?«

Die Antwort kam in Form einer riesigen Hand, die das Boot sieben oder acht Meter nach vorn warf wie auf einer Sprungschanze. Der bis dahin ruhige, blaue Spiegel war zu einem riesigen Teppich geworden, den irgend jemand wie zum Spaß an einer Ecke zu schütteln schien und so haushohe Wellen verursachte, die von Norden nach Süden schlugen.

Sie klammerten sich, so gut sie konnten, an die Binsen, hielten verzweifelt ihre Waffen fest, stiegen und sanken mit einem erschreckenden Leeregefühl im Magen mit dem Gedanken, wie machtlos sie diesen gewaltigen Ausbrüchen der außer sich geratenen Natur gegenüber waren. Dann erwuchs ein ohrenbetäubendes Brüllen dem tiefsten Inneren der Erde. Einige Sekunden lang herrschte ein völliges Chaos, und dem Capitán Alonso de Molina kamen sie vor wie Jahrhunderte.

Die Stille trat so abrupt wieder ein, wie sie ausgesetzt hatte. Die Erde hörte auf, sich zu bewegen, nur die Wellen tanzten einen schwungvollen Walzer, wurden jedoch immer flacher, je mehr sie sich in rasender Geschwindigkeit der Küste näherten, über die Binsenhaine hinwegzogen, die Ebene überfluteten und das Boot sanft einen Kilometer weit von der eigentlichen Küste des großen Sees landeinwärts absetzten.

»Ein Erdbeben«, flüsterte Chabcha Pusí wie zu seiner Entschuldigung.

»Verrücktes Land!« erwiderte der Spanier erbost. »Total verrückt!« Er sprang auf und stellte fest, daß das Floß unversehrt geblieben war. »Eines ist völlig klar: Ein Holzboot wäre unter solchen Erschütterungen zu Sägespänen geworden. Gehen wir?«

Sie nahmen den Marsch wieder auf, immer weiter in Richtung Süden. Sie spürten von Zeit zu Zeit, daß die Erde unter ihren Füßen erbebte wie eine Riesenbestie, die nach einer großen Anstrengung vor Erschöpfung hechelte.

»Das wird mehrere Tage dauern«, meinte der *curaca* nach einer Erschütterung, die sie fast zu Boden geworfen hätte. »Und es ist höchst wahrscheinlich, daß das größte Beben noch bevorsteht. Die Priester hatten es bereits angekündigt, aber es ist vierzig Tage zu früh gekommen.«

»Können sie die Erdbeben voraussagen?« fragte der Andalusier interessiert.

»Sie lesen aus den Eingeweiden eines frisch geschlachteten Lamas.«

»Ach so, Aberglaube! Zweifellos habt ihr für alles ein Gesetz und einen Aberglauben. Ohne die würdet ihr euch wie hilflose Kinder fühlen, die sich im Wald verirrt haben.«

»Sie stellen die Essenz unseres Volkes und unserer Geschichte dar, den gesamten Erfahrungsschatz unserer Vergangenheit.«

»Ich finde es erschreckend, mir vorzustellen, wie ein Volk, das sich ausschließlich von den Erfahrungen aus der Vergangenheit leiten läßt, wohl reagiert, wenn es sich plötzlich neuen Situationen ausgesetzt sieht, die nicht von Gesetzen der Überlieferungen vorausbestimmt sind.«

»Alles ist vorausbestimmt. Etwas völlig Neues gibt es nie.«

6

Sie verbrachten die Nacht in einer verlassenen Hütte. Chabcha Pusí war wie verwandelt. Sein aschfahles Gesicht ähnelte einer versteinerten Totenmaske. Nachdem er sich in eine Ecke gesetzt hatte, schloß er die Augen und begann, ein monotones Gebet vor sich hin zu murmeln, das er unermüdlich wiederholte. Alonso de Molina bekam das Gefühl, einer Totenmesse beizuwohnen.

Der Boden bebte immer noch. Durch das Zittern seiner Hände spürte er die grenzenlose Kraft, die dahintersteckte, und er wurde sich mehr denn je der unbeschreiblichen Bedeutungslosigkeit des Menschen gegenüber der gewaltigen Natur bewußt, und der völligen Machtlosigkeit, in der er nur in aller Ruhe abwarten durfte, wie die Vorsehung über sein Schicksal entscheiden würde.

»Pachacamac ist zornig«, hatte der *curaca* behauptet. »Ich frage mich, ob es nicht die Stimmen deiner Flöte waren, die ihn aus seiner langen Lethargie weckten.«

»Red nicht einen solchen Unsinn!« lautete Molinas Antwort. »Die Götter haben damit überhaupt nichts zu tun. Nichts weiter als ein Erdbeben! Von dieser Sorte habe ich seit meiner Ankunft in der Neuen Welt, die anscheinend noch im Aufbau begriffen ist, bereits vier erlebt. Der einzige Unterschied besteht darin, daß es hier länger dauert.«

»Als ich noch klein war, wurde unser Haus von einem Erdbeben zerstört«, flüsterte der Inka leise. »Alle kamen dabei ums Leben.«

Dann erging er sich in jenem unaufhörlichen Singsang und ließ den Andalusier mit seinen finsteren Gedanken allein.

Die auf jener Seite gehen zurück nach Panama, um für immer in Ungnade und Elend zu leben. Die auf dieser Seite jedoch folgen ihm, um neue Länder zu erobern und Ruhm und Reichtum zu erlangen. Möge ein jeder als guter Kastilier sich das auswählen, was ihm besser gefällt …

Noch einmal fielen ihm Pizarros Worte ein, und er fragte sich, was für ein Ruhm oder was für Reichtümer er wohl dafür erlangte, daß er so idiotisch gewesen war, über den Strich zu laufen, den der alte Klugscheißer in den Sand gezeichnet hatte.

Nun war er hier auf dem Dach der Welt, mitten in der Nacht, halb erfroren, ausgehungert und erstarrt, hier, weit weg von allem, und saß einem Inka gegenüber, der den Zorn des Gottes Pachacamac mit einem einfachen, sinnlosen Singsang zu besänftigen versuchte.

Wieder bebte die Erde, und ein Stück Mauer krachte nieder. Einige Brocken fielen in den Schoß Chabcha Pusís, der aus seinem Halbschlaf erwachte: »Ich habe deinen Herrn, Pizarro, gesehen«, sagte er. »Er war von Kopf bis Fuß in Metall gekleidet und saß auf einem riesigen Tier, das Schaum und Feuer spuckte. Sein Anblick war noch furchterregender als der Sopays.«

»Jeder Teufel könnte von Pizarro noch lernen!«

»Er wird großen Schaden anrichten. Wie viele Legionen hat er?«

»Legionen?« Molina konnte sich ein Grinsen nicht verkneifen. »Das letzte Mal hatte er vierzehn Männer bei sich, aber unter den jetzigen Umständen ist es gut möglich, daß die meisten ihn verlassen haben. Er hat nichts weiter als Courage, üble Laune und ein Feuer, das ihn innerlich verzehrt.«

»Er stellt also keine Gefahr dar?«

Der Andalusier zuckte die Achseln. »Ich weiß nicht.«

Jenseits der noch stehenden Mauern begann sich langsam durch den Staub, den die unruhige Erde aufgewirbelt hatte, ein schwacher Helligkeitsschimmer abzuzeichnen. Molina richtete sich auf und ließ seinen Blick über die leblose Ebene gleiten, die einem verödeten Schlachtfeld glich. Die verschneiten Gipfel schienen wie verschluckt. Nur ein konturenloser, dunkler und bedrohlicher Fleck hing über der kargen Puna.

»Dieses Land ist mir zu groß«, meinte der Spanier nachdenklich. »Alles ist in jeder Hinsicht unermeßlich: in der Höhe, Länge und Breite, so daß ich mich wie ein Winzling fühle und keinen Kampfgeist mehr aufbringe. Langsam befürchte ich, wir werden nie nach Cuzco gelangen.«

»Ankommen wirst du«, sagte Chabcha Pusí überzeugt. »Aber es ist besser, die Königsstraße zu nehmen, denn in diesen Bergen werden wir sonst niemals vorwärts kommen.«

»Und Atahualpas Leute?« Der Spanier war noch nicht sicher, was er davon halten sollte.

»Die scheinen mir das kleinere Übel zu sein.«

Der Andalusier war derselben Ansicht. Daher nahmen sie den Marsch wieder auf, diesmal jedoch auf der Suche nach dem großen Weg mit den glatten Steinen, der Tausende von Kilometern über die Berge, Hochebenen, durch die tiefen Täler, dichten Wälder und unwirtlichen Wüsten des riesigen Imperiums verlief und die Hauptstadt des Nordens, Quito, mit der Hauptstadt des Südens, Cuzco, verband.

Die Luft, die sich durch das Erdbeben mit Staub gefüllt hatte, wurde von einem feinen Nieselregen gereinigt, der Stunde um Stunde zunahm. Die beiden Männer verloren sich wie zwei verstreute Punkte in dieser endlosen Landschaft des Schweigens, von der man meinen konnte, sie sei nie zuvor von irgend jemandem betreten worden.

»Ich bin ein ›Sohn des Donners‹, denn meine Mutter hat mich an einem stürmischen Nachmittag in den Bergen zur Welt gebracht, und alle, die durch einen Donnerschlag aus dem Bauch gestoßen werden, haben die Gabe der Wahrsagerei und können die Flüche Sopays, des Bösen, bekämpfen.«

Der sehnige Alte hockte in einer der hinteren Ecken der riesigen Höhle, während es draußen so heftig regnete, daß man meinte, eine neue Sintflut sei über die Welt hereingebrochen.

»Ich wußte, daß du kommen würdest«, fügte er hinzu, nachdem er eine Weile ins Feuer gestarrt hatte. »Seit Jahren deuten Zeichen auf den Beginn einer neuen Sklavenära hin, die kein Ende mehr finden wird. Die Rasse, die Manco Capac geschaffen hat, wird in Vergessenheit geraten: Götterähnliche Dämonen werden die Welt beherrschen.« Er brach ab und schaute ihm in die Augen. »Aber du wirst das nicht mehr erleben. Weder du noch der andere da.«

»Welcher andere?«

»Der andere *Viracocha*, der unter uns weilt.«

»Ein anderer *Viracocha?*« fragte Molina überrascht. »Ich weiß von keinem Europäer, der vorher dieses Land betreten hat.«

»Den gibt es aber. Ich weiß, daß er existiert.«

»Wo ist er?«

»Weit weg.«

»Wie könnte ich ihn treffen?«

»Das weiß ich nicht. Aber ich kann es einrichten, daß du mit ihm sprichst.«

Alonso de Molina schaute erstaunt zu Chabcha Pusí hinüber, der die Szene schweigend beobachtete.

»Was sagst du da?« fragte er. »Wie soll ich diese Nacht noch mit jemandem sprechen, der gar nicht hier ist?«

»Einige ›Söhne des Donners‹ behaupten von sich, über dunkle Mächte zu verfügen, die deine Vorstellungskraft übersteigen.«

Der Spanier rutschte nervös auf seinem Sitz hin und her. »Für Hexengeschichten habe ich nie etwas übrig gehabt«, sagte er. »Genauso wenig für Scharlatane.« Er sah den Alten mit ernster Miene an. »Wenn du versuchst, mich reinzulegen, werde ich dir vorführen, wie mein ›Donnerrohr‹ im Nu einen ›Sohn des Donners‹ ins Jenseits befördert.«

»Einem Mann in meinem Alter mit dem Tod zu drohen ist sinnlos«, lautete die Antwort. Er starrte eine Weile auf den Regenvorhang, der den Höhleneingang von der Umwelt abschnitt. Schließlich erkundigte er sich noch einmal: »Willst du nun mit ihm reden oder nicht?«

Lange starrte der Andalusier Chabcha Pusí an, der ihm jedoch abweisender denn je vorkam. »Was meinst du dazu?« wollte er wissen.

»Ich will mir keine Meinung dazu bilden.«

»Warum nicht?«

»Niemand sollte in einem solchen Fall Ratschläge erteilen. Du allein bist für dein Handeln verantwortlich.« Etwas im Tonfall seiner Stimme ließ Molinas Unruhe noch größer werden. Beinahe hätte er das Angebot des Alten abgelehnt, aber seine Neugierde entpuppte sich wieder einmal als sein ärgster Feind, und die Möglichkeit, nach so langer Zeit mit jemandem seiner Rasse in Kontakt zu treten, trieb ihn dazu, mit einem kurzen Kopfnicken zuzustimmen.

»Gut!« sagte er. »Arrangier ein Gespräch mit ihm, wer immer es auch sei.«

»Wir müssen warten, bis er eingeschlafen ist«, bemerkte der Alte. »Nur im Schlaf befreit sich sein Geist und fliegt zu uns.«

Sie warteten. Die Nacht brach an, der Regen ließ nach, das Heulen des Windes erfüllte die Hochebene, und in der Höhle, in der sich niemand zu rühren wagte, war nur das leise Knistern des Feuers zu hören.

Der »Sohn des Donners« döste. Nahe dem Feuer, dessen Schatten über sein zerfurchtes Gesicht tanzten, saß er regungslos und geistesabwesend an die Felswand gelehnt, bis er sich kurz vor Tagesanbruch zu entspannen schien und den Mund weit aufriß. Aus seinem Schlund ertönte eine kaum wahrnehmbare Stimme, die perfekt Spanisch sprach. »Wer bist du?«

Alonso de Molina war eingeschlummert und merkte plötzlich, daß eine eisige Hand ihm an die Kehle faßte und die Luft abschnürte. Er konnte keinen Ton von sich geben und starrte völlig fassungslos auf jenen zahnlosen, unbeweglichen Mund, aus dem erneut die gleiche Frage ertönte: »Wer bist du? Warum suchst du mich?«

»Ich bin Capitán Alonso de Molina«, brachte er schließlich stammelnd hervor. »Und wer bist du?«

»Capitán!« wiederholte die Stimme. »Capitán! Helfen Sie mir!«

»Wer bist du?«

»Barmherziger Gott!« flehte die furchterfüllte Stimme. »Helfen Sie mir!«

»Wer bist du denn?«

»Guzmán Bocanegra. Erinnern Sie sich etwa nicht?«

»Bocanegra«, wiederholte der Andalusier verblüfft. »Unmöglich! Du bist doch im Meer ertrunken.«

Er stürzte unversehens in einen tiefen Abgrund, reiste in seiner Erinnerung zurück und verlor jeden Bezug zur Wirklichkeit, bis die Sonne bereits sehr hoch stand und Chabcha Pusí ihn heftig rüttelte: »Wach auf!« sagte er. »Wach doch endlich auf! Wir können nicht einen ganzen Marschtag verlieren!«

Der Spanier brauchte eine Weile, bis er sich darüber klar wurde, wo er sich überhaupt befand. Als er bemerkte, daß außer ihnen niemand in der Höhle war, zeigte er auf den Winkel neben dem Feuer und fragte: »Wo ist er?«

»Er ist sehr früh in die Berge gegangen.«

»Was ist geschehen?«

»Er muß etwas ins Feuer geworfen haben, das uns eingeschläfert hat.«

»Hast du es gehört?«

»Was denn?«

»Was er gesagt hat. Er hat etwas in meiner Sprache gesprochen.«

»Ich habe nichts gehört. Wahrscheinlich habe ich geschlafen. Was hat er denn gesagt?«

»Er bat mich um Hilfe. Er behauptete, Guzmán Bocanegra zu sein und flehte mich an, ihm zu helfen.«

»Wer ist Guzmán Bocanegra?«

»Ein Seemann. Als wir die Küste entlangfuhren, sind wir ziemlich weit in den Süden vorgestoßen. Erst später auf der Rückfahrt beschloß ich, in Tumbez auszusteigen. Aber eine Woche zuvor warf sich eines Nachts ein halbverrückter Seemann, Guzmán Bocanegra, über Bord. Er war ein trauriger, melancholischer Mann, und wir gingen davon aus, daß er sich umgebracht hatte.«

»Vielleicht ist er bis an die Küste geschwommen.«

»Wir waren weit von ihr entfernt. Ich hätte nie gedacht, daß er überleben würde.«

»Bist du sicher, daß er es war, der zu dir gesprochen hat?«

»Wie könnte ich sicher sein? Ich glaube nicht, daß ich je ein halbes Dutzend Worte mit ihm gewechselt habe. Er war ein kräftig gebauter, häßlicher Mann, dem der Wahnsinn in die Augen geschrieben stand. Sein Interesse galt nur den Frauen. Und er hatte schreckliche Depressionen. Niemand trauerte um ihn.«

»Warum bittet er dich um Hilfe?« erkundigte sich der *curaca*.

»Keine Ahnung. Was meinst du dazu?«

»Ich habe dich darauf hingewiesen, daß ich mir dazu keine Meinung bilden möchte«, gab er trocken zur Antwort. »Als Kind wurde mir beigebracht, den ›Söhnen des Donners‹ gegenüber mißtrauisch zu sein. Es sind komische Leute, die gewöhnlich nichts als Unheil stiften. Vergiß diese Sache!«

»Und Guzmán Bocanegra?«

»Höchstwahrscheinlich ist er im Meer umgekommen.«

»Aber wie konnte er dann zu mir sprechen?«

»Vielleicht hast du von ihm geträumt, weil er der einzige deiner Landsleute ist, den du nicht den Rückweg antreten sahst.«

Er reichte ihm die Hand, um ihm beim Aufstehen zu helfen.

»Und jetzt laß uns gehen. Die Königsstraße ist ganz in der Nähe.«

Von Anfang an faszinierte den Andalusier die vollkommene Bauweise jener breiten Straße, in der theoretisch zwei breite Kutschen aneinander vorbeifahren konnten, ohne sich zu rammen, und die Präzision, mit der die riesigen, glatten Steine nahtlos ineinander verfugt waren und eine reibungslose Oberfläche bildeten; lediglich die bequem angelegten Stufen dienten dazu, die Höhenunterschiede des Terrains auszugleichen.

Er rechnete die Geschwindigkeit aus, die ein berittenes Heer und eine schnelle Infanterie erreichen könnte, wenn sie über jene ausgebauten Wege direkt das Herz des Imperiums ansteuerten. Dabei gelangte er zu der Schlußfolgerung, daß die

Inkas in ihrem eigenen Eroberungswahn jeden Aspekt der Verteidigung außer acht gelassen hatten. In der festen Überzeugung, über alle Bewohner jenseits ihrer weitgesteckten Grenzen absolut erhaben zu sein, war es ihnen wahrscheinlich nie durch den Kopf gegangen, daß eines Tages machtvolle Feinde vom Ozean her in ihr Land eindringen könnten. So hatten diese freien Zugang zu einem Land, das andernfalls völlig uneinnehmbar gewesen wäre.

Niemand träumt davon, ein Imperium zu bezwingen, in dem jeder einzelne Fluß und Berg, jede einzelne Schlucht an sich ein unpassierbares Hindernis darstellen, es sei denn, er kann sich auf die Benutzung jener Wege verlassen, die nach Jahren oder gar Jahrhunderten die unzähligen Hürden einer unberechenbaren Orographie nach und nach überbrückt hatten.

»Der Übermut ist gewöhnlich der Hauptfeind des Mächtigen«, hatte Pizarro immer behauptet. »Und das Vertrauen die größte Schwäche des Starken. Billige, daß dein Feind dich unterschätzt und reiz es bis zum Äußersten aus, daß er früher oder später ankommt.«

Sollte dieser schlaue Extremeño einmal zurückkehren, so wüßte er die Königsstraße sicherlich für sich zu nützen. Und wenn nicht er, dann gab es andere, viele andere: Orellana, De Soto, Almagro oder Alvarado, allerdings jünger, aber mit derselben Courage wie Pizarro. Früher oder später würden ihre Schiffe bei Tumbez anlegen, ihre Truppen an Land gehen und mit dem unbezähmbaren Kampfgeist, den er zur Genüge kannte, jene unvergleichbare Naturfestung in Angriff nehmen.

Am Nachmittag erreichten sie eine Art Oase, die an einer durch hohe Strebemauern vor dem Nordwind geschützten ruhigen Lagune lag. Darin erhob sich ein solides Steingebäude, das durch eine Seilbrücke mit dem Ufer verbunden war.

»Das ist ein Pachacamac geweihter Tempel«, meinte Chabcha Pusí. »Wenn der Gott wütend wird und sein Haupt schüttelt, kommt es zu Erdbeben. Vielleicht ärgert er sich, weil du ihm bei deiner Ankunft keinen Respekt erwiesen hast. Es wäre gar nicht so schlecht, wenn du seine Priester besuchen und sie um Schutz bitten würdest, damit wir in Frieden unsere Reise fortsetzen können.«

»Geben sie uns etwas zu essen?«

»Das ist wohl das einzige, woran du denkst!« entgegnete der sichtlich gereizte *curaca.* »So wenig Respekt verdienen meine Götter in deinen Augen, auch wenn du dich von ihrer Macht überzeugen konntest?«

»Diese Macht wird ihnen wenig nützen, wenn ich vor Hunger sterbe«, antwortete der Spanier belustigt. »Komm, ärgere dich nicht! Gehen wir deinen Gott Pachacamac besuchen, um ihn zu bitten, daß er die Erde für eine Weile nicht tanzen läßt.«

Sie begannen, die kleine Hängebrücke zu überqueren, aber auf halber Strecke blieb der vorangehende Spanier überrascht stehen. Drei menschliche Gestalten waren in den Türen des Tempels erschienen. Zwar waren die drei allem Anschein nach Männer, oder besser gesagt hübsche, schlanke Knaben, aber sie schmückten sich mit derartig vielen Federn und Glasperlen und wackelten in ihrer femininen Kleidung so mit den Hüften, daß sie einen komischen Anblick boten.

»Schwule!« rief Alonso de Molina und trat einige Schritte zurück, bis er mit dem *curaca* zusammenstieß, so daß die ins Schwanken geratene Brücke sie ins Wasser zu werfen drohte. »Zum Teufel noch mal, das sind ja Sodomiten!«

Er versuchte, Chabcha Pusí beiseite zu schieben, um so schnell wie möglich wieder zum Festland zu gelangen. Sein Begleiter jedoch versperrte ihm den Weg, indem er sich mit aller Kraft an die Geländer zu beiden Seiten klammerte. »Sie werden dich nicht vergewaltigen«, sagte er. »Es sind Priester und ausgezeichnete Gastgeber, die ausgebildet wurden, um den Menschen das Leben angenehm zu machen. Sie können tanzen, singen, kochen und wunderschöne Geschichten erzählen.«

»Mißratenes Pack!« zischte der Andalusier. »Ihr seid ein dreckiges, degeneriertes Gesindel und akzeptiert den Geschlechtsverkehr mit Männern. Weißt du, was Capitán Balboa mit Sodomiten machte? Er warf sie den Hunden zum Fraße vor, die zuerst die Teile verschlangen, mit denen sie am meisten sündigten.«

»Wie scheußlich!« brachte der Eingeborene erschüttert vor. »Mit welchem Recht erlaubt man sich, die Entscheidungen der Götter zu unterlaufen? Wenn die Natur sie so geschaffen hat, wird sie ihre Gründe dafür haben. Kein Capitán darf sie verurteilen. Gehen wir! Ich verspreche dir ein richtiges Bankett!«

Das wurde es in der Tat. Zum ersten Mal erkannte der Spanier, wie fein und kultiviert dieses merkwürdige Volk werden konnte, denn die Priester verkörperten das lebende Beispiel alles Guten, das sich im Laufe der Jahrhunderte angesammelt hatte. Sie konnten geistreiche Gespräche über Astronomie, Architektur, Musik, Keramik, Liebe, Geographie führen; und vor allem über Geschichte, denn alle sagten in einer traumhaften Geschwindigkeit aus dem Gedächtnis die wichtigsten Ereignisse und Namen der Inkavergangenheit auf, seit dem Tag, da Manco Capac die Stadt Cuzco gegründet und den Stamm der Sonnensöhne ins Leben gerufen hatte.

Trotz des vorzüglichen Essens dauerte es eine Weile, bis Molina später einschlafen konnte. Die Vorfälle in der Höhle des »Sohn des Donners« hatten ihn beunruhigt und waren ihm den ganzen Tag lang durch den Kopf geschwirrt. Die von Chabcha Pusí gelieferte Erklärung, daß alles nur von einem Alptraum herrührte und Guzmán Bocanegra durch den Alten nie zu ihm hätte sprechen können, klang sehr logisch, aber nicht sehr überzeugend, denn sie kam von einem Menschen, der einen ausgeprägten Hang zu allem hatte, was mit Aberglauben zu tun hatte.

Als Molina beim Abendessen die Homosexuellen danach gefragt hatte, ob sie irgend etwas von einem anderen *Viracocha* wüßten, der vorher ins Land gekommen war, stellte er fest, daß der *curaca* sich bei diesem Thema sehr unwohl fühlte und alles nur Erdenkliche versuchte, um die Aufmerksamkeit auf etwas anderes zu lenken.

»Sobald man entdeckt, daß du auf die Verrücktheiten eines ›Sohn des Donners‹ eingehst, wird dich niemand ernst nehmen«, sagte er. »In den Augen anderer bist du ein *Viracocha*, das heißt, du solltest über so ein Geschwätz erhaben sein. Diese Typen sind nichts als ruchlose Betrüger und Scharlatane.

Höchstwahrscheinlich hatte der Inka recht. Aber in der nächtlichen Ruhe kam es Molina so vor, als hörte er wieder jene verängstigte Stimme, die um Hilfe rief. Er weigerte sich zu akzeptieren, daß etwas, das ihn so berührte, nur auf einem Traum beruhen sollte. Es war immerhin möglich, daß Guzmán Bocanegra es bis zur Küste geschafft hatte, in der einzigen ihm bekannten Sprache um Hilfe rief und dieser Ruf die einzige Person erreichte, die in jenem riesigen Land diese Sprache verstand.

Aber wie? Wie und warum über einen alten Zauberer mit dem Ruf eines betrügerischen Scharlatans?

Mit dieser Frage im Kopf schlief er ein. Im Morgengrauen weckte ihn Chabcha und teilte ihm mit, daß von Norden eine große, stark bewaffnete Truppe nahte, die ganz danach aussah, zur getreuen Anhängerschaft des Verräters Atahualpa zu gehören.

»Wir werden gegen sie antreten.«

»Es sind viele.«

»Einerlei, wie viele es sind. Wenn wir die Brücke kappen, kann ich mich rüsten und verhindern, daß sie überhaupt ankommen.«

»Sei nicht so verrückt! Sie werden uns aushungern. Ich habe mit den Priestern gesprochen. Wenn du sie bittest, wären sie bereit, uns zu verstecken.«

»Wenn ich sie bitte?« fragte der Spanier bestürzt. »Warum ausgerechnet ich? Was wollen sie denn als Gegenleistung?«

»Denk doch nicht sofort das Schlechteste«, antwortete der

curaca ungeduldig. »Sie wollen keine Gegenleistung. Sie möchten dir eine Gunst erweisen.«

»Das tun sie aber nicht!« lautete die barsche Antwort. »Außerdem weiß ich nicht, wo, zum Teufel, sie uns an einem so kleinen Ort verstecken wollen.«

»Sie wissen schon, wo.«

Sie wußten es tatsächlich, denn auf Alonso de Molinas Bitte hin, sie nicht Atahualpas Männern auszuliefern, begannen sie, geschäftig hin und her zu laufen und eifrig alles herzurichten. Genau in dem Moment, da die erste Gruppe Soldaten die Brücke überquerte, setzte sich der Spanier mit einem Gewand bekleidet, das Gesicht wie die der Mumien zu seiner Linken unter einer Maske verborgen, auf einen erhöhten Platz im größten Tempelsaal. Er mußte sich fast unmenschliche Mühe geben, bei dem Anblick des mürrischen Chabcha Pusí, *curaca* von Acomayo, nicht in lautes Gelächter auszubrechen; denn dieser war wie ein sodomistischer Priester des PachacamacTempels zurechtgemacht.

7

»Was sollen wir jetzt tun?«

Der Eingeborene sah ihn an und machte ganz den Eindruck, als ob er auch keine Antwort wüßte.

»Sag mir, was wir jetzt tun sollen«, wiederholte Alonso de Molina beharrlich; gleichzeitig zog er das weite, muffige Mumiengewand aus. »Wir müssen weiter nach Cuzco, aber diese Soldaten benutzen den einzigen Weg, den es gibt und marschieren vor uns. Hast du eine Idee?«

»Nein«, knurrte der Angesprochene. »Mir fällt nichts ein. Wenn du ein *normaler* Mensch wärst, könnten wir uns als Priester, Steuereintreiber oder Weginspektor verkleidet durchschlagen, aber bei deinem Umfang, deiner Rüstung und deinem Bart erkennt man dich auf tausend Schritt Entfernung.«

Sie blieben ratlos und schweigend auf dem Boden sitzen. Die Homosexuellen beobachteten sie mit großer Anteilnahme und sorgten sich ebenfalls um die geringe Erfolgsaussicht ihrer Reise.

»Wenn ihr bis Cajamarca gelangen würdet, wäre alles viel einfacher«, bemerkte der Jüngste des Trios. »Der Gouverneur Hanco Queché ist ein Getreuer Huascars, dessen bin ich sicher.

»Wie weit ist es bis Cajamarca?«

»Etwa drei Tage Marsch über die Königsstraße.«

»Gibt es noch irgendeine andere Route?«

»Soweit ich weiß, nicht.«

»Na dann ...«

Der Schwule sagte nichts, dachte einen Moment lang nach und beugte sich schließlich zu seinen Freunden hinunter, um ihnen etwas zuzuflüstern. Diese reagierten zu Anfang sehr überrascht, stimmten dann jedoch lächelnd mit einem leichten Kopfnicken zu.

»Vielleicht gibt es eine Lösung«, meinte der Jüngling etwas verschüchtert. »Wenn eine bedeutende Persönlichkeit stirbt, begleiten wir deren Mumie gewöhnlich bis in ihre Heimatstadt, wo sie dann bei ihren Angehörigen für immer ruhen soll.« Er wies auf das kurze Gewand, das Molina gerade zu Boden fallen ließ. »Wenn es uns einmal gute Dienste erwiesen hat, kann es das noch einmal tun.«

Der Andalusier starrte ihn entsetzt an. »Willst du damit sagen, ich soll als Toter verkleidet durch das halbe Land spazieren?« meinte er bestürzt.

»Besser, sich tot zu stellen, als tot zu sein«, lautete die lakonische Antwort.

»Das ist Ansichtssache. Und ich glaube nicht, daß es klappt.«

»Wir könnten ein halbes Dutzend getreuer Träger besorgen. In einem Leichenzug würde uns niemand vermuten. Die Toten sind heilig.«

Alonso de Molina versuchte erneut zu protestieren, aber Chabcha Pusí, der mit seiner Kleidung seine Schroffheit und Würde wiedererlangt hatte, lenkte beschwichtigend ein: »Vielleicht wäre es eine ganz gute Lösung«, meinte er. »Wir kämen schnell und gefahrlos voran.« Seine Stimme wurde tiefer und erhaben. »Und bedenke, daß nicht nur unser Leben auf dem Spiel steht. Möglicherweise hängt ein Bürgerkrieg davon ab, ob Atahualpa dich zu fassen bekommt oder nicht. Zu erfahren, daß du auf Huascars Seite bist, wird seinem Elan einen ordentlichen Dämpfer verpassen.«

»Ich bin auf keiner Seite«, fiel der Spanier ein. »Ich bin nicht hierhergekommen, um mich in einen Krieg zu verstricken. Seitdem ich achtzehn Jahre alt war, habe ich nichts anderes getan, als in Kriegen zu kämpfen, bis ich zu dem Schluß kam, daß diese eigentlich nur den Mächtigen nutzen. Dutzende meiner besten Freunde haben ihr Leben für die Eroberung neuer Welten gelassen, und der Kaiser hat sich nicht einmal bequemt, seinen Dank auszusprechen. Der schenkt der letzten Palastintrige oder einem neuen Ketzereiverdacht mehr Aufmerksamkeit als einer blutigen Schlacht, in der seine Armee gesiegt hat.«

»Die Kaiser brauchen für unsere Aufopferung nicht dankbar zu sein«, erwiderte der *curaca* fest überzeugt. »Wir wurden geboren, um zu dienen.«

»Scheiße auch!« rief der Andalusier wutentbrannt. »Seit langem reicht es mir, daß mein Leben von einem Kaiser abhängt, der meine eigene Sprache nur bruchstückhaft redet und nicht das geringste Gefühl für all jene Dinge aufbringt, die mir lieb und teuer sind. Würdest du dich denn für einen *inka* aufopfern, der jenseits deiner Grenzen geboren wurde und den du kaum verstehst?«

»Wenn er ein *inka,* ein Sonnensohn ist, gehört mein Leben ihm.«

»Deine Unterwürfigkeit widert mich an«, stieß Alonso de Molina hervor, fügte aber nach kurzer Pause hinzu: »Entschuldige, ich habe kein Recht, dich zu kritisieren, denn eigentlich habe ich bis vor nicht allzu langer Zeit genau wie du gedacht. Aber beim Betreten dieses Landes habe ich mit meinem vorherigen Leben gebrochen. Heute sehe ich es anders: Hier bin ich allein und habe niemanden, der mir hilft und dem ich Rechenschaft schuldig bin. Weder die Gesetze noch die Gewohnheiten, von denen ich mich immer leiten ließ, nützen etwas. Die Vorstellung, mein eigener Herr zu sein, ist mir sehr angenehm.«

»Ich weiß gar nicht, wovon du sprichst«, erwiderte Chabcha Pusí, und nachdem er auf die immer noch wartenden Homosexuellen gezeigt hatte, fügte er hinzu: »Und die auch nicht.«

»Das ist auch nicht wichtig. In eurer Welt gibt es keine Auffassung von Freiheit, und nun stelle ich fest, in meiner Welt eigentlich auch nicht. Erst jetzt entdecke ich ihre wahre Bedeutung. Ich bin Alonso de Molina, geboren in Ubeda, und sonst nichts, weder Capitán noch irgend etwas anderes, genausowenig ist jemand etwas Besseres als ich. Verstehst du?«

Chabcha Pusí schüttelte den Kopf. »Nein.«

Der Spanier wandte sich an die Priester und fragte: »Und ihr?«

Die Angesprochenen schauten sich an, und es war klar, daß sie nicht im geringsten wußten, wovon er sprach.

»Es ist sinnlos«, murmelte der Spanier. »Ich sehe, daß es keinen Zweck hat, euch das zu erklären.«

»Was findest du so erstaunlich daran?« antwortete Chabcha Pusí sichtlich verärgert. »Dir fällt es schwer, die hiesigen Bräuche zu akzeptieren und dich unserer Welt anzupassen. Und dennoch erwartest du von uns, daß wir seltsame Dinge aus Ländern verstehen, von denen wir bisher nicht einmal wußten, daß sie existieren. Damit beweist du nicht gerade, daß du schlauer bist als wir, nur unnachgiebiger.«

»Einverstanden!« lenkte der Spanier ungeduldig ein. »Es ist nicht die Frage, wer schlauer oder unnachgiebiger ist. Jetzt ist nur die Frage, wie wir lebend nach Cuzco gelangen. Hat denn niemand eine bessere Lösung parat als die Geschichte, sich tot zu stellen?«

Die gab es allem Anschein nach nicht, und so setzte sich kurz nach Mittag der Trauerzug in Bewegung, obgleich Alonso de Molina im letzten Augenblick, seinem Los als einbalsamierter Toter bereits ergeben, noch einmal wutentbrannt protestierte: »Soll das etwa heißen, ich soll im Sitzen reisen? In meinem Land werden die Toten immer im Liegen transportiert.«

»Eine gute Figur würdest du abgeben: im Liegen und die Beine gekreuzt in der Luft«, lautete die mißmutige Antwort des *curacas.* »Bei uns werden die Toten im Sitzen mumifiziert und beerdigt, und daher ist es auch die einzige Körperhaltung, in der sie reisen dürfen.« Er lächelte, zog dabei wie eine Ratte die Nase kraus und zeigte seine kleinen Zähne. »So kannst du dir besser die Landschaft ansehen.«

Vor der sengenden Abendsonne durch einen bunten Baldachin geschützt, saß Molina aufrecht auf der klapperigen Tragebahre und hatte seine gut verborgenen Waffen in Reichweite. Das Gesicht mit einer goldenen Maske bedeckt, in die aber nur zwei schmale Öffnungen geritzt worden waren, damit er überhaupt etwas von dem ahnen konnte, was um ihn herum vor sich ging, war die Reise alles andere als bequem, da er ja die meiste Zeit über gezwungenermaßen sich nicht rühren durfte oder gar die Luft anhalten mußte, um seiner Rolle als Verstorbener, der über die Hauptverbindungsstrecke quer durchs Land reiste, gerecht zu werden.

Die Königsstraße bot einen ganz anderen Anblick als die abgelegenen Landstriche, die sie bis zu dem Zeitpunkt durchquert hatten. Je mehr sie sich der Hauptstadt des Imperiums näherten, desto belebter wurde die Umgebung.

Daher verging auch selten mehr als eine Stunde, ohne daß sie an einem winzigen Dorf, einer einzelnen Behausung, einer *chasqui*-Unterkunft oder an einem Wanderer vorbeizogen, welcher sofort respektvoll den Kopf senkte.

»Ich muß pinkeln.«

Chabcha Pusí, der neben ihm dahintrottete, stockte der Atem, und er schaute auf. »Was hast du gesagt?« fragte er.

»Daß ich mir gleich ins Hemd mache! Seit vier Stunden hocke ich nun hier oben, ich kann nicht mehr.«

»Na, das kann ja heiter werden!«

Sie mußten den Pfad verlassen und ein paar Felsen aufsuchen, die sie vor der Neugierde der Fremden schützten. Alonso de Molina sprang rasch zu Boden, entleerte sich erleichtert aufatmend über einem Strauch und ging ein wenig hin und her, um seine Muskeln zu entkrampfen, die ihm steif zu werden drohten.

Sie alle boten einen wahrhaft schaurigen Anblick. In ein Gewand gesteckt, das ihm fast bis zu den Knien reichte, lief Molina wie ein Löwe im Käfig hin und her und wurde von den Trägern beobachtet. Diese hätten sich niemals vorstellen können, daß sie eines Tages gezwungenermaßen die Hauptrolle in einem so possenhaften Abenteuer spielen würden.

Das Homosexuellentrio wiederum schien eigentlich die überraschende Reise am meisten zu amüsieren, denn einerseits fanden sie es aufregend, ein solches Exemplar von Mann durch das halbe Land zu befördern, andererseits waren sie sicher, daß Huascar sie für ihre Bemühungen und ihre Tapferkeit angemessen entschädigen und ihnen in einem schönen Tempel in Cuzco eine neue Bestimmung zuteil kommen lassen und sie nicht zwingen würde, wieder in die Einsamkeit zurückzukehren. Im hohen Alter, wenn ihr Fleisch schlaff und faltig und für die Mächtigen nicht mehr attraktiv war, würden sie immer noch aufgesucht werden, wenn auch nur, um sich einmal mehr die spannende Geschichte erzählen zu lassen, wie sie den Menschengott aus den Klauen eines gemeinen Bastards retteten.

Chabcha Pusí allerdings schien den leichtsinnigen Optimismus der Priester überhaupt nicht zu teilen, denn er war überzeugt, daß die Soldaten früher oder später den unverschämten Betrug aufdecken würden und ihm mitten auf der Plaza von Quito die Haut abziehen ließen.

»Atahualpas Grausamkeit ist im Imperium berühmt-berüchtigt«, bemerkte er das ein oder andere Mal bitter. »Er möchte seine Opfer tagelang leiden sehen, man behauptet sogar, das er die Todesschreie sexuell erregend findet.

Alonso de Molina hatte einige Male ungewollt zahlreichen Darbietungen derartiger Geistesstörungen beigewohnt, die einige spanische Capitánes im Umgang mit den Eingeborenen an den Tag legten, und hatte gelernt, jede Art von Folter aus tiefstem Herzen zu verabscheuen. Allmählich begann er daher auch, den Mann zu verachten, für den die Folter der Inbegriff von Gerechtigkeit, Macht und Leben geworden war.

Bei der Anwendung von Strafen ging sein Bruder vielleicht nicht wesentlich anders vor, aber wenigstens beschränkte sich Huascar nach den Schilderungen des *curacas* darauf, die von seinen Vorfahren übernommenen Regeln einzuhalten und fand kein besonderes Vergnügen daran, dem Todeskampf seiner Opfer beizuwohnen.

»Erzähl mir etwas über Huascar«, sagte er plötzlich.

»Über Huascar?« fragte der Inka erstaunt. »Was soll ich dir denn erzählen?«

»Ich würde gerne etwas über ihn erfahren, damit ich weiß, woran ich mich halten soll, wenn ich in seiner Gegenwart bin«, meinte der Spanier. »Möglicherweise weiß er dann bereits vieles über mich.«

»Wie soll ich als armseliger *curaca* vom Glanze eines Gottes berichten? Seine Augen ähneln dunklen, funkelnden Topasen. Von seiner Erscheinung geht eine magnetische Kraft aus, die er von seinem Vater Huayna Capac geerbt hat, welcher sie wiederum von der Sonne erhielt. Wenn er auf seinem goldenen Thron Platz nimmt und dich anschaut, durchfährt ein Schauer deinen Körper von Kopf bis Fuß, und du zitterst vor Angst in Erwartung des Todes.«

»Ich weiß, wie so etwas ist«, bemerkte der Spanier. »Einmal

wohnte ich einer Audienz des Kaisers bei und erlebte etwas Ähnliches, auch wenn ich später zu dem Schluß kam, daß nur wegen der theatralischen Gebärden, mit denen die Macht sich darstellte, ein solcher Eindruck entstand. In Wirklichkeit war er nichts weiter als ein erschöpfter, gelangweilter Mann, der seinen Hunden mehr Beachtung schenkte als seinen Untertanen.«

»Wie ist er?«

»Wer? Der Kaiser? Jemand, dem das Schicksal übel mitgespielt hat, indem es ihm viel mehr zukommen ließ, als er eigentlich verdient. Seine Mutter war aufs Knüpfen versessen, und sein Vater ein schöner Schwachkopf, und trotzdem verhielt er sich so, als könnten Himmel und Erde seinen Ruhm nicht würdigen. Die besten Soldaten dieses Jahrhunderts bieten ihm täglich neue Königreiche an, aber im Grunde verachtet er sie, und in seinen Gefängnissen schmachten oft diejenigen, denen er alles zu verdanken hat. Er verdient nicht einen einzigen Tropfen meines Blutes oder meines Schweißes.«

»Du machst mir Angst. Manchmal, wenn du so daherredest, finde ich dich erschreckend.«

»Warum? Weil ich das Gerüst ins Wanken bringe, auf dem dein Leben steht? Mein eigenes zerstöre ich im übrigen auch, aber in all den langen Hunger- und Kältenächten, der Abgeschiedenheit, der sie uns auf der Isla del Gallo überließen, ist mir klargeworden, daß die Mächtigen doch nur ein Spiel mit uns treiben, ohne irgendeine Regel zu beachten. Das spricht uns von unseren Schwüren frei. Wer mir ein Stück Brot verweigert hat, verdient nicht, daß ich ein Königreich für ihn erobere. Als ich den Fuß auf diesen Boden setzte, habe ich alle Verbindungen zum Kaiser abgebrochen. Meinetwegen kann er zur Hölle fahren.«

»Hast du denn vor, dich den Regeln des *inkas* zu unterwerfen?«

»Glaubst du etwa, ich komme hierher, um den Tyrannen zu

wechseln? Wenn Huascar so ist, wie du sagst, verdient er meinen Respekt, aber nicht meine Unterwürfigkeit. Ich will euer Land kennenlernen. Wenn es mich als Gast aufnimmt, bleibe ich vielleicht eine Zeitlang. Dann setze ich meinen Weg fort und suche mir andere Länder, andere Leute, oder ich kehre in meine Heimat zurück, sobald ich erfahre, daß der Kaiser tot und begraben ist.«

»Und was soll sich dann ändern? Sein Nachfolger wird dasselbe tun.«

»Dann muß ich wieder abreisen.«

»Niemand kann sein Leben lang immer nur flüchten«, sagte der *curaca* überzeugt. »Und wenn es den Göttern lieber gewesen wäre, daß wir keine Gebieter haben, dann hätten sie uns in den Urwäldern zur Welt kommen lassen. Dort sind die Menschen kaum etwas anderes als Tiere, ständig im Kampf gegen Schlangen und Raubtiere. Wenn meine Stadt durch eine Armee geschützt, meine Angreifer durch einen Richter bestraft, die Brücken, die ich überqueren muß, von einem Ingenieur gebaut werden sollen, und ich von einem Priester bestattet werden will, dann muß ich eine Kontrolle durch eine höhere Instanz voraussetzen, und diese Instanz darf niemand anderes sein als der *inka.*«

Alonso de Molina stand nicht der Sinn danach, als Revolutionär aufzutreten oder die festen Überzeugungen seines Begleiters zu ändern, und auch wenn sie gelegentlich stritten, so respektierte er doch die Meinung des *curacas*. Er war sich darüber im klaren, in welch eine streng aufgebaute Gesellschaft sein Begleiter hineingewachsen war. Seine Erziehung ließ niemals eine andere Handlungsweise zu.

Allem Anschein nach war das inkaische Imperium auf einer soliden Basis errichtet worden, und die war so fest wie das Fundament ihrer wunderlichen Gebäude. Die pyramidenähnliche, starre Struktur zeigte keine Risse. Niemand dort schien dem Zufall zu vertrauen. Man hätte fast meinen können, daß die Gesetze und Verhaltensregeln vor dem Menschen erschaffen worden waren. Es war nicht eine auf die Bedürfnisse bestimmter Wesen zugeschnittene Gesellschaft, sondern die Wesen waren auf eine bestimmte Gesellschaft zugeschnitten.

Der beste Beweis hierfür ergab sich einige Tage später, als sie an einer Dorfgemeinde vorüberkamen, die schweigend mit gesenkten Köpfen einen gemeinschaftlichen Umzug tätigte, befohlen von der unumstrittenen Autorität des *inkas,* und mühevoll alles mit sich schleppte.

»Warum?«

»Staatsräson«, lautete überraschend die Antwort des *curacas.* »Wenn ein gerade erobertes Volk rebelliert oder nicht genügend schnell unsere Bräuche annimmt, wird es in die Landstriche umgesiedelt, die dem Inkareich seit langem angehören. Dabei wird es gegen ein anderes ausgetauscht, das wie dieses immer treu war. Da die Rebellen weit von ihrer gewohnten Umgebung entfernt sind, passen sie sich besser den Gegebenheiten an, während die Umgesiedelten die neuen Länder kolonisieren und ihren Einfluß auf die Nachbarstämme übertragen.«

»Aber ein ganzes Volk von seinem Ursprungsort loszureißen, stellt in meinen Augen eine etwas ungerechte Belohnung für ewige Treue dar.«

»Einem Befehl des *inka zu* folgen, stellt an sich schon eine Belohnung dar.«

»Ihre Gesichter zeigen aber keine große Freude.«

»Niemand darf sein Land, sein Haus oder seine Familie mehr lieben als den *inka*, und wenn der erste Augenblick von Heimweh erst einmal vorüber ist, werden sie sich freuen, daß Huascar für ihre Mühe und Aufopferung dankbar sein wird.«

Alonso de Molina fragte sich, ob der *curaca* wirklich glaubte, daß jene Unglückseligen eines Tages keine Sehnsucht mehr nach ihrer Heimat hätten, eine Heimat, die ihm allmählich immer schöner vorkam, denn die Puna wich nach und nach einer viel weniger unwirtlichen Gegend. Fruchtbare Täler breiteten sich plötzlich vor ihnen aus, nachdem sie einen Hügel erklommen und eine Biegung des Pfades hinter sich gelassen hatten. Jeder Meter nutzbarer Fläche schien mit der gleichen Liebe bearbeitet worden zu sein wie der Ziergarten von Aranjuez, während die dunklen, strohgedeckten Hütten an glasklaren Bächen oder winzigen Wäldern lagen, durch die sie vor dem eisigen Wind der Sierra geschützt waren. Riesige, menschenleere Gebiete wechselten mit Ansiedlungen, in denen die Luft dicker zu werden schien und es nach Essen und Holzfeuer roch.

Am Spätnachmittag erklang von den Bergen melancholisch eine Hirtenflöte, die das Ende des Tages zu verkünden schien. Die Turteltauben zankten mit den fernen Kondoren um den Himmel, die winzigen Kolibris besprenkelten die grünen Felder mit Farbe, und wenn auf einer Felsspitze die imponierende Silhouette einer uneinnehmbaren Festung auftauchte, wurde einem wieder bewußt, daß dieses mächtige Imperium wirklich existierte, auf das Cabcha Pusí so stolz war und in dem einfache Bürger, geschützt von einem wohlorganisierten Heer, friedlich ihre Arbeit verrichteten.

Arbeiterkolonnen besserten ständig die Straßendecke aus, Lamaherden mit Getreidelasten verkehrten unaufhörlich in alle Richtungen, stolz errichtete Holz- und Seilbrücken retteten über die Abgründe, so daß der Eindruck entstand, es sei ein riesiges Land, in dem alles bestens funktionierte.

Es gab keine Bettler und auch keine Müßiggänger, die im Schatten eines Strauches faulenzten. Sogar den Kindern schien die Pflicht auferlegt zu sein, sich um die Herden zu kümmern oder den Eltern bei der Feldarbeit zu helfen. Nur einige bereits gebrechliche Alte lehnten an einer Mauer und schauten geistesabwesend der Gefolgschaft nach, als befänden sie sich bereits jenseits dieser Welt, ihre Gesichter von tausend Sonnenstrahlen in so tiefe Falten gelegt, daß sie an das unwegsame Land erinnerten, in dem sie so alt geworden waren.

8

Am Nachmittag tauchte inmitten einer weiten Ebene, die außer einem Felsvorsprung etwa fünfzig Schritt vom Weg entfernt keine Versteckmöglichkeiten bot, die Soldatenkolonne auf. Sie rückte von Süden an und stand unter dem Befehl eines Offiziers, dem ein Auge fehlte; dieses Auge war einer Messerstecherei zum Opfer gefallen, denn eine tiefe Narbe durchzog sein Gesicht von der Stirn bis zum Kinn.

Es war aussichtslos, den Soldaten zu entweichen und den Pfad zu verlassen, ohne Verdacht aufkommen zu lassen. Daher bat der *curaca* Alonso de Molina, sich nicht zu rühren, und befahl den Trägern, ihren Schritt zu beschleunigen und so schnell wie irgend möglich an ihnen vorbeizulaufen. Der Offizier hieß sie dennoch mit autoritärem Gebaren stehenbleiben, grüßte respektvoll den »Verstorbenen« und begann sie nach den Gründen ihrer Reise sowie über die Personen, die ihnen unterwegs begegnet waren, auszufragen.

Genau in jenem Augenblick entlud sich kraftvoll und zornig ein Gewitter. Unverzüglich rannten Soldaten, Priester und Träger zu dem kleinen Felsvorsprung, um sich unterzustellen, wobei die Sänfte mitten auf dem Weg stehengelassen wurde.

Chabcha Pusí zögerte, schaute den Spanier an, der nicht einmal mit den Augen zu blinken wagte, und entschloß sich schließlich doch, dem Einäugigen zu dem winzigen Unterschlupf zu folgen, denn die Soldaten würden die Mumie nur ignorieren, wenn er nicht bei ihr im Freien bliebe.

Dort saß Alonso de Molina also wie eine Statue im sintflutartigen Regen, blind und taub für die Blitze, die alles nach ihm abzutasten schienen, begafft von teilnahmslosen Soldaten und Trägern, die anscheinend nur auf den Moment warteten, da der Einschlag eines Blitzes seinen Mut zunichte machte und ihn zwänge, sein Gewand hochzuraffen und vor den Augen der verblüfften Truppe davonzurennen. Kälte kam auf. Molina begann so sehr zu zittern und mit den Zähnen zu klappern, daß er befürchtete, der Offizier würde es bemerken. Als ihm das erste Niesen in die Nase stieg, wonach die goldene Maske beinahe zu Boden gefallen wäre, vertraute er nur noch auf Gott und tastete nach seinem Degen, bereit, sich sein Leben teuer bezahlen zu lassen und vor seiner eigenen Niederlage wenigstens noch einige Feinde in den Tod zu schicken. Glücklicherweise versperrte der dichte Regenvorhang den Soldaten den Blick. Aber die schienen sowieso nur Augen für die drei Priester zu haben, welche unaufhörlich herumturtelten, denn sie wußten, daß das Ende des Menschengottes ihr eigenes Unglück bedeutete.

Bald wurde es dunkel. Diese Gelegenheit nutzte Alonso de Molina, um seine verkrampfte Haltung zu lockern, unter der Sänfte Schutz vor dem Regen zu suchen und sich der Länge nach auszustrecken. Eine Stunde später nahmen Truppe und Gefolge den Marsch wieder auf.

Bei Tagesanbruch kam Cajamarca in Sicht. Vom Fieber geschüttelt war Alonso de Molina kaum imstande, die Stadt oder deren Umgebung wahrzunehmen, denn er konnte nur mit Mühe die Kraft aufbringen, sich halbwegs aufrecht auf der Trage zu halten. Er glaubte zu träumen, als er spürte, wie man ihn in eine warme Behausung brachte, ihm die gefrorenen Kleidungsstücke auszog, ihn auf einen weichen Teppich bettete und mit Fellen zudeckte, während in einem Kohlenbecken ein Feuer geschürt wurde, das nicht nach Alpakaexkrementen stank.

Mit Ausnahme von kurzen Momenten, in denen sie ihn wach rüttelten, um ihm ein widerliches Gebräu einzuflößen, schlief er zwei Tage durch. Als er schließlich wieder zu Bewußtsein kam, saß neben ihm der *curaca*, der ausnahmsweise lächelte.

»Willkommen in der Welt der Lebenden!« war das erste, was er sagte. »Ich dachte schon, du hättest dir deine Rolle als Verstorbener zu sehr zu Herzen genommen.«

»Ihr solltet eure Gepflogenheiten ändern«, erwiderte der Spanier ernst. »Selbst für einen Toten muß es eine unerträgliche Strafe sein, ewig zu sitzen und ins Unendliche zu starren.« Er stöhnte und blickte sich um. »Wo sind denn unsere Freunde, die Priester.«

»Sie sind bei dem Gouverneur Hanco Queché. Er hat ungewöhnlich großen Gefallen an ihnen gefunden. Es bereitet ihnen zweifelsohne eine besondere Freude, zu gegebener Zeit das Abenteuer mit der erkälteten Mumie zu schildern.«

»Sicherlich machen sie mich zum Gespött der ganzen Stadt.«

»Nur der Gouverneur und seine treuesten Diener wissen um deine Existenz. Atahualpas Spione lauern überall.«

»Laufen wir immer noch Gefahr?«

»Ich hoffe nicht. Sobald du dich erholt hast, werden uns hundert Soldaten nach Cuzco eskortieren. Huascar erwartet dich.«

»Ich verdanke dir mein Leben.«

»Und ich dir meins. Vergiß nicht, daß ich es nur auf Befehl des *inka* tue, während du auf eigene Faust gehandelt hast.« Er streckte die Hand aus und drückte dem Andalusier liebevoll den Arm. »Ich schätze dich sehr«, sagte er.

»Ich dich auch«, erwiderte der Spanier ebenso gefühlsbetont. »Nach dem Schwarzen Ginés bist du der beste Freund, den ich je hatte. Mit einem Lachen ab und zu wärst du vollkommen.«

»Vielleicht reise ich eines Tages in dein Land, wo die Leute offensichtlich viel lachen und nichts essen.« Er zog seinen Arm wieder zurück, als sei ihm jener kurze Kontakt als höchster Ausdruck seiner möglichen Gefühlsäußerungen peinlich. »Als ich hier saß und dich beobachtete, habe ich mich gefragt, ob ich genügend Mut aufbrächte, in jene fremde Welt zu gehen, von der du mir erzählt hast, so weit, wie sie entfernt liegt.«

»Ich bin ja auch gekommen.«

»Wir sind verschieden«, sagte der *curaca*. »Für dich ist dein Geburtsort nur eine Erinnerung, an die dich nicht mehr viel bindet. Du bist wie die Pflanzen, die an der Küste durch die Wüsten irren, nie Wurzeln schlagen und es schaffen zu überleben, wo immer der Wind sie auch hinträgt. Für mich bedeutet mein Land alles. Ich verwelke oder zerbreche wie ein nicht rechtzeitig geernteter Maiskolben, sobald ich mich von meiner Heimat entferne. Ich weiß, daß ich den Rest meines Lebens davon träumen werde, dein Land zu besuchen und ein Pferd, ein Rad oder ein Buch zu sehen, aber ich weiß auch, daß ich niemals genügend Mut aufbringen werde, meine Familie zu verlassen und die Reise anzutreten.«

»Du hast mir nie etwas von deiner Familie erzählt«, sagte Alonso de Molina. »Hast du Kinder?«

»Neun«, antwortete er stolz. »Neun Kinder und vier Frauen. Die letzte, Naika, ist jünger als drei meiner Kinder und das schönste Geschöpf, das es gibt.«

»Uns ist es nur erlaubt, eine Frau zu haben«, gab der Andalusier zu verstehen. »Immer dieselbe, ein Leben lang.«

»Und wenn sie alt wird?« fragte der *curaca* überrascht. »Was macht ihr mit ihr?«

»Die Männer altern ja auch.«

»Das stimmt nicht«, beteuerte der Eingeborene. »Die Frau altert bedingt durch ihre Kinder und die Arbeit sehr früh. Genauso, wie sie auch schneller erwachsen wird, endet ihr Sexualleben auch früher, aber das heißt nicht, man sollte sie nicht mehr lieben und schätzen. Wenn ihre Energie zur Neige geht, wird sie die Herrin des Hauses, die höchste Autorität eines Heims, aber sie akzeptiert es – oftmals sogar dankerfüllt –, wenn eine jüngere Ehefrau sich um die Bedürfnisse des Mannes kümmert und ihm neue Kinder gebärt.«

»In meinem Land hätte niemand Verständnis für so etwas.«

»Wie es aussieht, werdet ihr in vielen Dingen unterdrückt, Es wundert mich nicht, daß ihr euch in den Krieg stürzt und neue Länder erobern wollt. Der Mann, auf den viele Kinder und eine Ehefrau wie Naika warten, hat ein viel größeres Bedürfnis, nach Hause zurückzukehren, als jemand, der allein ist. Wartet denn niemand in Ubeda auf dich?«

»Nein, niemand.«

»Warum nicht?«

»Ich bin sehr früh in den Krieg gezogen.«

»Daran hast du schlecht getan. Der Krieg sollte nur Sache von reifen Männern sein, die bereits Kinder gezeugt haben. Sich umbringen zu lassen, ohne für Nachfolge gesorgt zu haben, ist wie eine Pflanze vor der Blüte aus dem Boden zu reißen. Wenn ich morgen stürbe, wäre mein Lebenszyklus erfüllt, aber wenn eines meiner Kinder stürbe, bliebe etwas unerledigt. Wenn hierzulande ein Junge achtzehn Jahre alt wird und sich noch keine Frau genommen hat, wird ihm eine zugewiesen. Die Kinder von jungen Eltern sind gesünder und kräftiger als die von reifen Eltern.«

»Und das Imperium braucht starke Männer«, spitzte Alonso de Molina die Aussage zu. »Kein Blatt regt sich bei euch, es sei denn, zum Wohl und Ruhm des *inka.*« Er schüttelte den Kopf, als wollte er einen bösen Alptraum abschütteln. »Heute nacht habe ich von Guzmán Bocanegra geträumt. Ich habe ihn so deutlich gesehen, wie ich dich jetzt gerade sehe. Man hielt ihn in einer Art Maisbrei gefangen. Ist es vielleicht das, was der *inka* für mich bereithält?«

»Warum sollte er das tun?«

»Keine Ahnung, vielleicht weißt du es ja.« Er unterbrach sich für einen Augenblick. »Ich habe mir folgendes gedacht: Wenn einige fremde Menschen, die man als Halbgötter bezeichnen könnte, in mein Land kämen, würde der Kaiser sich vielleicht nicht trauen, sie umzubringen, sondern versuchen, sie in Verwahrung zu nehmen. Möglicherweise hat Huascar Bocanegra gefangengenommen, und jetzt bin ich dran.«

»Ich versichere dir, daß man nichts von einem Bocanegra wußte, bis ich Cuzco verließ. Du warst der erste *Viracocha,* von dem man überhaupt gehört hat.«

»Ich glaube dir. Möglicherweise hat man damals nichts davon gewußt. Oder man hat dir nichts gesagt. Es ist lange her.«

»Ja«, gab der Indio zu. »Eine lange Zeit ist verstrichen. Und vieles ist passiert: Das Schlimmste war, daß du den Hirngespinsten dieses Verrückten Glauben schenktest.« Er schnaubte empört. »Ich hielt dich für einen intelligenten und vernünftigen Mann, für jemanden, von dem man eine Menge lernen kann, aber in letzter Zeit enttäuschst du mich.«

»Weil ich glaube, was ich mit eigenen Augen gesehen habe?«

»Du hast gar nichts gesehen!« fuhr der *curaca* ungeduldig auf. »Das war nur ein plumper Betrug, das weiß ich aus Erfahrung. Naika war noch ein kleines Mädchen, das ich nicht anzuschauen wagte, als ich einen ›Sohn des Donners‹ aufsuchte, der mir einredete, sie liebte mich und wollte gerne meine Frau werden. Jetzt aber komme ich mir vor, als hätte ich einen Gegenstand gestohlen, der niemals in meinen Besitz gelangen durfte.«

»Das tut mir leid«, flüsterte er.

»Es hat dir nicht leid zu tun«, lautete die schroffe Antwort. »Naika gibt sich Mühe, mich auf ihre Weise glücklich zu machen, und manchmal gelingt es ihr. Das eigentlich Wichtige ist, daß du diese Sache nicht weiter verfolgst. Und erwähne es bloß nicht in Anwesenheit des Gouverneurs.«

Augenscheinlich brachte die Gegenwart des riesigen *Viracochas* mit seinen wäßrigen Augen und seiner donnernden Stimme den beleibten Hanco Queché, Gouverneur von Cajamarca, völlig aus der Fassung, denn er ließ sich steif unweit der Tür nieder. Seine entstellten, ellenlangen Ohren wackelten dabei wie die eines alten Elefanten, der einen Angriff befürchtet. Die zahlreichen Goldringe, die an seinen Ohrläppchen hingen, klirrten pausenlos, und am Hals trug er einen derartig großen Smaragd, daß der Andalusier beinahe dessen Echtheit anzweifelte.

»Der *inka* Huayna Capac erlaubte mir ihn zu behalten, nachdem ich die *inkas* besiegt hatte«, erklärte er. »Er war das Erkennungszeichen des Häuptlings. Es wird behauptet, daß es östlich von der Gegend, wo sie leben, Dutzende davon gibt.«

»Wo ist das?«

»Nördlich des großen Flusses, der die Welt in zwei Hälften teilt.« Seine anschwellende Brust ließ den Umfang seines runden Bauches noch mächtiger erscheinen. »Als ich jung war, habe ich das Heer kommandiert, das weiter denn je in die östlichen Urwälder vorgedrungen ist.« Er wollte seinen Gesprächspartnern imponieren und vielleicht seine eigenen Ängste überwinden, indem er mit seinen früheren Heldentaten prahlte. »Mit viertausend Männern stieg ich das Cañon des Urubambas hinab. Hinter dem Zulauf des Apurimacs wurde die Strömung so breit, daß ich Flöße bauen ließ. Vier davon erlitten Schiffbruch, und ich verlor mehr als hundert Männer. Fünfzehn Reisetage weiter erreichten ich und mein Heer den großen Fluß, wo die Kämpfe gegen die Affenmenschen begannen. Die ließen die Köpfe ihrer Opfer auf die Größe einer Faust zusammenschrumpfen, und die Rohrmenschen töteten mit kurzen, vergifteten Pfeilen, die sie aus einem Rohr bliesen. Aber wir waren damals stark genug und fuhren weiter, bis der große Fluß so breit wie das Meer wurde und wieder drei Flöße schluckte. Dann bogen wir in einen der Zuflüsse ein in der Vorstellung, er würde uns Richtung Norden nach Quito bringen. Dort hielten wir den härtesten Auseinandersetzungen mit den *auakas* stand. Als ich den Befehl zur Rückreise gab, waren wir noch dreihundert, aber während der Fahrt kamen die meisten um. Von viertausend haben dreiundzwanzig überlebt.« Er legte eine Pause ein, und nachdem er Molina mit der abergläubischen Furcht angesehen hatte, die ihn nicht losließ, fügte er hinzu: »Ein Gefangener erzählte mir, er habe jenseits des Landes der Smaragde einen weißen Mann mit einem langen Bart, Metallkleidung und einem

›Donnerrohr‹ gesehen, das von weitem tötete. Warst du das vielleicht?«

»Nein, ich war es nicht, aber es könnte gut ein Spanier aus Neugranada oder Terra Firme gewesen sein. Einige Seeleute behaupten, auf der anderen Seite des Kontinents münde ein Fluß, der so breit ist wie das Meer. Vielleicht war es der, den du befahren hast.«

»Dieser Fluß mündet nirgendwo«, sagte Hanco Queché selbstsicher. »Die Wilden versichern, daß er einen Abgrund hinabfällt, der das Ende der Welt ist.«

»Das dachten meine Großeltern über den Ozean auch«, warf Alonso de Molina ein. »Aber schließlich war es doch nicht richtig. Die Welt endet nie, sie ist rund.«

»Was sagst du da?« fragte der fettleibige Gouverneur von Cajamarca bestürzt.

»Daß die Welt rund ist«, erklärte ihm Chabcha Pusí, für den Fall, daß er falsch verstanden hatte. »Seiner Ansicht nach ist sie eine noch größere Kugel als der Mond.«

»Ja, und wer hält sie fest, Pachacamac oder *Viracocha*?«

»Niemand«, erwiderte der Spanier gelassen. »Sie schwebt mitten im Nichts und dreht sich um die Sonne.«

Hanco Queché verfiel einen Augenblick lang in nachdenkliches Schweigen und starrte abwesend auf die Spitzen seiner Sandalen. Schließlich stand er unter Mühe auf und wälzte sich zum Ausgang. »Ich muß gehen«, sagte er. »Heikle Dinge warten auf mich. Fühl dich wie zu Hause.« Stolz ging er hinaus wie jemand, der sich vor lauter Würde nicht beleidigt fühlen wollte.

Nach langem Schweigen wandte sich Chabcha Pusí dem Andalusier zu und meinte gereizt: »Ich habe dich gewarnt. Nicht jeder ist genauso geduldig wie ich. Du hättest nur noch erzählen müssen, daß du einmal auf einen dieser Elefanten geklettert bist, die so groß wie dieser Raum sind und ein halbes Dutzend Menschen tragen können. Grab nicht dein eigenes Grab!«

9

Ein Schmerzensschrei riß ihn aus dem Schlaf und ließ ihn sofort nach seinem Degen greifen. Einen Moment lang, der ihm wie eine Ewigkeit vorkam, rührte er sich nicht von der Stelle und versuchte, sich an die Dunkelheit zu gewöhnen. Er wartete vergeblich auf einen Angriff. Dann wurde ihm klar, daß der Schrei aus der nebenan liegenden Unterkunft gekommen war.

Man hörte Stimmengewirr, dann brachte jemand eine Lampe, und alle stürmten in den großen angrenzenden Saal. Mitten in einer Blutlache auf dem Boden lag mit aufgeschlitztem Bauch und heraushängenden Eingeweiden der jüngste der Priester und kämpfte röchelnd mit dem Tod.

Als sie sich vor ihn hockten, blickte er Alonso de Molina an, und sein verkrampfter Gesichtsausdruck entspannte sich für einen kurzen Augenblick. »Er wollte dich töten«, keuchte er leise. »Er wußte nicht, daß du ein Gott bist und wollte dich töten, aber ich habe dich bewacht.«

»Wer?« In Hanco Quechés Stimme schwang eindeutig das Ausmaß seines Zornes mit. »Wer war es? Sag es! Kennst du ihn?«

Der Todgeweihte schüttelte langsam den Kopf. Seine letzten Lebensfunken erloschen, und der Schmerz entstellte sein Gesicht. Er schloß die Augen, atmete tief durch, streckte eine blutende Hand nach Alonso de Molina aus und flüsterte mit dünner Stimme: »Von der Küste! Er war Küstenbewohner. Er stank nach Fisch und Fleisch.«

»Sucht ihn!« Der Befehl ließ keine Widerrede zu. »Spürt ihn auf, einerlei, wo er sich versteckt! Und zwar schnell!«

Er war von diesem unglaublichen Vorfall völlig erschüttert. Als das Opfer den letzten Seufzer tat und von vier Dienern hinausgetragen wurde, begann er, sich büschelweise die Haare auszureißen und sie in die Luft zu werfen, als wollte er die Dämonen damit verjagen, die sich seines Hauses bemächtigt hatten.

»Der Fluch Sopays ist über Cajamarca gekommen«, jammerte er. »In naher Zukunft werden schreckliche Dinge geschehen, denn ich war außerstande, einem Gast Schutz zu gewähren.« Er beschmierte seine Hände mit dem Blut aus der Lache auf dem Boden und bestrich damit die Wände und seine Kleidungsstücke. »Das Blut eines Auserwählten von Pachacamac beschmutzt meine Mauern und Hände«, setzte er hinzu. »Die Rache des Gottes, des Weltbewegenden, wird über mich, meine Familie und meine Stadt kommen.«

Jeder Versuch, ihn zu trösten, war völlig zwecklos. Er kam erst wieder zu Verstand, als einige Soldaten auftauchten und einen blutüberströmten kleinen Mann herbeischleppten, der vor lauter Angst nicht einmal die Kraft aufbrachte, sich aufzurichten, als man ihn auf den Boden legte.

»Er ist Küstenbewohner. Aus Tumbez«, meinte der Offizier, der die Gruppe leitete. »Er war auf der Flucht nach Norden.«

»Warum hast du das getan?« fragte Hanco Queché. »Wer schickt dich?«

»Mein Herr, Chili Rimac«, lautete die kaum hörbare Antwort.

»Chili Rimac?« fragte der Gouverneur betroffen. »Das ist ja kaum zu glauben.«

»Er zwang uns, den schwarzen Gott zu töten, um seine Haut zu gerben, und dann befahl er uns, den weißen Gott aufzuspüren und umzubringen«, führte der Küstenbewohner aus. »Keiner von uns darf Tumbez wieder betreten, solange er noch lebt.«

»Wie viele seid ihr?«

»Das weiß ich nicht.«

»Warum sollt ihr das tun?«

Die Frage schien den kleinen Mann zu überraschen, denn er hatte es nie gewagt, die Gründe seines Gebieters zu hinterfragen. »Er hat es uns nicht gesagt«, antwortete er schließlich.

»Ist noch ein anderer in Cajamarca?«

»Nicht, daß ich wüßte.«

Hanco Queché mußte das soeben Gehörte anscheinend erst einmal verdauen. Am Ende deutete er mit einer Handbewegung an, daß sie ihn von dort wegschaffen sollten. »Verbrennt ihn auf niedriger Flamme, so daß er eine Woche überlebt. Wenn er vorher stirbt, seid ihr dran. Ich möchte seine Schreie in ganz Cajamarca hören, damit er die Dämonen Sopays vertreibt und den Zorn Pachacamacs besänftigt. Er soll so sehr leiden wie niemand vor ihm.«

»Es ist doch nicht seine Schuld«, trat Alonso de Molina dazwischen. »Er ist nichts als Chili Rimacs Diener.«

»Misch du dich nicht ein!« bat Chabcha Pusí bestimmt. »Der Gouverneur weiß, was er tut.«

Dieser wiederum sah ihn bohrend an. Nachdem er sich ein weiteres Büschel Haare ausgerissen hatte, das er sich vor die Füße warf, sprach er, beinahe auf den Worten kauend:

»Chili Rimac ist königlichen Geblüts, und daher kann ich nichts gegen ihn unternehmen, außer daß ich bei Huascar Beschwerde einreiche. Aber diesen Mann muß ich bestrafen, nicht nur, weil er meine Ehre verletzt hat, sondern auch, weil er den Befehl seines Herrn nicht auszuführen wußte.« Er stieß einen tiefen Seufzer aus. Man sah ihm an, daß er äußerst verwirrt war. »Wenn Chili Rimac mir nicht bekannte Gründe hat, dich zu töten, so kann ich mich ihm nicht entgegensetzen. Daher bitte ich dich, so schnell wie möglich Cajamarca zu verlassen.«

»Ohne Eskorte?«

Hanco Queché zögerte einen Augenblick. Chabcha Pusí nutzte die Gelegenheit, um mit stolzerfüllter selbstsicherer Stimme das Wort zu ergreifen. »Ich erinnere dich daran, Hanco Queché, Gouverneur von Cajamarca, daß ich direkten Befehl von Unserem Herrn, dem *inka,* habe, diesen Mann sicher und unversehrt zu ihm zu bringen. Aus diesem Grunde ist es deine Pflicht, mir zu helfen, denn außerdem klage ich Chili Rimac des Mordes, des Verrats an Huascar und des Vasallentums Atahualpas an, denn er ist der wahre Verursacher.«

Der Dicke sah ihn an, als wären Tod und Teufel in ihn gefahren. »Bist du nicht bei Sinnen?« rief er. »Du wagst es, eine solche Anklage gegen ein Mitglied der königlichen Familie auszusprechen? Weißt du, was du dir da einhandelst?«

»Bei niedriger Flamme auf der Plaza von Cuzco verbrannt zu werden«, gestand der *curaca* selbstsicher ein. »Aber meine Anschuldigung ist bereits ausgesprochen. Daher bist du verpflichtet, sie zur Kenntnis zu nehmen und dementsprechend zu handeln. Wenn du sie außer acht läßt, kann man dich als Komplizen Chili Rimacs anklagen, und dir wird die gleiche Strafe widerfahren, wenn er für schuldig befunden wird.«

»Sopay, das Böse, hat mich heute nacht heimgesucht und sich für immer in meinem Haus niedergelassen!« klagte der fettleibige Mann und schloß verwirrt die Augen. »Nach einem langen, kampferfüllten und aufopfernden Leben hatte ich die Chance, in Ruhe zu altern und in Ehren zu sterben, aber nun ist alles zerstört.« Er wandte sich an Alonso de Molina. »Ich gebe dir fünf Männer, aber geh!« Dann funkelte er den *curaca* an. »Und was dich betrifft, so möchte ich die Anklage deinerseits lieber vergessen, solange mich niemand fragt. Aber ich will dich nie wieder in Cajamarca sehen. Weder dich noch überhaupt einen weißen Mann, ob *Viracocha* oder nicht. Sie bringen nur Unglück.« Und damit verließ er den Raum mit all der Würde, die sein fetter Bauch noch zuließ.

Eine Stunde später überquerten Alonso de Molina, Chabcha Pusí und fünf Soldaten die Plaza, wo gerade der Rost vorbereitet wurde, auf dem der Mörder verbrannt werden sollte. Als sie sich aus der Stadt entfernt hatten, bewunderte der Spanier beim ersten Tageslicht die prächtige Umgebung, ein fruchtbares Tal, durch das zwei Flüßchen flossen. Er staunte über die Vollkommenheit der erhabenen Steinbauten der Stadt, den majestätischen Palast des Gouverneurs, der von einem hohen Turm gekrönt wurde.

Damals ahnte er nicht, daß jene friedliche Stadt mit ihrer weiträumigen Plaza einmal Zeugin der blutigen Schlacht würde, die seinem ehemaligen Waffengefährten den Sieg über den *inka* und dessen Imperium ermöglichen sollte.

Der *curaca*, eiligen Schrittes allen voran, bemerkte sehr bald, daß der Spanier stehengeblieben war. »Los, komm!« zischte er ihm zu. »Hier können wir nicht haltmachen. Wir müssen einen Ort finden, wo wir uns verstecken können, bevor die Straße sich belebt. Wir werden nachts reisen.«

»Warum?«

»Weil mir Chilic Rimacs Mörder mehr Sorge bereiten als Atahualpas Soldaten.« Er sah ihn bekümmert an. »Was, zum Teufel, hast du ihm angetan, daß er dir derartig nachstellt?«

»Keine Ahnung, aber ich schwöre dir: Dieses Land verlasse ich nicht, bevor ich mit ihm nicht abgerechnet habe.«

»Du hast den Gouverneur doch gehört: Nur der *inka* darf über ein Mitglied der königlichen Familie richten.« Er schaute rasch um sich und wies auf ein dichtes Wäldchen auf einem kleinen Hügel. »Dort oben werden wir uns verstecken, bis es dunkel wird«, sagte er.

Alonso de Molina war dankbar für die Rast, denn er fühlte sich für einen langen Fußmarsch noch nicht kräftig genug und brauchte Zeit und Ruhe zum Überlegen. Die Ereignisse überstürzten sich derart, daß er noch nicht die Gelegenheit gehabt hatte, eingehend über sie nachzudenken.

Unter einem Baum liegend betrachtete er den Flug eines Kondors, der am Himmel kreiste und nach Beute Ausschau hielt, und fragte sich einmal mehr, aus welchem Grund Chili Rimac ihn wohl so abgrundtief haßte. Er wußte keine Antwort. Er konnte sich nicht erinnern, daß sein Gastgeber in Tumbez während der ganzen Zeit ihres Beisammenseins auch nur eine einzige argwöhnische Geste von sich gegeben hätte, ein hartes Wort oder das geringste Anzeichen dafür, warum er ihm den Tod wünschte.

Nach langem Hin und Her kam er zu dem Schluß, daß er

Chili Rimac nicht verstand, weil er sich im Grunde noch gar nicht an die Art der Verständigung einer Rasse gewöhnt hatte, die ihm verglichen mit anderen Völkern völlig fremd vorkam: Weder die Araber noch die Schwarzen oder jene kalten, distanzierten Nordmenschen, mit denen er in Flandern in Berührung gekommen war, standen ihm so fern wie diese trübsinnigen Bewohner des Großen Imperiums von Tihuntionsuyo.

Vielleicht war es eine Frage des Temperaments, aber außer Chabcha Pusí kamen ihm die übrigen Inkas, die er kennengelernt hatte, wie von einem anderen Planeten vor. Und diese wiederum behandelten ihn wie einen Bewohner einer fernen Galaxis. Was konnte man schon von einem Volk erwarten, das kaum lachte? Menschen, deren Musik sich auf Trommeln und melancholisches Flöten beschränkte, hatten zweifellos eine kranke Seele, so kam es jedenfalls einem wie Alonso de Molina vor, der mit dem Klang von Gitarren und Tamburins aufgewachsen war.

»Wie weit ich doch von zu Hause entfernt bin!« war das letzte, was er vor dem Einschlafen murmelte. »Wie weit weg!«

10

Naika verliebte sich in Alonso de Molina in dem Augenblick, als sie ihn zum ersten Mal sah. Ihr war, als wären ihre intimsten Träume als Mädchen, Jugendliche oder Frau mit dem Erscheinen dieses gigantischen Wesens plötzlich wahr geworden. Er war wie ein Gott von einem fremden Stern; aber ein Gott mit einer faszinierenden menschlichen Hülle, ein Mann, der fast den doppelten Umfang hatte wie sonst irgendein anderer, den sie gesehen hatte, und neben dem ihr Ehemann, Chabcha Pusí, wie ein kleiner hilfloser Junge wirkte.

Bei Nacht kam er an, schmutzig und erschöpft, aber ausgelassen und lächelnd, als wäre das Durchqueren des Landes – mit Atahualpas Häschern auf den Fersen und bedroht von Chili Rimacs Totschlägern – nichts weiter als eine Belanglosigkeit. Naika betrachtete ihn beim Essen und fragte sich, woraus wohl seine schneeweißen Zähne bestanden, die sie so anziehend fand.

Sie wollte ihn gern berühren, die Hand ausstrecken und sich vergewissern, daß er wirklich aus Haut und Knochen war und keine verrückte Traumvision, aber sie fürchtete, daß er vielleicht durch bloße Berührung wie eine jener bunten Blasen platzte, die manchmal über einem stehenden Gewässer schwebten. Sie atmete den herben, unbekannten Geruch ein, der das Haus durchflutete wie der Duft von Wildblumen im Sommer. In der dunkelsten Ecke hockend verfolgte sie heimlich all seine Gesten.

Alonso!

Jenen Namen wiederholte sie leise tausend und ein Mal, er klang so anders und wunderlich, daß sie daraus folgerte, nie habe es ein Wort gegeben, das derart voll im Mund lag oder so stark in ihrem Geist widerhallte.

Alonso!

Die Kraft seines Lächelns brachte die Flamme zum Lodern, die sein Gesicht erhellte. Seine mächtige Stimme schlug auf ihr Gehör wie die Trommeln eines siegreichen Heeres.

Er schaute sie zweimal an. Neugierig oder bewundernd vielleicht, das fand sie nie genau heraus, aber als Chabcha Pusí sie als seine Gattin vorstellte, wandte er den Blick endgültig ab, aus Respekt vor einem Freund, den er sehr schätzte.

Sie fragte sich, was zwei so unterschiedliche Wesen wohl verband. Chabcha war schweigsam und ernst. Selbst in ihren intimsten Momenten hatte sie ihn kaum lächeln oder eine spontane Geste von sich geben sehen, als fände er es für einen Mann seines Alters und Ranges unstatthaft, einer Frau gegenüber seine Gefühle zu zeigen. Alonso dagegen lachte ununterbrochen, gestikulierte ständig und schien sich überhaupt keine Gedanken zu machen um die Haltung, die die unumstrittene Würde seiner Person forderte.

Waren die Götter so? Waren so Pachacamac, dessen Wut Zerstörung und Tod verursachte, die Sonne, die jeden erblinden ließ, der es wagte, sie anzusehen, oder jene anderen, grausameren Götter, die Menschenopfer von ihren Dienern forderten, um ihnen ihre Schuld zu vergeben? War *Viracocha* denn außer dem Schöpfer des Universums und all seiner Geschöpfe auch der Gott der Freude?

»Er ist nur ein Mensch«, erwiderte Chabcha Pusí, als sie ihn nach dem Ankömmling zu fragen wagte. »Außergewöhnlich und etwas verpackt, aber ein Mensch.«

»Bist du sicher?«

»Niemand kann sich bei den Menschen sicher sein, ebensowenig bei den Göttern«, lautete die rätselhafte Antwort des *curacas*. »Und am allerwenigsten bei einem Menschengott, der anscheinend immer Verwirrspiele treibt.«

»Woher kommt er?«

»Vom Ende der Welt. Die weisen *amautas* behaupten, alles hätte ein Ende, so auch das Werk, das *Viracocha* geschaffen hat, und das Universum endet plötzlich im Nichts, aber Molina behauptet, daß er von einem Ort kommt, der hinter dem Ende und dem Nichts liegt.« Er schaute sie fragend an. »Wem soll ich glauben? Denjenigen, die die Richtlinien diktiert haben, die mein Leben bestimmen? Oder dem, der mit seiner Gegenwart zeigt, daß sie sich irren?«

»Nicht alle können immer geirrt haben.«

Sie war fast noch ein Mädchen, hatte aber dennoch gerade den Satz ausgesprochen, der seit einiger Zeit in der einen oder anderen Weise Chabcha Pusí im Kopf herumschwirrte und ihn verfolgte: »Nicht alle können immer geirrt haben.«

»Und wenn doch?«

»Dann würde deine ganze Welt zusammenbrechen.« Das Mädchen zuckte leicht die Achseln. »Und eigentlich würde mich das nicht wundern: Mein Vater versicherte mir, daß er in den Sternen viele Dinge sah, die nicht mit dem übereinstimmten, was er auf der Erde sah. Warum versteckt sich der *Viracocha*?«

Er strich sanft über ihr pechschwarzes Haar, das ihr bis zur Hüfte reichte, und bewunderte wie schon so oft die ebenmäßige Schönheit ihres Gesichts. »Der *inka* möchte nicht, daß er gesehen wird, bis die Priester sich darüber einigen, wer er in Wirklichkeit ist. Er wird so lange hierbleiben, bis Yana Pumas Entscheidung gefallen ist. Außerdem will man ihn umbringen.«

»Warum?«

»Er ist gefährlich.«

»Für wen?«

»Für Atahualpa zum Beispiel. Und für Chili Rimac, der seinen schwarzen Freund umgebracht hat. Und für alle, die glauben, er sei kein Gott, sondern ein Gesandter Sopays, der gekommen ist, um einen Bürgerkrieg heraufzubeschwören. Hanco Queché, der Gouverneur von Cajamarca, gab auch zu, daß er es lieber gesehen hätte, wenn jenem Widerling von der Küste seine Tat gelungen wäre.«

»Und du, was möchtest du?«

»Er ist mein Freund.«

»Dein Freund?« stieß Naika verwundert aus. »Du hast immer gesagt, ein *curaca* dürfe keine Freunde haben.«

»Das stimmt, ja, aber er ist einer. Er hat mir das Leben gerettet.«

»Erzähl mir, wie!«

»Jetzt habe ich keine Lust, irgend etwas zu erzählen. Das einzige, was ich jetzt will, ist, mit dir zu schlafen.«

»Nein!« lautete die Antwort mit Bestimmtheit. »Erzähl mir zuerst, wie der *Viracocha* dir das Leben gerettet hat.«

Alonso de Molina verliebte sich in Naika in dem Augenblick, als er sie zum ersten Mal sah. Sie kam ihm so unwirklich vor wie eine Puppe, die plötzlich zum Leben erwacht, denn sie war eher wie eine zarte Marionette aus dem italienischen Puppentheater als eine richtige Frau aus Fleisch und Blut mit einem eigenen Willen. Aber eine Marionette hätte weder solche Augen gehabt noch bei jedem Augenaufschlag ihre Seele offenbaren können...

Sie hatte sich in einen Winkel gesetzt. Der Spanier fühlte sich wie von einer lauernden Pardalkatze beobachtet, denn Naika erinnerte ihn durch ihr Verhalten und ihre Art, sich zu bewegen, an diese Raubkatze, die – ständig auf der Lauer in den tiefen Urwäldern von Terra Firme – sich mal wie ein wilder Panther, mal wie ein zahmes Kätzchen benahm. Ein Blick genügte, um zu verstehen, daß sie die aggressivste und zärtlichste Frau war, die er je kennengelernt hatte, ein Wesen, das imstande war, von einer Sekunde auf die andere seine Haltung zu ändern.

Notgedrungen hielt sie gewöhnlich ihre Ausbrüche im Zaum. Sie hatte nichts mit den unterwürfigen Mädchen gemeinsam, die ihm in Tumbez nachgestellt hatten, aber auch mit keiner anderen, der er vormals auf dieser oder jener Seite des Ozeans über den Weg gelaufen war.

»Ihr Vater ist der *amauta,* der im Auftrag des *inkas* den Lauf der Sterne beobachtet. Ihre Mutter war eine Wilde aus dem Osten, die sich nie an ein Leben fern ihrer Urwälder gewöhnen konnte. Von ihr hat Naika den wilden Charakter geerbt... Der *curaca* war wie verwandelt, seit er zurück in Cuzco war, als hätte die Sicherheit, von seinen engsten Vertrauten umgeben zu sein, die Spannung von ihm genommen, unter der er anscheinend ständig stand. Es war offensichtlich, daß die Veränderung eine Folge der Präsenz jenes bewundernswerten Geschöpfes war. Der Andalusier hatte den *curaca* wirklich schätzen gelernt. So verwirrten ihn seine Gefühle dem Mädchen gegenüber, zumal er ahnte, daß auch er auf Naika einen tiefen Eindruck gemacht hatte. Nichts lag ihm ferner, als sich in ein Liebesabenteuer zu stürzen, das seinem einzigen Freund arg zusetzen könnte.

»Vielleicht sehe ich sie nicht wieder«, sagte er sich in derselben Nacht, als er in einer der großen Unterkünfte des Palastes lag. »Gleich morgen werde ich mit Huascar sprechen und weiterziehen.«

Aber am folgenden Morgen war es Naika, die er im Garten antraf. Als sich ihre Blicke für einige Sekunden trafen, sagten sie sich ohne Worte alles.

»Scheiße!« war das einzige, was Alonso de Molina im Weitergehen dazu einfiel. »Ich muß verrückt sein. Gibt es etwa nicht zehn Millionen unverheiratete Frauen?«

Es fiel ihm schwer, seinem Freund gegenüberzustehen, als fürchtete er, seine geheimsten Sehnsüchte stünden ihm auf die Stirn geschrieben.

»Mein Gebieter, *inka* Huascar befiehlt, daß du dich nicht eher blicken läßt, bis er dich holen läßt«, war das erste, was der *curaca* ihm sagte. »Heikle Angelegenheiten nehmen seine Zeit in Anspruch. Er muß nach Ollantaytambo reisen. In der Stadt gibt es Spitzel von Atahualpa, und möglicherweise sind inzwischen auch ein paar von Chili Rimacs Totschlägern angekommen. In meinem Haus bist du in Sicherheit.«

»Ich bin nicht bis ans Ende der Welt gereist, um mich einsperren zu lassen«, lautete die grobe Antwort des Spaniers. »Auf deinen Befehl hin mußte ich den letzten Teil des Weges bei Nacht zurücklegen, und jetzt darf ich noch nicht einmal die Stadt besichtigen, von der du mir so viel erzählt hast. Wozu also die ganze Reise?«

»Du wirst genügend Zeit finden, dir alles anzusehen, wenn du nur am Leben bleibst«, sagte Chabcha Pusí ernst. »Wenn man dich vorher tötet, wirst du wenig davon haben. Iß gut, führ dir *chicha zu* Gemüte und ruh dich aus. Die hübschesten Sklavinnen freuen sich darauf, dir die Zeit zu vertreiben. Such dir ein paar nach deinem Geschmack aus!«

Er schwieg, denn schließlich konnte er dem Indio ja nicht gestehen, daß er sich momentan überhaupt nicht vorstellen konnte, eine andere Frau anzufassen als seine Ehefrau. Als er sich schließlich zum Reden durchrang, wechselte er das Thema. »Warum mußte Huascar nach Ollantaytambo reisen?« fragte er. »Ist Atahualpa so gefährlich geworden?«

»Er wird wissen, daß du in Cuzco bist. Wenn er eine Rebellion plant, dann logischerweise für einen Zeitpunkt, bevor sich herumspricht, daß der *Viracocha* auf der Seite seines Bruders steht.«

»Du weißt sehr gut, daß ich nicht daran denke, irgendeine Partei zu ergreifen.«

Der Indio nickte. »Ja, das weiß ich, aber die anderen wissen es nicht, und mein Volk, das sich von Legenden und Aberglauben leiten läßt, ist leicht zu beeinflussen. Zum ersten Mal gibt es einen Kampf um den Thron, und zum ersten Mal seit Jahrhunderten tritt ein *Viracocha* in Erscheinung. So ist es doch normal, davon auszugehen, daß er einen der beiden Thronanwärter unterstützt, oder nicht?«

Das schien alles sehr logisch. Es würde sehr schwierig werden, ein ganzes Volk davon zu überzeugen, daß beide Umstände nichts miteinander zu tun hatten. Aufgrund seiner Geschichtskenntnisse wußte Alonso de Molina, daß ähnliche Zufälle oftmals den Lauf der Dinge vollständig verändert hatten.

In diesem Augenblick betrat Naika den Raum mit einem riesigen Strauß Blumen in der Hand, den sie in die bogenförmigen Mauernischen verteilte. Die Gegenwart jenes außergewöhnlichen Geschöpfes ließ die beiden Männer vor Faszination verstummen.

»Es gehen Gerüchte um«, meinte sie. »Zum dritten Mal hat Atahualpa sich geweigert, zur Krönungsfeier zu kommen. Huascar wird die Mobilisierung des Heeres anordnen, um ihn gewaltsam zu holen. Die Frauen sind in Sorge.«

»Die Frauen täten besser daran, sich um ihre eigenen Angelegenheiten zu kümmern als um Politik. Niemand kann die Gedanken des *inkas* erraten, und wenn man eine beim Reden über solche Themen erwischt, so wird ihr die Zunge abgeschnitten.«

»Die Sterne sagen, daß nach dem Sonnenfest in den Flüssen Blut fließen wird.«

»Jeder kann den Lauf der Sterne auf seine Art deuten«, erwiderte der *curaca* verärgert. »Und wer so etwas tut, läuft Gefahr, bestraft zu werden, denn er gibt Geheimnisse preis, die nur dem *inka* vorbehalten sind.«

Naikas dunkle Augen blitzten. »Du hast dir immer gerne von mir die Geheimnisse der Sterne erzählen lassen.«

»Solange es keine Geheimnisse sind, die den Frieden des Imperiums gefährden«, erwiderte ihr Gatte. »Ob ein weiterer Sonnensohn geboren oder die Ernte gut sein wird, ist etwas anderes, als von Blutbächen zu sprechen. Oft genug beginnen Kriege, weil man anfängt, davon zu reden.«

»Trotzdem«, trat Alonso de Molina dazwischen, der seinen Blick nur schwer von Naika abwenden konnte, »kann es dumm und feige sein, etwas Unübersehbares zu leugnen. Wenn Atahualpa eindeutig ungehorsam ist, so hat es keinen Sinn, das zu ignorieren, und je länger man die Auseinandersetzung mit ihm hinauszögert, desto mutiger wird er.«

»Du findest es also gerecht, wenn Huascar als erster die Feindseligkeiten angeht und seinen Bruder zwingt, ihm zu huldigen?« Diese Frage hatte Naika gestellt, während sie sich zu Füßen ihres Mannes setzte und den Spanier mit seltsamer Durchdringlichkeit ansah, so daß ihre Nähe ihn immer nervöser machte.

»Dazu darf ich mich nicht äußern«, sagte er schließlich leise und verschüchtert. »Es ist nicht mein Land.«

»Meins auch nicht«, lautete die überraschende Antwort. »Wußtest du, daß meine Mutter eine Wilde war? Sie wurde mit Gewalt dem Paradies entrissen, in dem sie lebte, drüben im Osten, wo es niemals kalt wird und die Kinder das ganze Jahr über im Fluß baden. Man brachte sie in die Berge, wo sie sich zu Tode grämte. Sie erinnerte mich immer daran, daß mein Platz nicht in den Bergen ist, sondern im Urwald. Und das stimmt.«

»Du hast den Urwald doch nie gesehen«, wandte Chabcha Pusí ein. »Woher willst du das wissen?«

Das Mädchen fuhr sich mit dem Zeigefinger an die Stirn, dann ans Herz. »Hier drinnen habe ich alles aufbewahrt, was sie mir damals erzählte, und hier habe ich es immer gespürt. Sie mochte ja eine Wilde sein, aber ihre Lebensweise erschien mir natürlicher als unsere. Die *inkas* sind frei, während wir hier auf ewige Zeiten vom Gutdünken des *inkas* abhängig sind.«

»Schweig. Von diesen Dingen darfst du nicht reden.«

»Warum nicht?« erwiderte sie herausfordernd. »Kann ich denn selbst in meinen eigenen vier Wänden nicht sagen, was ich denke? Meine Mutter, ihre Geschwister oder ihre Eltern reisten, wohin sie wollten, und redeten, was ihnen paßte. Ich möchte gerne sein wie sie. Was ist denn daran falsch?«

»Wir sind Menschen, die Gesetzen unterstehen. Wir bauen Häuser, bestellen Felder, führen das Vieh auf die Weide und bauen lebenswichtige Minerale ab. Die *inkas* dagegen laufen in den Wäldern umher und leben von dem, was sie finden, und zetern wie die Affen. Einige fressen sich sogar gegenseitig.«

»Meine Mutter hat das nie getan!«

»Deine Mutter vielleicht nicht, aber wie willst du wissen, ob ihre Eltern es nicht taten oder ihre Großeltern?« Er begann, ihr eher väterlich als liebevoll über das Haar zu streichen, aber dennoch mußte Alonso de Molina die Zähne zusammenbeißen.

»Wenn ich dir eines Tages nicht mehr gefalle und du mich leid bist, werde ich in den Urwald gehen.«

»Ich werde dich nie leid, das weißt du«, antwortete der *curaca* aufrichtig. »Aber wenn dein Interesse so groß ist, kannst du mit meiner Einwilligung gehen, sobald ich tot bin.« Er wandte sich dem Andalusier zu. »Du bist zwar aus dem Westen gekommen, behauptest aber, dein Heimatland läge im Osten. Gibt es dort Urwälder?«

»Nein. In Spanien gibt es keine Urwälder. Es liegt weiter im Norden, jenseits des Meeres.«

»Ich habe das Meer nie gesehen«, meinte das Mädchen. »Man sagt, es sei wie der Titicaca, nur daß es sich in der Ferne verliert. Stimmt das?«

Alonso de Molina starrte sie so versunken an, daß er nicht einmal auf die Frage achtete. Um ihn aus seiner Zerstreutheit herauszureißen, mußte sie diese wiederholen. Diese Zerstreutheit entging Chabcha Pusí, *curaca* von Acomayo, nicht.

11

»Huascar erwartet dich.«

»Um diese Zeit?« entrüstete er sich.

»Um diese Zeit.«

Ungehalten verließ er seine Bettstatt, wusch sich das Gesicht und begann sich anzukleiden. Als er den Degen anlegen wollte, hielt ihn Chabcha Pusí zurück. »Niemand darf bewaffnet vor den *inka* treten«, sagte er. »Und zum Zeichen deiner Unterwürfigkeit solltest du ein wenig Mais auf der Schulter mitnehmen.«

Alonso de Molina dachte einen Moment lang nach, bis er entschlossen entgegnete: »Ich werde keine Waffen tragen, aber auch nichts anderes. Entweder er akzeptiert mich als *Viracocha* oder als Botschafter, und in keinem der beiden Fälle habe ich mich ihm unterzuordnen.«

Der Indio zögerte, zuckte jedoch die Achseln. »Es ist ja dein Kopf, der auf dem Spiel steht, nicht meiner«, erwiderte er. »Ich habe alles getan, was in meiner Kraft stand, um dir zu erklären, wie es in meinem Land zugeht, aber für die Haltung, die du dem *inka* entgegenbringst, werde ich mich nicht verantwortlich fühlen. Du wirst ja wissen, was du tust.«

Ein Dutzend bewaffneter Männer eskortierte sie durch die dunklen Straßen. Es war kalt. Ein Nordwind wehte von der sich an einem sanften Hügel hinaufziehenden Oberstadt, die von einer prächtigen, sich gegen den Himmel abzeichnenden Festung gekrönt wurde. Die verschlungenen Gassen schienen jedoch so konzipiert zu sein, daß der Wind es dort nicht so leicht hatte, sich frei zu entfalten. Sie bahnten sich ihren Weg zwischen den klobigen Gebäuden von einfacher Bauweise, die jedoch einen prachtvollen Anblick boten, auch wenn sie nur aus einem Stockwerk bestanden.

Sie begegneten keiner Seele, bemerkten nicht einmal einen Lichtstreifen unter einer Tür. Auch hörten sie keine Stimme, die verraten hätte, daß der Ort wirklich bewohnt war. Erst als sie am Ende die Huaccapayta erreichten, entdeckten sie die ersten Soldaten, die Wache standen.

Für einen Augenblick blieb der Spanier mitten auf jener weitläufigen Plaza, dem Herz des Inkareiches, stehen. Angesichts des überwältigenden Quishuaracanchas oder *Viracocha*-Tempels und des Amarucanchas oder *inka*-Palastes konnte er seine Bewunderung nicht zurückhalten. Aber man führte ihn in keines der beiden Gebäude, sondern weiter eine andere Gasse hinunter und schließlich in den Inti-Huasi, den berühmten Sonnentempel, von dem Chabcha Pusí immer so begeistert erzählt hatte.

Der riesige Garten war sehr still, nicht eine einzige Blume oder ein einziges Blatt wiegte sich im Wind. Alles schimmerte golden im Lichtschein, der von den Arkaden herüberleuchtete, und beim Anblick einer wunderschönen Vikunja, die ihn völlig reglos anstarrte, blieb er verblüfft stehen, denn soeben hatte er entdeckt, daß jeder Baum, jede Blume, jeder Schößling leblos war, aber mit einer derart wundersamen Vollendung angefertigt, daß er sich bückte, um sich von nahem zu überzeugen, daß er nicht unter Halluzinationen litt.

»Das ist ja Gold!« rief er überwältigt aus.

»Das sagte ich doch«, erwiderte der neben ihm gehende *curaca* seelenruhig. »Die Blumen auf dem Huaccapayta-Platz sind ebenfalls aus Gold. Alles ist hier aus Gold.«

Stundenlang hätte er bleiben können, um sich an dem Anblick dieses großartigen Werks von Goldschmiedekunst zu ergötzen, aber die Soldaten drängten unmißverständlich zur Eile. Er folgte ihnen ins Innere des Prachtbaus, dessen Mauern aus gigantischen Quaderblöcken bestanden, die so ineinander verfugt waren, daß nicht einmal die Spitze seines Degens dazwischen gepaßt hätte.

Im Inneren wurden die schwarzen Wände sofort golden, denn eine dicke Goldschicht bedeckte sie vom Boden bis zur Decke. Durch die Fackeln zu beiden Seiten glänzte alles so intensiv, daß er sich gezwungen sah, für einen Augenblick die Augen zu schließen, um sie nach der Finsternis von draußen an die unerwartete Helligkeit zu gewöhnen. Ab und zu fielen ihm schimmernde Smaragde ins Auge, die – in die Mauern eingelassen – die Umrisse eines Tieres oder eines Vogels zu erkennen gaben. Der Andalusier hatte den Eindruck, daß man ihn in Wirklichkeit gar nicht aus dem Schlaf gerissen hatte, denn nur im Traum war ein derartiger Überfluß an Reichtümern vorstellbar.

»Es ist nicht wahr!« murmelte er und schüttelte von Zeit zu Zeit den Kopf. »Das kann nicht sein. So viel Gold gibt es gar nicht auf der Welt.«

Doch, das gab es. Als sie nach und nach die Gemächer durchschritten und er schließlich in eines der größten gebracht wurde, blieb er einen Moment lang wie angewurzelt stehen und bestaunte mit halbgeöffnetem Mund die dicke Sonnenscheibe von fast drei Metern Durchmesser, eingefaßt mit Edelsteinen, die sich hinter einem goldenen Thron erhob.

»Barmherziger Gott!« rief er. »Hier gibt es mehr Reichtümer als in allen Palästen Europas zusammen.«

»Schau zu Boden!«

»Was?«

Chabcha Pusí, der auf seinen Schultern nun einen kleinen Beutel aus Alpakahaut trug und weißer schien als der größte

Gletscher im Gebirge, deutete in gebieterischer Kopfbewegung nach unten. »Schau zu Boden und blick nicht auf!«

Er gehorchte und rührte sich nicht. Er bemerkte, daß eine kleine Menschengruppe durch eine Seitentür die Räume betrat. Er hielt fast die Luft an, bis er ein leises Schnalzen vernahm. Der *curaca* murmelte daraufhin: »Nun kannst du aufschauen, aber wenn der *inka* dich ansieht, wende nie den Blick ab. So ist der Brauch.«

Huascar, ein kleiner, aber erhaben wirkender Mann von etwas mehr als dreißig Jahren mit stechenden, golden schimmernden Augen, gekleidet in teure, edelsteinbesetzte Gewänder, hatte auf seinem Thron Platz genommen und beobachtete ihn mit offener, aber nicht aufdringlicher Neugier, vielleicht etwas verlegen. »Herzlich willkommen in Cuzco!« sagte er in autoritärem Tonfall, der etwas gepreßt wirkte. »Stimmt es, daß du meine Sprache sprichst?«

»Ja, es stimmt.«

»Kommst du in Frieden?«

»Wenn nicht, wo ist denn meine Armee, die mich auf Schritt und Tritt bewacht? Was könnte ich allein dem mächtigsten aller Imperien dieser Welt schon antun?«

Der *inka* wandte sich den vier Greisen zu, die sich einen Schritt zurück links neben ihn gestellt hatten. Anscheinend wollte er zu verstehen geben, daß er mit dem soeben Gehörten zufrieden war. Dann heftete er nach kurzem Überlegen seine beunruhigenden Augen wieder auf den Spanier und forschte weiter: »Bist du vielleicht ein Gott?«

»Die Götter wie die Könige erkennen einander«, lautete die ausweichende Antwort. »Ich werde nie in Zweifel ziehen, daß du der erstgeborene Sohn Huayna Capacs, einem Nachkommen von Manco Capac, dem Gründer des Imperiums und seinerseits Abkömmling der Sonne bist.«

Offensichtlich brauchte Huascar Zeit, um jeden Satz gründlich zu überlegen. Daher beschränkte er sich darauf, lange auf seine Hände zu starren, als ob sie besonders seine Aufmerksamkeit fesselten. Schließlich fragte er, ohne aufzusehen: »Was ist der wahre Grund für deine Reise?«

»Ich möchte dich kennenlernen.«

»Warum?«

»Bedarf es etwa eines besonderen Grundes, weshalb man einen Sonnensohn kennenlernen will?«

»Das ist keine Antwort auf meine Frage, aber ich werde es mit einer anderen versuchen. Was weißt du über meinen Bruder Atahualpa?«

»Ich weiß nur, daß er dein Halbbruder ist und daß in seinen Adern nicht nur inkaisches Blut fließt. Seine Mutter stammt nicht von der Sonne ab.«

»Wird er sich mit meiner Oberherrschaft abfinden?«

»Nein.«

»Wie kannst du dir so sicher sein?« fragte er überrascht. »Hat er es dir selbst gesagt?«

Der Spanier verneinte entschieden: »Ich habe nie mit ihm gesprochen, aber wenn er sich für einen echten Sonnensohn hält, wird es seine Würde nicht zulassen, daß er vor dir kriecht.«

»Ich will gar nicht, daß er vor mir kriecht«, antwortete der *inka* ehrlich. »Ich möchte nur, daß er mich als den einzigen *inka* anerkennt und einsieht, daß das Land nicht geteilt werden kann.« Er setzte kurz ab, und seine Stimme nahm plötzlich einen anderen Tonfall an. »Ich will keinen Krieg«, sagte er.

Eher als durch die Worte begriff Molina durch diese Änderung des Tonfalls, daß der scheinbar so allmächtige *inka* Huascar, direkter Nachfahr des Sonnengotts und des absoluten Herrschers über das Inkareich, in Wirklichkeit ein Mann ohne Selbstsicherheit war, und sich vor einer bewaffneten Auseinandersetzung mit seinem aggressiven, ehrgeizigen Stiefbruder fürchtete.

Wenn er nun inmitten einer eisigen Nacht auf einem riesigen Thron saß, auf dem er etwas verloren wirkte, dann nicht, weil er sich unbedingt überzeugen mußte, daß der mysteriöse Fremde, der an seinen Küsten gelandet war, nur ein Mensch und nicht die Reinkarnation von *Viracocha* war, sondern weil er herausfinden wollte, ob dieser auf den Ausgang des anstehenden Streits irgendein Licht werfen konnte.

»Ich glaube nicht, daß es zu einem Krieg kommen muß«, erwiderte Alonso de Molina schließlich und versuchte, ihm seinen persönlichen Standpunkt darzulegen. »Es geht um eine Rebellion. Kriege lassen sich vermeiden, sobald nur eine der beiden Seiten ihn nicht will, aber bei einer Rebellion hängt alles von der Willenskraft desjenigen ab, der den Aufstand beschließt.«

»Und meinst du, Atahualpa ist dazu fest entschlossen?«

»Das befürchte ich.«

»Würde es etwas nützen, ihm das Nordreich zu überlassen?«

Die vier Greise, die das Gespräch gleichmütig verfolgt hatten, wurden unruhig und tauschten kurze Blicke aus. Der erste von ihnen wollte gerade zum Protest ansetzen, aber der *inka*, der aus dem Blickwinkel alles wahrnahm, was um ihn herum geschah, hob fast unmerklich die Hand, wie um jeglichen Eingriff zu verhindern oder Ruhe zu gebieten, während er unnachgiebig fortfuhr: »Sag mir eines: Würde eine Aufteilung des Imperiums zwischen mir und meinem Bruder das schreckliche Blutvergießen verhindern, das die Sterne voraussagen?«

»Ich fürchte, das würde Atahualpa noch zusätzliche Stärke verleihen, um später über dich herfallen zu können.«

»Wärst du auf meiner Seite, wenn es einen Krieg gäbe?«

»Ich kam in dieses Land im Zeichen des Friedens, aber einer deiner Angehörigen hat meinen besten Freund umgebracht. Bevor Chili Rimacs Kopf mir nicht klar beweist, daß du ein gerechter Mann bist, werde ich diesbezüglich keine Entscheidung fällen.«

Der *inka* mit den golden funkelnden Augen nickte das eine

oder andere Mal langsam, und schließlich gestand er: »Ich weiß nicht, warum Chili Rimac deinen Freund umgebracht hat, aber allein für die Tatsache, daß er mich darüber nicht unterrichtet, verdient er eine Strafe. Du wirst seinen Kopf bekommen, aber vorher möchte ich wissen, ob es stimmt, daß du den Blitz beherrschst und dein ›Donnerrohr‹ von weitem tötet.«

»Es stimmt.«

»Könntest du Atahualpa von weitem umbringen?«

»Nein, in seinen Adern fließt Inkablut. Die Macht der Götter sollte sich niemals gegen ihre eigenen Kinder richten, es sei denn, sie versuchen, mich anzugreifen.«

Zurück in seinem Palast konnte Chabcha Pusí ihm für diesen Satz nur gratulieren, denn er schien ausschlaggebend dafür gewesen zu sein, dem entmutigten Huascar endgültig klarzumachen, daß von dem komischen Menschengott, der ihm einen Besuch abgestattet hatte, nichts zu befürchten war.

»Er hat Angst«, sagte er. Dabei bereitete es ihm sichtlich Mühe einzusehen, daß sein auserkorener Gott eine so menschliche Schwäche zeigte. »Er hat Angst, und ich kann noch nicht sagen, ob er Angst hat, seinem Volk Schaden zuzufügen, oder Angst vor sich selbst.«

»Vor beidem«, erwiderte der Spanier, der müde, aber äußerst zufrieden über den Verlauf des Gesprächs mit dem *inka* Platz nahm. »Er ist ein jämmerlicher Feigling, dem zu viele unheilvolle Weissagungen gemacht wurden. Jedes Mal, wenn er sich auf den Thron setzt, fragt er sich anscheinend, warum er mit einer solchen Bürde und einer solchen Ehre bedacht wurde und wann wohl diejenigen kommen, die ihn vom Thron verstoßen. Wie war sein Vater?«

»Huayna Capac? Ein tapferer Krieger, steinhart, ungestüm und autoritär. Nur Atahualpa, der ihn auf allen Kriegszügen begleitete, wagte ihm zu widersprechen. Er starb in hohem Alter, aber bis zuletzt hatte er die Regierungsgeschäfte fest im Griff.«

»Und Huascar wuchs auf in dem Bewußtsein, daß er nie sein könnte wie er«, schloß Alonso de Molina. »Ich kenne diese Prinzen, die ihrem Schicksal nie entrinnen. Sie haben das Zeug zum Erben, aber nicht zum König.«

»Bisher zeigte er sich als sehr gerechter Herrscher. Er hat das Imperium verwaltet, während sein Vater und sein Bruder in den Krieg zogen.«

»Das kann er sicherlich besser als irgend jemand sonst. Dazu wurde er erzogen, aber sobald er sich einem echten Problem gegenübersieht, wird er unsicher, weil Huayna Capac nie eine ähnliche Lage zu meistern hatte. Daher weiß sein Sohn auch nicht, wie er sich in einem solchen Fall zu verhalten hat.«

»Willst du damit sagen, daß seine einzige Tugend darin besteht, Huayna Capacs Sohn zu sein?«

»Er ist in seinem Schatten aufgewachsen, von ihm hat er alles gelernt, aber Dingen, die ihm nicht beigebracht wurden, ist er auch nicht gewachsen.«

Chabcha Pusí, *curaca* von Acomayo, enthielt sich jeden weiteren Kommentars, wünschte ihm eine gute Nachtruhe und zog sich in die Räume zurück, die er mit Naika teilte, um sich alles zu überlegen, was er in jener langen Nacht über jenes Wesen erfahren hatte, das er immer für seinen Gott, Wegweiser und Führer gehalten hatte. Es dämmerte bereits über Cuzco, und die majestätische Silhouette der uneinnehmbaren Festung von Saqsaywaman, die hoch über der Stadt stand, begann sich allmählich abzuzeichnen, während er immer noch auf einer Fensterbank lehnte, die Dächer dieses so innig geliebten Nabels der Welt betrachtete und versuchte, Ordnung in jenes hoffnungslose Chaos zu bringen, das in seinem Inneren herrschte. All das, was er immer blind geglaubt hatte, schien nunmehr falsch zu sein, sein wohlgeordnetes Universum war durcheinandergeraten, und sogar das Unfehlbarste seiner Vorbilder schien zu schwanken, nun, da er wußte, daß sein allmächtiger Gott doch nur ein einfacher, feiger Sterblicher war.

Was würde aus dem allmächtigen Sonnensohn werden, wenn man ihn einmal seines goldenen Thrones, seiner prächtigen, mit Smaragden besetzten Gewänder oder der roten Quaste, dem Sinnbild der höchsten Macht, beraubte? Was würde aus den Millionen von Menschen werden, die vollständig von den Entscheidungen eines *inka* abhingen, der unentschlossen war? In wessen Händen lag das größte aller existierenden Imperien eigentlich?

»Was bekümmert dich so sehr?«

Er sah Naika nach, die gerade das Bett verlassen hatte, und folgte ihr, um ebenfalls den blauen Himmel zu betrachten, der schnell an Farbe und Leben gewann, als hätte er es fürchterlich eilig, jeden Winkel der einzigartigen Stadt zu erhellen.

»Huascar«, antwortete er und nahm ihre Hand, die ihn für einen Moment wieder friedlich stimmte. »Heute nacht habe ich ihn mit anderen Augen gesehen.« Man sah Chabcha Pusí an, daß es ihm unsagbare Mühe bereitete, seine Ansicht auszudrücken, aber schließlich sagte er: »Er ist kein Gott.«

»Du hast lange gebraucht, um das herauszufinden«, erwiderte das Mädchen, ohne ihn anzusehen, aufmerksam das wechselnde Licht beobachtend, das auf den goldenen Dächern zu spielen schien, Funken sprühte und die Umrisse verschwimmen ließ. »Ein Gott, der den Tod fürchtet, stellt seine Göttlichkeit in Frage. Die Götter meiner Mutter sterben nie.«

»Wer waren die Götter deiner Mutter?«

»Form- und zeitlose Wesen, die uns daher auch nicht enttäuschen können. Die Geister des Waldes oder der Flüsse sind dort seit Jahrtausenden, und dort bleiben sie, unsichtbar, bis an das Ende der Zeit. Auf sie kann man sich verlassen. Auf jemanden, der geboren wird und stirbt, nicht.«

»Wer hat dir das beigebracht?«

»Meine Mutter. Und mein Vater, der jede Nacht die Sterne beobachtet. In ihnen entdeckt er viele Wahrheiten, die wir nicht sehen, weil sie uns zu nahe sind.« Sie drückte ihm kräftig die Hand. »Und von dir habe ich auch eine Menge gelernt.«

»Oft frage ich mich, ob du nicht besser meine Tochter wärst anstelle von Shungu Sinchi.« Er strich ihr über das Haar. »Als Vater würde ich dich nie enttäuschen, aber als Liebhaber werde ich es eines Tages nicht vermeiden können.«

»Du gibst mir alles, was ich brauche.«

»Aber ich bin dreimal so alt wie du, und du reifst zur Frau heran, und ich werde lediglich älter. Ich habe einen Fehler begangen, als ich dich heiratete. Aber so sehr ich es auch versuche, es will mir einfach nicht leid tun.«

»Ich bin fest überzeugt, daß du das nie nötig haben wirst.«

Der *curaca* schüttelte fast unmerklich den Kopf, während er auf die Bettstatt zuging, die sie soeben verlassen hatte. »Es gibt Dinge wie den Tod«, sagte er, »die immer und unweigerlich auftreten, was immer wir auch tun. Altersschwäche und Impotenz sind ebenfalls Teil des Schicksals, dem der Mensch sich stellen muß, aber sie werden absolut unerträglich, wenn man feststellt, daß die Zeit eher Distanz zu den geliebten Menschen schafft als Nähe.« Er legte sich bekleidet hin und schloß erschöpft die Augen. »Laß mich eine Weile entspannen«, bat er. »Nur durch Schlaf kann ich meine innere Ruhe wiedererlangen.«

Schweigend verließ Naika den Raum und nahm im Garten des Innenhofes Platz, in dem sie die meiste Zeit ihres Daseins verbrachte und wo sie die nötige Ruhe und den Frieden fand, um ihren Phantasien freien Lauf zu lassen. Sie stellte sich gerne vor, eines Tages die lange Reise in die fernen Länder anzutreten, von denen ihre Mutter so hingebungsvoll erzählte. Trotzdem erschien es ihr wieder einmal unmöglich, sich auf die wasserreichen Flüsse, die dunklen, heißen Wälder oder die tausend exotischen Tiere zu konzentrieren, von denen sie immer träumte, denn ihre Gedanken konnten nicht von dem Riesen mit der rauhen Stimme und dem donnernden Gelächter ablassen, der sie so tief beeindruckt hatte.

Sie beobachtete den Eingang zu dem Zimmer, in dem Molina schlief, und mußte sich zwingen, nicht aufzustehen und sich der Türschwelle zu nähern, seine Gegenwart von nahem zu spüren, seinen erregenden Geruch einzuatmen, oder sich in den Schatten zu schleichen und die Formen seines nackten auf der Matte liegenden Körpers zu erahnen. Sie spürte ein unerträgliches Kitzeln in ihren Händen, die sich danach sehnten, sehr langsam jeden einzelnen Zentimeter dieses haarigen, so andersartigen Körpers zu erforschen. Kalter Schweiß lief ihr den Rücken hinunter, bis eine ihr wohl vertraute Stimme sie wieder auf den Boden der Realitäten zurückbrachte »Ich muß mit dir reden.«

Sie fühlte sich durch Shungu Sinchi gestört. »Was ist passiert?« fragte sie barsch.

»Ich brauche deine Hilfe.«

»Wozu?«

Shungu Sinchis tiefschwarze Augen flackerten auf und erloschen sofort wieder; schließlich senkte sie den Kopf und starrte auf ihre Sandalenspitzen. »Ich kann nicht schlafen«, flüsterte sie. »Jede Nacht wälze ich mich herum, mein Körper brennt, als hätte man mir ein Stück Kohlenglut zwischen die Beine gelegt, mein Mund ist so ausgetrocknet, daß ich meine, in all dem Wasser, das ich trinke, ertrinken zu müssen.« Sie wies mit dem Kopf auf die Tür von Alonso de Molinas Zimmer. »Du weißt, daß ich nie mit einem Mann geschlafen habe«, fügte sie hinzu. »Aber er ist ein Gott, und ich möchte, daß er der erste wird.«

»Der?« Naika spürte Wut in sich hochsteigen. »Bist du verrückt geworden? Was würde dein Vater dazu sagen?«

»Auf dich hört mein Vater«, lautete die Antwort. »Er liebt dich mehr als alles auf dieser Welt. Ich bin genau in deinem Alter, du bist jedoch schon zwei Jahre verheiratet, und ich bin immer noch Jungfrau. Wer, wenn nicht ein *Viracocha*, sollte sonst in den Genuß dieser Jungfräulichkeit kommen?« Sie setzte sich neben sie und umklammerte fast verzweifelt ihre

Hände. »Ich brauche ihn! Ich brauche ihn, Naika! Er ist so groß, so stark, und er lacht so viel! Er ist ein Gott, und kein anderer Gott wird jemals in mein Leben treten. Warum muß es unbedingt eine Sklavin sein, die einen solchen Mann ins Bett bekommt? Ich liebe ihn!«

»Du weißt nicht, was du redest!«

»Hast du seine Hände gesehen? Kannst du dir vorstellen, wie es sich anfühlt, von ihnen gestreichelt zu werden? Und seine Zähne? So groß und weiß! Und seine Größe! Von einem solchen Mann besessen zu werden, muß ein Gefühl sein, als ob man im tiefsten aller schrecklichen und schönen Erdbeben zugleich steckte.«

»Schweig!« Es war eher ein hysterischer Anfall als ein Befehl. »Du bist die Lieblingstochter meines Mannes, aber was du sagst, kränkt mich.«

»Das kränkt dich?« Shungu Sinchi traute ihren Ohren nicht. »Seit zwei Jahren vertraust du mir alles über deine Beziehung zu meinem Vater an, und jetzt fühlst du dich gekränkt, weil ich versuche, dir zu erklären, was ich für einen Gott empfinde? Ich verstehe dich nicht. Ich schwöre dir, ich verstehe dich nicht.«

»Entschuldige!« Naika schien plötzlich zu begreifen, daß ihre Freundin recht hatte, und suchte krampfhaft ihre Fassung wiederzuerlangen. »Entschuldige!« sagte sie noch einmal. »Es war dumm von mir, aber bevor ich mit deinem Vater spreche, bedenke, daß es ein *Viracocha* oder ein einfacher Fremder ist, der früher oder später wieder fortgeht. Was wirst du dann tun? Wer wird eine Frau wollen, die einmal zu einem Wesen wie Molina gehört hat?«

»Das ist mir egal«, antwortete sie ehrlich. »Wenn er fortgeht, begleite ich ihn. Und wenn er mich nicht mitnehmen will, werde ich keine Beziehung mit anderen Männern eingehen. Nach ihm ist es keiner mehr wert.«

»Das sind doch Kindereien! Keine Frau des Imperiums darf kinderlos bleiben.«

»Ich werde nicht kinderlos bleiben«, versicherte Shungu Sinchi leidenschaftlich mit seltsam glänzendem Blick. »Ich werde von dem *Viracocha* ein Kind bekommen, das ebenfalls ein Gott sein wird. Begreifst du nicht? Ich werde die Mutter eines Gottes, dafür wird man mich achten.«

»Und wenn er kein Gott ist?«

»Das ist er aber, für mich jedenfalls, und das ist das einzig Wichtige.«

Naika fand keine Zeit zu antworten, denn sie hörte ein furchterfülltes Stöhnen, das aus Alonso de Molinas Schlafgemach erscholl. Als sie dorthin geeilt waren, fanden sie ihn halb aufgerichtet im Bett vor, die Augen fast aus den Höhlen tretend und schweißgebadet. »Bocanegra!« sagte er immer wieder wie in Trance. »Bocanegra! Wo bist du, Bocanegra?«

Durch heftiges Schütteln wollten sie ihn aufwecken. Vergeblich. Schließlich kam Naika auf die Idee, ihm Wasser ins Gesicht zu schütten, das ihn wieder zu sich kommen ließ.

»Was, zum Teufel, ist geschehen?«

Die Anwesenheit der beiden Mädchen schien ihn sehr zu überraschen. Er wischte sich mit dem Handrücken über die Stirn, warf sich wieder auf sein Lager und murmelte: »Ich habe Guzmán Bocanegra gesehen. Er lebt und wartet auf mich. Bocanegra wartet auf mich.«

Er schloß die Augen und schlief sofort wieder ein, ohne die zwei Frauen noch zu beachten, die sich sehr still verhielten, zu beiden Seiten neben ihm knieten und wie hypnotisiert auf seinen Körper starrten.

Die Minuten verstrichen, ohne daß sie sich von der Stelle rührten, auch nur ein Wort sagten, und fast hätte man behaupten können, daß sie nicht einmal mehr atmeten, so eingehend studierten sie den Körperbau des riesigen *Viracocha*, bis Shungu Sinchi sich zum Schluß langsam zu ihm hinabbeugte, ihre Lippen sanft auf die des Andalusiers drückte, welcher sich daraufhin leicht regte.

Dann verließen sie das Gemach.

12

»Er lebt! Versuch mir nicht weiszumachen, daß es Träume oder Phantasiegeschichten von Zauberern sind! Ich bin mir sicher, daß er lebt und es irgendwie schafft, mit mir in Kontakt zu treten.« Alonso de Molinas Tonfall ließ keine Zweifel an seiner Überzeugung zu. »Ich habe ihn auf einer Art verlassenem Fort sitzen sehen, er wirkte traurig und verschreckt. Es war Guzmán Bocanegra, ich bin mir sicher.«

»Wie war das Fort?«

»Riesig und trostlos. Aber es war nicht aus Stein wie Saqsaywaman oder wie die, an denen wir unterwegs vorbeikamen, sondern fahlgelb, wie aus dem Lehm, aus dem die Behausungen jener ärmlichen Menschen an der Küste gebaut sind.«

Chabcha Pusí nahm sich lange Zeit, um sich das soeben Gehörte zu überlegen. Sie standen bis zum Hals im lauwarmen Wasser eines kleinen Schwimmbeckens. Er tauchte den Kopf vollständig unter Wasser, blieb dort einen kurzen Moment, und als er wieder auftauchte, schüttelte er sich heftig und schnaubte, als wollte er damit sagen, daß er sich schließlich geschlagen gab. »An der Küste«, sagte er, »viel südlicher als die Stelle, wo du an Land gingst, gibt es mehrere Festungen, die von Stämmen, die wir vor vielen Jahren eroberten, aus Millionen von Lehmziegeln erbaut wurden.« Er warf sein pechschwarzes, nasses, wie Rabengefieder glänzendes Haar nach hinten. »Wenn du sagst, daß Bocanegra sich nach einigen Wochen Fahrt südlich von Tumbez über Bord warf, so ist das zweifellos die Gegend, in der er gestrandet sein muß, wenn er es wirklich bis zum Land geschafft hat. Das klingt alles sehr wirr und unglaublich«, fügte er hinzu. »Sehr merkwürdig! Hast du wirklich nie etwas über diese Festungen gewußt?«

»Woher denn?« erwiderte der Spanier aufgebracht. »Es war so diesig, daß wir kaum die Küste erkennen konnten. Einige

Male erblickten wir etwas, das nach Bauten aussah. Aber jene Gewässer sind sehr gefährlich, so daß wir uns dem Land nie genügend nähern konnten, um sie uns genauer anzuschauen.« Demonstrativ drückte er seinem Freund kräftig den Unterarm. »In meinen Träumen erscheint alles so glasklar, daß ich dir von der Burg sogar eine Zeichnung anfertigen könnte. Sie steht mitten in der Wüste in der Nähe eines Gebirges dicht an der Mündung eines Flüßchens, dessen Ufer kaum bestellt sind. Bocanegra setzt sich in eine Art Turm, der auf das Meer hinausgeht, und ruft nach mir.«

»Gut! Gehen wir davon aus, daß das die Küste ist und daß es ihm auf mysteriöse Weise gelingt, sich mit dir in Kontakt zu setzen. Was willst du dann tun?«

»Ihn holen!«

»Warum?«

»Weil er mich braucht. In diesem Teil der Welt ist er mein einziger Landsmann. Seine Verzweiflung ist so groß, daß er es schafft, sich über diese Wüsten und Gebirge hinaus Gehör zu verschaffen. Ich kann ihm meine Hilfe nicht verweigern.«

»Ich dachte, du hättest mit deinem vorherigen Leben abgeschlossen, als du mein Land betratst.«

»Treue ist etwas, womit man nicht brechen kann. Ich habe meinen Kaiser verlassen, aber einen Waffengefährten, mit dem ich einmal Hunger und Elend geteilt habe, möchte ich nicht im Stich lassen.«

»Er hat dich auch nicht nach deiner Meinung gefragt, als er sich ins Wasser stürzte.«

»Ich auch nicht nach seiner, als ich in Tumbez das Schiff verließ, und ich bin sicher, daß er mir an meiner Stelle auch helfen würde.« Er stieg aus dem Wasser, begann sich abzutrocknen und setzte sich auf eine Steinbank. »Vielleicht verstehst du das nicht«, fügte er hinzu. »Aber den Grund dafür, daß eine Handvoll Spanier die Hälfte der Neuen Welt erobert hat und bereit ist, sich auch der anderen Hälfte zu bemächtigen, darf man nicht darin suchen, daß hinter ihnen ein starkes

Land oder intelligente Herrscher stehen. Vielmehr ist das Geheimnis, daß einer sich für den anderen aufopfert.«

»Das verstehe ich; aber ausgerechnet du wunderst dich immer, wenn mein Volk sich aufopfert.«

»Dein Volk tut es, weil der *inka* es ihm befiehlt. Bei uns ist es Kameradschaft, die nichts mit dem Herrscher zu tun hat.«

Er brach verwirrt ab, denn soeben hatte Naika den Raum betreten, und er war halbnackt. Er wurde rot wie ein kleiner Junge und zog sich eiligst etwas über, aber das Mädchen schien es gar nicht zu bemerken. Sie machte einen schrecklich aufgeregten Eindruck. »General Atox hat in Quito überraschend Atahualpa gefangengenommen und ihn nach Tunipampa gebracht!« rief sie. »Es wird also keinen Bürgerkrieg geben!«

Chabcha Pusí stieß einen Freudenschrei aus, machte einen Satz, griff seine junge Gattin an den Handgelenken und zog sie ins Wasser, wo er sie lachend und stürmisch umarmte. »Es gibt keinen Krieg! Es gibt keinen Krieg!« rief er immer wieder freudig. »Das Imperium ist gerettet!«

Als er sich nach diesem bei ihm völlig ungewöhnlichen Ausbruch von Jubel endlich wieder beruhigt hatte, umschloß er Naikas Taille, setzte sich auf den Beckenrand und lächelte glücklich, während er sich Alonso de Molina zuwandte. »Natürlich Atox!« sagte er. »Atox bedeutet Fuchs, und bestimmt hat es nie einen schlaueren General gegeben als ihn. Quisquis ist vielleicht intelligenter und Ruminjahui tapferer, aber Atox schlägt sie in Arglist. Mögen die Götter ihn segnen!«

»Wunderbar!« rief der Andalusier und begann sich anzukleiden. »Das ist wahrlich eine gute Nachricht. Sobald Huascar mir den Kopf von Chili Rimac liefert, werde ich mich irgendwo friedlich niederlassen und mich um Guzmán Bocanegra kümmern.« Er zeigte mit dem Finger auf den *curaca*. »Jetzt hast du keine Ausreden mehr«, fügte er hinzu. »Sorg dafür, daß der *inka* mich zur Küste reisen läßt.«

»Zur Küste?« rief Naika entsetzt. »Was willst du denn an der Küste?«

»Einen Freund suchen.« Er konnte ihr bei diesen Worten kaum in die Augen sehen.

»An der Küste ist das Meer, über das du gekommen bist und der andere *Viracocha* fortging.« Die Stimme des Mädchens klang etwas bedrückt. »Du wirst doch nicht auch fortgehen?«

»Nein«, antwortete er bestimmt. »Das ist jetzt mein Land, hier sind meine Freunde, und hier möchte ich bleiben. Aber um in Frieden leben zu können, muß ich zunächst Bocanegra finden. Ich will meine Träume nicht ständig von ihm unterbrechen lassen.«

Er verließ den Raum. Kaum war er draußen, verließ Chabcha Pusí das Wasser und setzte sich neben seine Gattin. »Ein seltsamer Mann«, sagte er. »Wundervoll, aber seltsam. Ich hoffe, es dauert noch eine Weile, bevor er weiterzieht, damit ich weiterhin von ihm lernen kann.«

»Shungu Sinchi liebt ihn«, sagte Naika plötzlich leise. »Sie bat mich, dich zu fragen, ob du ihr erlaubst, sich mit ihm zu vereinigen.«

Chabcha Pusí begann, sich langsam abzutrocknen. Er schüttelte den Kopf. »Das ist unmöglich«, meinte er. »Das geht nie gut.«

»Warum? Weil er ein *Viracocha* ist, oder ein Fremder?«

»Weil Molina sie nicht mag.«

»Woher willst du das wissen?«

»Er will dich.« Er streckte die Hand aus, so wie er dastand, und strich ihr über das nasse Haar. »Glaub nicht, daß ich blind bin«, brachte er leise hervor. »Ich bin kein blöder Alter. Für Molina gibt es nur dich, und es täte mir weh, wenn meine eigene Tochter die Folgen zu tragen hätte.« Naika wollte etwas erwidern, aber er winkte ab. »Nein, du brauchst es nicht zu sagen. Ich weiß sehr gut, daß nichts geschehen ist. Ich kenne euch, aber ich kenne auch Shungu Sinchi; sie hatte eine einfache Mutter, die sie auf die Bedürfnisse dieser Welt hin, in der wir leben, erzog, und auch wenn ich verstehe, daß jedes Mädchen sich in einen so großen, starken Menschengott wie Molina verlieben würde, so heißt das noch lange nicht, sie ihrem Schicksal zu überlassen.

»Sie möchte es trotzdem tun. Sie will ihm ein Kind schenken, das vielleicht auch ein Gott wird.«

»Es wäre das Kind eines Fremden, nicht eines Gottes. Ein Mestize in einem Land, das das Mestizentum verabscheut. Du weißt es doch sehr gut. Red mit ihr, teil ihr mit, daß ich dagegen bin, und wenn sie weiterhin darauf besteht, schicke ich sie zu ihren Geschwistern nach Acomayo oder lasse sie lebenslänglich in den Tempel der Jungfrauen sperren.« Er hatte sich gerade fertig angezogen und setzte sich abgespannt auf die Steinbank. »Ich schätze Molina«, fügte er hinzu. »Niemals habe ich einen Mann mehr gemocht als ihn, aber sicher würde Shungu Sinchi trotz der Bedeutung ihres Namens ›Mächtiges Herz‹ nie die Prüfungen bestehen, die an seiner Seite auf sie zukämen.

»Das wird mir sehr schwer fallen.«

Er streichelte ihr zärtlich die Wange und lächelte mit einem seltsamen Anflug von Traurigkeit. »Ich spüre, daß auf uns alle schwere Zeiten zukommen«, meinte er. »Höchstwahrscheinlich ist die Gefahr eines Bürgerkrieges mit der Gefangennahme Atahualpas gebannt, aber es werden andere Dinge geschehen, die uns nachhaltig erschüttern.« Er ging zum Ausgang. »Sprich mit Shungu Sinchi, sie soll sich einen Jungen aussuchen, ihn werde ich ihr zum Ehemann geben, aber sie soll bitte Alonso de Molina vergessen.«

»Er oder keiner!«

»Dann werden sie dich in den Tempel der Jungfrauen sperren.«

»Ich flüchte!«

»Weißt du, was eine Flucht aus dem Tempel der Jungfrauen bedeutet?« wandte Naika ein. »Lebendig begraben zu werden. Deine Eltern, Geschwister, Großeltern und all deine Angehörigen werden gehängt. Sogar Alonso de Molina, denn man wird ihm deine Flucht anlasten.« Sie nahm die Hand des Mädchens und versuchte zum x-ten Mal, sie zur Besinnung zu bringen. »Dein Vater weiß, was er tut«, sagte sie. »Er ist einer der intelligentesten Männer, die ich kenne, daher hat der *inka* ihn auch nach Acomayo geholt, ihm diesen Palast geschenkt und immer auf seinen Rat gehört. Hör du auch auf ihn! Ein paar glückliche Tage sind es nicht wert, den Rest des Lebens unglücklich zu sein. Du bist erst sechzehn Jahre alt.«

»Genau wie du.«

»Das weiß ich, aber ich setze nichts aufs Spiel. Als dein Vater mich bat, ihn zu heiraten, habe ich angenommen, weil ich überzeugt war, nie einen besseren Mann zu finden.«

»Und du hast es nie bereut?« hakte Shungu Sinchi nach. »Hast du dir nie einen jüngeren Mann gewünscht?«

»Dein Vater war immer gut zu mir, er hat mich nie gezwungen, Dinge zu tun, die ich nicht mochte. Er ist zärtlich und liebevoll und wollte nicht, daß ich zu früh Kinder bekomme, damit ich nicht so unförmig werde.«

»Vielleicht kann er sie gar nicht mehr zeugen«, erwiderte das Mädchen barsch. »Vielleicht fürchtet er, daß sie schwachsinnig zur Welt kommen. Man sagt, die Kinder von Alten werden oft verrückt.«

»Man muß gar nicht alt sein, um schwachsinnige Kinder zur Welt zu bringen«, meinte Naika neckend. Dann änderte sie ihren Tonfall und wurde wieder flehender. »Sei doch vernünftig. Molina reist zur Küste. Laß alles, wie es ist, bis er wiederkehrt.«

»Nein!« Das Mädchen stellte sich so dickköpfig an wie ein bockiges Kind. »Ich habe den Göttern Opfer gebracht, und sie sagten mir, ich werde seine Frau werden und ihm viele Kinder gebären.«

Jede Diskussion mit Shungu Sinchi schien zwecklos. Naika fühlte sich dazu auch nicht berufen, denn im Grunde verstand sie ihre Altersgenossin nur zu gut. Sobald sie allein war, tauchte vor ihrem geistigen Auge der Spanier wieder auf, und es befiel sie der Gedanke, das Schicksal habe sie zusammengeführt, damit sie beide eines Tages Kinder halb Götter halb Menschen zeugten.

Wäre da nicht Chabcha Pusí gewesen, dem sie Treue, Dankbarkeit und Respekt entgegenbrachte, hätte sie sich vielleicht auch entschlossen, eines Nachts heimlich das Zimmer des *Viracocha* zu betreten. Klugerweise hatte der *curaca*, intelligent und sensibel wie er war, beschlossen, sie sexuell nicht zu belästigen, denn er wußte, daß seine blutjunge Gattin gerade sehr unruhige Zeiten durchmachte, in denen er lieber keine ablehnende Haltung riskieren wollte. Chabcha Pusí, der zum viertenmal verheiratet war und in anderen Zeiten unendlich viele Beziehungen zu Sklavinnen und flüchtige Liebschaften gepflegt hatte, wußte genügend über die Frauen, um sie nicht einfach wie Vergnügungsobjekte zu behandeln.

Normalerweise war Kochen, Gebären und den Mann befriedigen die Rolle, die man der Frau im Inkareich zugedacht hatte. In Cuzco jedoch, der heiligen Stadt, in der das Beste und das Schlechteste einer Kultur aufeinandertrafen, hatten einige Angehörige der Oberschicht schon vor langer Zeit begriffen, daß die Frauen viel transzendentere Aufgaben übernehmen konnten. In der Tat hatte die Schwester des *inka,* mit der dieser reinblütige Thronnachfolger zeugen mußte, auf bemerkenswerte Weise die Geschehnisse am Hof beeinflußt, während im Tempel der Jungfrauen Priesterinnen zu leben pflegten, deren Meinung im Ältestenrat oder bei den hohen Priestern immer gefragt war.

Letztere begann Chabcha Pusí langsam zu hassen, denn sie zeigten neuerdings einen Fanatismus und eine plumpe Unnachgiebigkeit bei allem, was mit Alonso de Molinas Anwesenheit in der Stadt zusammenhing. Sie hatten eine heimtückische Kampagne gestartet, in der der Spanier für alles beschuldigt wurde, was sich in der letzten Zeit im Imperium abgespielt hatte. Man klagte ihn an, nur ein gemeiner Spion der fremden Armeen zu sein, die einige Zeit später an den Küsten landen sollten.

Huascar hatte bereits lange Gespräche mit dem *curaca* geführt und schien sich zu weigern, eine solche Interpretation der Lage zu akzeptieren, beharrte jedoch in langen und oftmals wunderlichen Verhören darauf, alles über die Persönlichkeit des Andalusiers und seine etwaigen Absichten in Erfahrung zu bringen.

»Bedenken Sie, Herr«, warnte ihn Chabcha Pusí das ein oder andere Mal, »daß *Viracocha* sein ›Donnerrohr‹ schwang und die Bewohner von Cacha umbrachte, als sie versuchten, ihn zu töten. Alonso de Molina hat bewiesen, daß er in Frieden kommt, aber als Poma Yaguar ihn im Namen Atahualpas festnehmen wollte, verwandelten Donner und Blitze die Nacht in ein Inferno, und Poma Yaguar fiel tot um. Ich habe es gesehen.«

»Wie hat er das gemacht?«

»Er bewegte nur einen einzigen Finger und brachte eine einfache Flöte dazu, so gewaltig zu sprechen, als bebte der Mittelpunkt der Erde.«

»Er ist also ein Gott?«

»Wenn Gott alles ist, was wie du über uns befindet, dann ja«, lautete die listige Antwort. »Ein Gott, der sich vielleicht gerne unter die Menschen mischt, um herauszufinden, wer ihn ablehnt...«

Jene letzten Worte bewirkten, daß sich unter den hohen Priestern, die Stillschweigen bewahrt hatten, Unruhe verbreitete. Auf dem Rückweg zu ihren Tempeln fuhren sie mit ihren Verleumdungen fort, denn für die meisten von ihnen gefährdete die Anwesenheit des *Viracocha* die festgelegte Ordnung, deren Hauptnutznießer zweifellos sie selbst waren. Traditionell wurden Ländereien, Herden, Gold, Algen, Edelsteine und Salz, kurzum alles Wertvolle, das innerhalb der Reichsgrenzen produziert wurde, jährlich in drei Teile geteilt. Ein Teil davon wurde dem *inka* überlassen, ein weiterer den

Priestern und der dritte dem gemeinen Volk. Jegliche Bedrohung, die – so unbedeutend sie auch war – jahrhundertealte Privilegien aufs Spiel setzte, beunruhigte die Religiösen daher sofort, vor allem, wenn diese Bedrohung in Form eines Gottes in Erscheinung trat, der ihnen vorwerfen konnte, daß es nicht auf seine Zustimmung stieß, was sie in seinem Namen durchführten.

So wie die wirtschaftliche Stärke des Imperiums von einem unterwürfigen, arbeitsamen Volk abhing, das ohne Murren jede Anweisung des *inkas* befolgte, und seine militärische Schlagkraft auf einem disziplinierten Heer, das blind einigen aus den Königsclans rekrutierten Generälen Gehorsam leistete, so hatte die Religion im Laufe der Zeit Riten und Aberglauben der neu eroberten Nationen übernommen, auch wenn die Oberherrschaft der vier Götter rein inkaischen Ursprungs unangetastet blieb: *Viracocha,* der Schöpfer des Universums, einschließlich der Sonne, zweitwichtigster Gott; seine Gattin, der Mond, und der Gott des Donners, Herr des Regens, der die Erde fruchtbar machte.

Sonne, Mond und Donner blieben ständig an ihrem Ort und verloren keine Zeit damit, sich auf der Erde umzutun und lästige Erklärungen zu verlangen. Der allmächtige *Viracocha* jedoch, oder zumindest einer seiner Söhne, war allem Anschein nach gewillt, seine vor langer Zeit gemachten Versprechen, die von den Priestern des Imperiums sorgsam gehütet wurden, einzulösen und wiederzukehren, um Rechenschaft von den Menschen zu fordern für das, was aus seinem Wunderwerk geworden war.

Wer würde ihm eröffnen, daß die größten Errungenschaften dieses Werkes ausschließlich einer kleinen Gruppe von Auserwählten vorbehalten waren, während die Mehrheit des Volkes in Armut lebte? Wer würde ihm sagen, daß jeder, der sich den Befehlen widersetzte, ins kalte Zentrum der Erde verdammt wurde, um dort Steine zu essen und für alle Ewigkeit in der Finsternis zu leben? Außer den Mitgliedern der Herrscherklasse, denen nach dem Tod immer ein Platz im ewigen Sonnenlicht sicher war, was immer sie auch taten? Was sollten sie ihm antworten, wenn er wissen wollte, wer für die Gesetzgebung verantwortlich war, die im offenen Widerspruch zu den Geboten stand, die der echte *Viracocha* vor Antritt seiner Reise seinen Jüngern mitgeteilt hatte?

Diese Frage stellte sich tagaus, tagein der greise, verschlossene Yana Puma, *willac oma* oder der Höchste Priester, Huascars und daher auch Atahualpas Onkel, auch wenn letzterer nur zur Hälfte seines Blutes war, da er nicht wie ersterer Sohn zweier seiner Geschwister war. Aber er fand keine befriedigende Antwort.

Yana Puma bedeutete »Schwarzer Tiger« oder »Schwarzer Panther«, und das war genau der Name, der auf den listigen Alten paßte. Er hatte immer eine machtvolle Position innegehabt, sowohl während der Regierungszeit seines Bruders Huayna Capacs wie auch während der seines Neffen Huascars. Er war auf die Idee gekommen, daß General Atox sich in einem Überraschungscoup Atahualpas habhaft machen sollte. Er war derjenige, der am meisten darauf pochte, ihn stillschweigend und unverzüglich exekutieren zu lassen, damit die Stabilität des Imperiums nicht mehr gefährdet war.

»Aber ist Molina *Viracocha,* oder ist er nicht *Viracocha?«* fragte er wiederholt, wenn er mit Chabcha Pusí zusammentraf. »Du kennst ihn am besten, du müßtest es doch wissen.«

»Wie kann ich, ein einfacher *curaca,* mich in die Angelegenheiten der Götter einmischen?« So lautete im allgemeinen die unvermeidbare Antwort. »Mir wurde befohlen, ihn nach Cuzco zu bringen, und das habe ich getan. Ich berichte dir, was ich ihn mit dem ›Donnerrohr‹ anstellen sah, und ich schwöre dir, es ist wahr. Aber die Entscheidung, ob er *Viracocha* ist oder nicht, können nur du und der *inka* fällen.«

»Der Donnergott hat sich immer in menschlicher Gestalt mit einem Stab in der Hand präsentiert, der Blitze speit: Könnte er es sein?«

»Sein Stab speit Blitze.« – »Kann er es regnen lassen, wenn ich ihn darum bitte?« – »Ich denke, ja.«

Die Antwort erklärte nicht viel, denn in jener Jahreszeit, es war der vierte Monat von zwölf, in die der inkaische Kalender aufgeteilt war, gab es in Cuzco selten einen Tag ohne Regen, und in jenem Jahr regnete es besonders reichlich.

»Er muß uns einen Beweis erbringen, der uns zeigt, wer er ist«, meinte Yana Puma schließlich. »Etwas, das keinen Zweifel zuläßt.«

»Vielleicht«, lenkte Chabcha Pusí geschickt ein. »Aber bedenke, wenn du als Höchster Priester des Imperiums schon Wunder brauchst, um an die Existenz eines Gottes zu glauben, so kannst du vom Volk kaum erwarten, daß es an einen der anderen Götter glaubt, die niemals ihre Macht beweisen.«

»Nur ich entscheide darüber, was das Volk zu glauben hat oder nicht, weil mein Bruder, *inka* Huayna Capac, mich zum *willac oma*, der höchsten Person des Imperiums für religiöse Angelegenheiten, ernannt hat. Was ich anerkenne, werden sie auch anerkennen müssen; was ich ablehne, werden alle ablehnen müssen.« Zum Nachdruck legte er eine kurze, aber prägnante Pause ein und fuhr dann fort: »Oder zweifelst du etwa die Gültigkeit der Vollmachten an, die mir eingeräumt wurden?«

Der *curaca* erbleichte merklich, hatte jedoch verstanden, daß er sich auf höchst gefährlichem Boden bewegte. Abrupt änderte er seine Haltung und erwiderte in äußerst beschwichtigendem Ton:

»Ich werde mit Molina reden und ihn bitten, er möge dir den Umfang seiner Macht zeigen.«

»Ein Wunder?« fragte der Spanier ungläubig. »Ist es das, was du von mir willst? Ich soll ein Wunder vollbringen, damit diese alte Mumie sich zufrieden gibt und mich nicht mehr belästigt?«

»Diese alte Mumie ist immerhin der zweitwichtigste Mann

des Imperiums«, gab Chabcha Pusí zu bedenken. »Wenn man ihm einredet, daß du besser tot als lebendig wärst, wirst du nicht länger als drei Tage zu leben haben.«

»Welche Art von Wunder erwartest du von mir?«

»Laß dein ›Donnerrohr‹ blitzen. Das wird ihn überzeugen.«

»In Ordnung!« meinte der Andalusier verärgert. »Eine kleine Demonstration der Stärke wird mir bestimmt nicht schaden. Sag Yana Puma, daß ich einmal, aber nur dieses eine Mal, bereit bin zu zeigen, wer ich bin, und daß er mich ab dann in Frieden lassen soll, andernfalls werde ich ungehalten.«

Der Höchste Priester nahm die Bedingungen zähneknirschend an. Zwei Tage später, als die Sonne gerade die ersten Lichtreflexe auf das goldene Palastdach zauberte, lud Alonso de Molina mitten im großen Innenhof seine Arkebuse und wartete geduldig auf das Erscheinen des *inka* und seines Gefolges.

Huascar sah man an, daß ihm dieses Spektakel überhaupt keine Freude bereitete, denn er war sichtlich nervös, auch wenn er mit allem Pomp auf dem Thron Platz nahm, der extra für diese Gelegenheit gebaut worden war. Etwa zwanzig seiner engsten Berater und Generäle nahmen an der Veranstaltung teil.

Er grüßte den Andalusier mit einem Kopfnicken, warf Chabcha Pusí einen langen, bezeichnenden Blick zu und wandte sich dann seinem Onkel Yana Puma zu, der mit einer flüchtigen Handbewegung zwei Soldaten heranwinkte, die vom anderen Ende des großen Hofes heraneilten und einen Mann, der kalkweiß im Gesicht war, an eine Mauer stellten.

Alonso de Molina stieß leise einen Fluch aus, nagte zähnezeigend auf seinem Schnauzer und wandte sein Gesicht dem offensichtlich verwirrten *inka zu.* »Soll ich diesen Mann etwa umbringen?« fragte er.

Der Höchste Priester Yana Puma gab die Antwort. »Er ist nichts als ein Verräter, angeklagt wegen Mordes. Entweder du tötest ihn oder der Henker. Oder kannst du vielleicht entgegen deiner Behauptung mit dem Blitz gar nicht von weitem töten?«

»Doch, das kann ich«, versicherte der Spanier unbeirrt. »Ich könnte aber auch ein Lama töten, eine Vikunja oder irgendein anderes Tier. Sogar ein Gefäß könnte ich zerschießen, Ohne mich unbedingt an einem Menschen vergreifen zu müssen.«

Der *inka* Huascar mischte sich ein und meinte trocken: »Du sollst aber diesen Verräter töten. Alles andere zählt nicht.«

Alonso de Molina wandte sich Chabcha Pusí zu und warf ihm einen vorwurfsvollen Blick zu. Seiner Ansicht nach hatte der ihn in diese heikle Lage gebracht, aber der seltsame Gesichtsausdruck seines Freundes hieß ihn, Vorsicht walten zu lassen, denn er kannte den *curaca* mittlerweile gut genug, um nicht nur Mitleid und Beunruhigung auf dessen Gesicht zu lesen, sondern auch die Warnung vor einer großen, unbekannten Gefahr.

Er setzte erneut zum Protest an. »Ich bin nicht hierhergekommen, um den Henker zu spielen«, sagte er herausfordernd zu dem *inka.* »Ich weigere mich, diesen Mann zu töten.«

»Langsam glaube ich, daß es nichts als Ausreden sind«, antwortete der Angesprochene trocken. »Töte ihn!«

»In Ordnung!« sagte er. »Die Verantwortung trägst du.« Er legte das Gewehr an, zielte auf die Brust des Unglückseligen, der wie Espenlaub zitterte und ihn mit weit aufgerissenen Augen und verzerrtem Mund anstarrte.

Die Tat schmerzte ihn, aber er wußte, daß sein eigenes Leben auf dem Spiel stand. Wenn er diesen Mann dort an der Mauer nicht tötete, erlaubte ihm der Höchste Priester niemals, den Palast zu verlassen. Er hielt den Atem an mit dem Gedanken im Kopf, nicht versagen zu dürfen. Er konzentrierte sich auf das Herz des Verurteilten, welcher sich mit einer Hand die Augen zuhielt, als wollte er so dem schrecklichen Anblick seiner eigenen Tötung entkommen. Dabei verrutschte seine Wollmütze, und Alonso de Molina sah für eine Zehntelsekunde die Goldplättchen, die sein Ohr zierten, und wurde sich sofort der Falle bewußt, in die man ihn lokken wollte.

Automatisch lockerte er den Druck auf dem Abzug. Er atmete tief durch und wandte sich nach fieberhafter Überlegung den Männern zu, die ihn erwartungsvoll anschauten. »Ich kann diesen Mann nicht töten!« rief er laut und versuchte dabei, seine Stimme so rauh wie möglich klingen zu lassen. »Er ist königlichen Geblüts, und mein ›Donnerrohr‹ tötet keine Gottesabkömmlinge, die mich nicht angegriffen haben.« Er zeigte auf den Angeklagten. »Und der dort, der hat mir nie etwas getan!«

Er legte eine bedeutungsträchtige Pause ein und legte seine Waffe unvermittelt auf den Höchsten Priester an, der schrekkensbleich einen Schritt zurücktrat. »Aber du, Yana Puma, du hast mich angegriffen! Du wünschst mir etwas Schlechtes anzuhängen, und daher hat mein ›Donnerrohr‹ die Befugnis von *Viracocha*, dich auf der Stelle mit seinem Blitz zu treffen, und davon werde ich Gebrauch machen, wenn du mich nicht sofort um Entschuldigung bittest und gelobst, daß du dich nie wieder gegen mich verschwören wirst! Schnell! Schwöre, sonst töte ich dich!«

Der erstarrte Greis suchte seine Haltung zu wahren und klammerte sich an den Thron. Der *inka* jedoch war immer mehr in seinem Sitz zusammengesunken, während die übrigen Anwesenden zitternd zurücktraten. Man hörte Klagelaute, vage Stimmen und sogar einige Schluchzer, die das Ausmaß des Schreckens zeigten.

»Verzeih mir!« sagte der Höchste Priester schließlich leise, nahezu außerstande, ein Wort über die Lippen zu bringen. »Erlaß mir das Leben, o mein Herr, Nachkomme des Gottes *Viracocha*.«

Alonso de Molina ließ die Waffe sinken. »Schwöre, daß du mich in Ruhe lassen wirst!«

Der Spanier schaute sich um, erblickte einen Krug, der zehn Fuß entfernt auf einer Mauer stand, zielte sorgfältig und drückte ab. Das Gefäß zersplitterte in tausend Scherben, und das sich darin befindliche Wasser bespritzte die Umstehenden, die sich zu Boden warfen, sich mit den Händen den Kopf zu schützen suchten und dem schrecklichen Krach entkommen wollten, dessen Lautstärke wie ein Echo durch den geschlossenen Hof verstärkt wurde.

»Das ist meine Macht!« meinte der Andalusier, als der *inka* und sein Onkel es schließlich wagten, ihn wieder anzuschauen. »Das ist die Macht, die mir die Götter gegeben haben, und genau das kann ich all meinen Feinden antun. Und jetzt sag mir, Huascar, wo ist der Kopf von Chili Rimac?«

»Chili Rimac ist aus Tumbez geflüchtet«, lautete die ängstliche Antwort. »Aber meine Soldaten suchen ihn, und du wirst bald seinen Kopf bekommen. Ich gebe dir mein Wort.«

»Einverstanden!« Molina nahm das Angebot an, denn es galt, in jenem Augenblick seine starke Position auszunutzen. »Dann bitte ich um Erlaubnis, in der Zwischenzeit in Begleitung von Chabcha Pusí eine Reise zur Küste zu unternehmen.«

»Du hast mein Einverständnis.«

»Gestattest du, daß ich mich nun zurückziehe?«

»Ja, du kannst dich zurückziehen.«

Der Spanier drehte sich um und verließ festen Schrittes und erhobenen Hauptes den weiten, eingefaßten Platz, gefolgt von den Blicken einiger Anwesender, die dem wunderlichen, erschütternden Geschehen, dem sie soeben beigewohnt hatten, noch nicht recht Glauben schenken wollten.

13

»Ich will, daß du mich mitnimmst.«

»Wie bitte?«

»Ich möchte mit euch zur Küste reisen. Du hast mir versprochen, du würdest mir einmal das Meer zeigen, und das ist die beste Gelegenheit. Du hast die Erlaubnis des *inka.*«

»Das ist doch keine Erholungsreise. Wir werden den *Viracocha* suchen, von dem Molina immer träumt. Wahrscheinlich werden wir tagelang erfolglos in der Wüste herumlaufen.«

»Das ist mir egal. Ich möchte mitgehen.«

Naika war eine temperamentvolle Frau, und Chabcha Pusí ein reifer Mann, dem die Vorstellung, sich von seiner jungen Frau trennen zu müssen, gar nicht behagte. Trotz anfänglicher Bedenken seinerseits willigte er am Ende ein, daß sie auf die lange Reise zur Küste mitkommen durfte. So überquerten sie den majestätischen Huaca-Chaca, die heilige Brücke, die der *inka* Roca erbauen ließ, um das eindrucksvolle Flußbett des Apurimac in seiner Ursprünglichkeit zu erhalten.

Zur Vollendung dieses wundersamen Bauwerks war es unumgänglich gewesen, zunächst in den nur aus Felsen bestehenden Berg eine Treppe zu schlagen, die von den beiden Bergspitzen zu dem engsten Punkt der Schlucht hinabführte. Diese hatte vormals die natürliche Schranke zwischen den beiden Teilen des Inkareiches dargestellt und die Hauptstadt während der Regenzeit monatelang vom Rest des Landes abgeschnitten. Dutzende von Arbeitern waren während der äußerst riskanten, drei Jahre dauernden Bauarbeiten in den Abgrund gestürzt, aber die Oberpriester hatten jedem einen Platz im ewigen Licht der Sonne versprochen, der bei seiner Arbeit umkam, und kaum fiel ein Arbeiter in die Tiefe, trat ein anderer mit demselben Elan seines Vorgängers den Posten an.

Später wurden vier unverrückbare Stützpfeiler aufgestellt, über die zweiundvierzig Meter der Flußbreite, siebzig Meter über dem Wasser, mannsdicke Seile gespannt, die von Tausenden von Arbeitern, an beiden Uferseiten stehend, straffgezogen und vergraben wurden, so daß sie nie nachgeben würden. Abschließend hängten sich risikofreudige Fachleute über den Abgrund und verlegten die Querverstrebungen und den Boden. Die Nachkommen jener waghalsigen Baufachleute erneuerten nun die Brücke alle drei Jahre. Der Huaca-Chaca war daher in einem so untadeligen Zustand, wie damals, als der *inka* Roca ihn zum ersten Mal vor zwei Jahrhunderten überquerte. Er stand jedoch mittlerweile unter ständiger Überwachung, um ehemals aufständische Stämme davon abzuhalten, ihn in Brand zu stecken oder ihn zur Einnahme Cuzcos zu benutzen.

Alonso de Molina hatte sich notgedrungen daran gewöhnen müssen, unendlich viele dieser Hängebrücken zu überqueren. Nun sah er sich gezwungen, wieder einmal gegen das unangenehme Schwindelgefühl anzukämpfen, das sich in Beinen und Magen ausbreitete, wenn es auch in diesem Fall nicht bei dem Überqueren des breiten Flußbettes auftrat, sondern bei dem Hinabsteigen der furchtbaren Treppe, deren Stufen durch die Feuchtigkeit zunehmend von einer glitschigen Schicht überzogen wurden. Dann erklommen sie mühevoll den Berghang am gegenüberliegenden Ufer und ließen den Abgrund zurück, um ihren Weg unterhalb des ewigen Schnees des Salcantay entlang über die verkehrsreiche »Salzroute« fortzusetzen, über die jenes lebenswichtige Mineral zu den Bewohnern der höher gelegenen Regionen gelangte.

Dem Spanier war vom ersten Moment an die ungewöhnliche Tatsache aufgefallen, daß die Eingeborenen beim Kochen ihre Speisen nie salzten. Sie verzehrten sie vielmehr in naturbelassenem Zustand und zogen es vor, von Zeit zu Zeit an einem dicken Salzstein zu lecken, der zu einem ihrer wertvollsten Besitztümer zu gehören schien.

Tausende von jenen Steinen wurden auf den Rücken ausdauernder Lamas getragen, die in unendlich langen Karawanen an ihnen vorüberzogen und der eintönigen Puna einen Hauch von Farbe und Bewegung verliehen. Der einzige Hirte, fast immer ein Junge, ging gemächlichen Schritts voraus, und die Tiere folgten ihm treu.

Sowohl die Hirten wie die meisten *puric* oder Bauern, die die Feldarbeit erledigten, traten beim Anblick des Gefolges respektvoll beiseite und starrten bewundernd auf die drei graziösen Sänften, die – mit bunten Tüchern verhängt – von dreißig kleinen, aber zähen Trägern auf den Schultern getragen wurden. Die einzige Bedingung, die der *inka* Huascar in letzter Minute noch gestellt hatte, lautete, daß der riesige *Viracocha* sich auf der langen Reise zur Küste so selten wie möglich offen zeigte.

Obgleich sein Stiefbruder in Tunipampa gefangengehalten wurde und die Gefahr eines Bürgerkrieges somit gebannt war, befand sich das Land noch in einem aufgewühlten Zustand. Seltsame Gerüchte und beunruhigende Prophezeiungen gingen von Mund zu Mund und erregten ständig die Gemüter. Einen Menschengott, Herr des Donners und des Todes, in aller Öffentlichkeit über die verkehrsreiche »Salzroute« ziehen zu lassen, trug nach Meinung von Yana Puma nicht gerade dazu bei, die Gemüter zu beruhigen.

Bei Anbruch des Spätnachmittags fanden sie in geräumigen *tarnbos* Unterkunft. Diese Herbergen schienen ständig für den Empfang des *inka* persönlich hergerichtet zu sein. Der Spanier bewunderte einmal mehr die unglaubliche Organisationsfähigkeit eines Volkes, dem der Gebrauch jeder Art von Schrift gänzlich unbekannt war.

Aufgrund jener Knotenschnüre, die die *quipu-camayox*-Experten mit erstaunlichem Geschick auswerteten, des ausgiebigen Gebrauchs der Zahl zehn, die anscheinend den Schlüssel zu ihrem gesamten mathematischen System darstellte, und eines ans Unmögliche grenzenden, kollektiven Erinnerungsvermögens funktionierte das *tihvantinsuyo* reibungsloser und einwandfreier als das europäische Staatensystem, das auf modernste, ausgefeilteste Kontrollsysteme verweisen konnte.

Ab dem Moment, da der Beamte eines *tambos* in der Ferne das Anrücken eines Gefolges ausmachte, wußte er, aus wie vielen Trägern, Dienern und Soldaten es bestand, wie viele

Gemächer hergerichtet und wie viele Portionen zum Abendessen zubereitet werden mußten. Diese reichhaltigen, köstlichen Abendessen bestanden gewöhnlich aus Mais, Kartoffeln, Gemüse, in Zitrone eingelegtem Fisch und *cui*-Fleisch, eine Art Meerschweinchen, das sich rasend vermehrte und seinen Namen aufgrund des seltsamen Geräusches bekommen hatte, das es ständig von sich gab.

Naika besaß eines dieser Tiere und nahm es auch auf Reisen immer mit. Es verfolgte sie wie ein Schoßhündchen auf Schritt und Tritt, schlief am Fuße ihres Bettes und sprang sofort auf ihren Schoß, sobald sie sich setzte. Es war ein braun-weißes Tierchen, gepflegt und niedlich, das sein Leben damit verbrachte, unermüdlich die Nase kraus zu ziehen, jeden zu beobachten, der gerade sprach und dabei so tat, als verstünde es alles. Chabcha Pusí hatte es *punchayana* genannt, was so etwas wie Tagesanbruch bedeutete, denn das merkwürdige Tierchen hatte die komische Angewohnheit, seiner Herrin an den Zehen zu knabbern, sobald sich der erste Helligkeitsschimmer im Osten bemerkbar machte.

Das war einer der Gründe, warum das Mädchen als erste aufstand. Der Spanier, ein eingefleischter Frühaufsteher, traf sie gewöhnlich jeden Morgen an, wenn sie gerade in einen weißen Poncho gehüllt, der ihre betörende Schönheit noch betonte, den Sonnenaufgang betrachtete. Für die beiden waren die Gefühle, die sie füreinander hegten, kein Geheimnis mehr, und nur aus Hochachtung vor dem *curaca* hatten sie den entscheidenden Schritt, der sie aus dieser mißlichen Lage befreit hätte, nicht getan.

Sie waren ein seltsames Pärchen, wenn sie dasaßen und sich in die Augen schauten, ohne ein Wort zu wechseln: Molina, groß, stark, in seiner Rüstung und bärtig wie ein Riese auf dem Jahrmarkt, und sie fast wie ein Spielzeug neben ihm, denn sie reichte ihm gerade bis an die Brust; man hätte fast glauben können, sie zerbräche unter jeder Umarmung wie eine Porzellanpuppe, sollte er sich einmal dazu durchringen.

Etwas später trat Chabcha Pusí heraus, der anscheinend beschlossen hatte, ihnen täglich eine halbe Stunde für ihr Alleinsein einzuräumen. Offensichtlich hatte er nie im geringsten daran gedacht, daß seine junge Frau und sein treuer Freund sein großzügiges Vertrauen mißbrauchen könnten. Der *cui* war somit der einzige Zeuge dieser haarsträubenden Dreiecksbeziehung geworden, und seine unruhigen, funkelnden Äuglein schienen sich ständig zu fragen, wie dieses vielschichtige moralische Problem wohl enden würde.

Auch Alonso de Molina fragte sich das all die Stunden über, die er untätig in der geschlossenen Sänfte zubringen mußte, während er durch das Hochgebirge getragen wurde, das er langsam als seine neue Heimat betrachtete. Oft konnte er sich gar keine andere Landschaft mehr vorstellen als diese ausschweifenden Páramos mit ihrer reinen Luft und den endlosen Horizonten, die von majestätischen, verschneiten Bergketten unterbrochen wurden, deren Höhe nur Kondore zu erreichen vermochten.

Ohne es überhaupt zu merken, wurde der Spanier immer mehr zu einem weiteren Bewohner dieser Hochebenen, klaren Seen und tiefen Täler mit ihren reißenden Flüssen. Seine Liebe zu jenen unwirtlichen Orten ging so weit, daß er beim Überschreiten eines Passes, als sich schließlich am Horizont verschwommen das Meer und die staubige Wüste abzeichneten, in Mund und Magen ein unangenehmes Gefühl der Leere verspürte. »Scheiße!« rief er. »Es war mir völlig entfallen, wie häßlich diese Küste ist.«

»Land von Sopay«, sagte Chabcha Pusí, der aus seiner Sänfte gesprungen war und die schmutzige Landschaft betrachtete. »Dort weiter südlich, in Nazca, verehrten die Ureinwohner seltsame Teufel, die ihren Aussagen nach in riesigen Feuerschiffen vom Himmel herabsteigen. Sie malten gigantische Zeichnungen in die Sandflächen, um sie zur Rückkehr zu bewegen. Unsere Soldaten mußten oftmals eingreifen, um ihre Nachkommen von diesem Ritual abzubringen. Die gesamte

Küste ist von diabolischen und grausamen Menschen bevölkert. Am schlimmsten sind die in der Sechura-Wüste südlich von Tumbez, und du kannst sicher sein, daß es eine schlimme Zeit für uns wird.«

Naika hatte sich zu ihnen gesellt, um gerade noch die letzten Worte ihres Gatten aufzuschnappen, und lächelte, während sie ihren geliebten *punchayana* am Kopf kraulte. »Dir wird es nicht gelingen, uns abzuschrecken«, sagte sie. »Für dich ist alles, außer deinen Bergen, verfluchtes Land, aber wir werden hinuntergehen, wunderbare Dinge entdecken und den *Viracocha,* Molinas Freund, finden.«

»Ich wundere mich oft über deine Leichtfertigkeit«, erwiderte der *curaca* verärgert. »Und über meine ebenso, denn ich habe dich schließlich mitgenommen. Aber ich hoffe, du verstehst nach unserer Rückkehr, daß *Viracocha* die Meere und die Urwälder nur als Ausgangspunkt für sein größtes Werk geschaffen hat, nämlich das Hochgebirge, die Flüsse und die tiefen Seen. Unter den Ozean setzte er die verabscheuenswürdigen Bestien der Abgründe, an die Küsten und in die Wälder die Halbmenschen der verfluchten Stämme, und hier oben, nahe der Sonne, uns, die nach seinem Vorbild geschaffenen Inkas.«

Leider schienen sich die Behauptungen des *curacas* unverzüglich zu bestätigen. Kaum begannen sie den Abstieg, sahen sie die ersten Vertreter »jener schmutzigen Verbündeten von Sopay«. Als sie den letzten *tambo* betraten, das den Zugang zum Gebirge schützte, trug der diensthabende Beamte einen Teil dazu bei, jenen ersten, unangenehmen Eindruck zu bestärken und ihre Gemüter zutiefst zu beunruhigen.

»Ich fürchte, sie starten eine Rebellion, sobald sie erfahren, daß Atahualpa aus Tunipampa geflüchtet ist«, war das erste, was er sagte. »Einer Gruppe von Verrätern, angeführt von Chili Rimac, ist es gelungen, ihn zu befreien. Momentan stellt er die Truppen des Nordreichs auf, um Cuzco in Angriff zu nehmen.«

Chabcha Pusís erster Gedanke war, sofort in die Hauptstadt zurückzukehren und sich Huascar zu unterstellen. Aber Naika und Alonso de Molina konnten ihm schließlich klarmachen, daß er zu einem Zeitpunkt, da das Schicksal des Imperiums nur von der Waffengewalt abhing, kaum eine Hilfe sei.

»Du bist kein Militär«, argumentierte der Spanier. »Wenn wir nach Cuzco zurückkehren, werden sie höchstens mich drängen, Partei zu ergreifen. Laß sie es unter sich ausmachen.«

»Und wenn Atahualpa siegt?«

»Ein Grund mehr, sich nicht für Huascar zu entscheiden.«

»Ich bin ihm zu Treue verpflichtet.«

»Ich weiß, und das ehrt dich. Aber wem du zu Treue verpflichtet bist, ist dem *inka,* und die beiden müssen untereinander abklären, wer von ihnen der *inka* ist. Vergiß Huascar und beschränk dich jetzt darauf, deine Pflicht zu erfüllen, nämlich mich auf der Suche nach Guzmán Bocanegra zu begleiten.«

»Das ist ein blödsinniges Unternehmen.«

»Nicht blödsinniger, als einem Feigling zu Hilfe zu eilen, damit der einen Krieg gewinnt. Jemand, der seinen Feind in den Händen hat, ihn laufen läßt und damit ein Imperium aufs Spiel setzt, verdient nichts anderes. Ihm muß die Macht entrissen werden.«

»Was wolltest du ihm denn vorschlagen?« protestierte der *curaca,* dessen strapazierte Nerven ihn wieder den Saum seines Gewandes glattstreichen ließen. »Sollte er seinen Bruder ermorden?«

»Glaubst du, Atahualpa hätte gezögert? Regieren bedeutet nicht, sich auf den Thron zu pflanzen und Komplimente entgegenzunehmen. Das kann jeder. Regieren verlangt Entscheidungen, auch gegen die eigenen Vorlieben. Wenn ein Krieg ausbricht, wird Huascar der Schuldige sein, weil er nicht zu akzeptieren wußte, daß das Blut eines einzigen Mannes, auch wenn es sein Stiefbruder ist, viel weniger bedeutet als das von Tausenden von Unschuldigen.«

»Die Hälfte dieses Blutes stammt direkt vom Sonnengott!«

»Quatsch! Das Problem besteht darin, daß die *inkas* sich zwölf Generationen lang nur gegenseitig geheiratet haben, und das bringt so charakterschwache Menschen hervor wie Huascar. Atahualpa jedoch hat frisches Blut von tatkräftigen, kriegerischen Leuten mitbekommen.«

»Wenn man dich so hört, könnte man meinen, du glaubtest an seinen Sieg«, schaltete sich Naika ein, die das Gespräch schweigend verfolgt hatte. »Du vergißt, daß Huascar das Recht und die Mehrzahl des Volkes auf seiner Seite hat.«

»Im Krieg zählt das Recht normalerweise einiges weniger als ein halbes Regiment«, antwortete er barsch. »Und das Volk wird alles tun, was man ihm befiehlt. Vielleicht bin ich nur ein Glücksritter, aber ich verstehe etwas von meinem Beruf, und in allen Kriegen, an denen ich teilgenommen habe, ist immer dasselbe geschehen: der Kühnste hat immer gewonnen, ob er recht hatte oder nicht.«

Am folgenden Tag nahmen sie die Reise zur nicht mehr weit entfernten Küste wieder auf. Sie zogen durch eine karge Landschaft mit ewig trübem Himmel, und Naika enttäuschte die Entdeckung sehr, daß das Meer grau, kalt und abweisend war und man es nur erreichen konnte, indem man über den Abfall von den Millionen Seevögeln laufen mußte, die in geringer Höhe über ihnen kreischten. So wie in der Sechura-Wüste bildete sich durch den Einfluß des kalten Humboldt-Stromes eine merkwürdige Art von Dunst, der das Licht filterte und die Umgebung in einen finster-braunen, abstoßenden Farbton tauchte. Sanddünen, einige so hoch wie Berge, zogen sich am Ufer entlang, um sich in der Ferne zu verlieren, ständig getrieben von einem unbändigen Wind.

Bald wurde die Hitze unerträglich. Die ersten, die sich beschwerten, waren die Träger. Daher beschlossen Alonso de Molina und Chabcha Pusí, zu Fuß weiterzugehen und ihnen eine verdiente Ruhe zu gönnen, denn jenen kleinen Männern, die in den Höhenlagen offensichtlich unermüdlich und ausdauernd stundenlang mit ihrer schweren Last auf dem Rücken marschierten, setzte die extreme Trockenheit schnell zu.

Am Spätnachmittag entdeckten sie am Ufer eines Flußlaufes Ruinen einer einstmals wohl bedeutenden Stadt, und bei Anbruch der Dunkelheit kamen sie an einer großen, säuberlich geplünderten Nekropole vorbei.

»Wenn sie noch nicht einmal vor den Toten Respekt haben, wie wollen wir sie dazu bringen, die Lebenden zu respektieren?« meinte Chabcha Pusí. »Verstehst du jetzt, was ich dir über diese Länder und ihre Menschen immer erzählt habe?«

Obgleich Naika der Anblick des Meeres anfänglich enttäuscht hatte, faszinierte sie diese seltsame Welt, die sie nach und nach entdeckte, immer mehr. »Wie ist das möglich«, sagte sie, »daß *Viracocha* so unterschiedliche Orte schuf wie das Gebirge, diese Wüsten oder die Urwälder, in denen meine Mutter zur Welt kam?«

»Er hat es nach und nach geschaffen«, antwortete ihr Mann völlig überzeugt. »Das Meer war ein Probelauf für das, was später die Wüsten werden sollten. Da ihn diese jedoch nicht überzeugten, schaffte er die Urwälder, und als er sicher wußte, was er eigentlich wollte, schaffte er die Berge. Dasselbe geschah mit den Menschen, bis er auf uns kam.«

»Deine Bescheidenheit finde ich umwerfend«, meinte der Spanier amüsiert. »Aber mir bereitet die Dunkelheit jetzt Sorgen. Ich sehe keinen geeigneten Ort, an dem wir übernachten können, und habe das unangenehme Gefühl, von allen umliegenden Dünen aus beobachtet zu werden.«

Alonso de Molina verfügte als Mann der Waffen über genügend Erfahrung, um nicht eine solche Behauptung aufzustellen, ohne sich vergewissert zu haben, daß sie berechtigt war. Den ganzen Tag über hatten sie nicht einmal eine Siedlung oder ein einzelnes Haus gesichtet, und das ließ ihn vermuten, daß jener heiße Ort höchstens Skorpionen und

Eidechsen Unterschlupf bot. Obwohl er nicht herauszufinden vermochte, aus welchen verborgenen Höhlen sie geschlüpft waren, entging seinem aufmerksamen Blick nicht, daß gut zwei Dutzend zerlumpter Gestalten sie auf Schritt und Tritt belauerten.

»Kinder von Sopay!«

»Kinder von wem auch immer, ich möchte nicht, daß sie nachts um mich herumschleichen.« Er suchte die Umgebung ab, bis er einen großen, windgeschützten Halbkreis entdeckte, gebildet von einer hohen, versteinerten Düne, und zeigte dorthin. »Am besten sammeln wir ein wenig Buschwerk und schlagen dort unser Lager auf. Damit haben wir wenigstens Rückendeckung.«

»Diese jämmerlichen Gestalten würden es niemals wagen, die Hand gegen einen Inka zu erheben«, tönte Chabcha Pusí. »Unsere Soldaten würden sie sofort töten.«

»Deine Soldaten sind jetzt nicht hier«, gab der Andalusier zu bedenken. »Und wenn die Neuigkeiten wahr sind, werden sie lange brauchen, bis sie uns zu Hilfe kommen. Wir können auf nichts zurückgreifen als auf diese armen Träger, die bei der geringsten Gefahr davonrennen, meinen Degen und meine Arkebuse.« Er zeigte auf Naika. »Und sie mitzunehmen, das betone ich noch mal, war ein Fehler.«

»Ich weiß, aber nun ist sie da.« Er wies auf die verdorrten Büsche hinter sich, die vereinzelt umherstanden. »Bringt so viele her, wie ihr könnt!« rief er. »Beeilt euch!«

Die furchterfüllten kleinen Männer ließen sich den Befehl nicht zweimal sagen. Bevor die rasch aufziehenden Schatten der Nacht die Umrisse der öden Landschaft völlig verschluckt hatten, hockten sie bereits um ein loderndes Feuer, das die Finsternis, die sich über der Wüste ausbreitete, noch schwärzer erscheinen ließ.

Fast im gleichen Augenblick ging die betäubende Hitze übergangslos in eine feuchte Kälte über, die sich im ganzen Körper festsetzte. Einmal mehr begann der Andalusier auf die Launen dieses wahnsinnig unausgeglichenen Klimas zu schimpfen, während Naika, gehüllt in ihren weißen Poncho und mit ihrem *cui* auf dem Schoß, der glücklichste Mensch der Welt zu sein schien.

»Es sind keine Sterne am Himmel«, sagte sie leise, als sie zum Himmel aufschaute. Der Wind hatte die Luft mit Millionen von winzigen Partikeln erfüllt, die eine Art Brei bildeten. »Mein Vater würde sich hier äußerst unwohl fühlen.« Sie wandte sich an Alonso de Molina. »Wußtest du, daß er in einer geheimen Stadt wohnt, in der die meisten Bewohner sich nichts anderem als dem Studium widmen? Mein Vater ist der Weiseste von allen.«

»Warum geheim?«

»Weil dort alle Kenntnisse unserer Kultur aufbewahrt werden«, meinte das Mädchen. »Als die *chancas* bei ihrer Rebellion die Brücke über den Apurimac überquerten und Cuzco plünderten, zerstörten sie viele *quipus*, in denen unsere gesamte Geschichte und unsere Traditionen stecken. Sie eigneten sich die wertvollsten Schätze des Reiches an und ermordeten die weisesten *amautas*. Nach diesen Ereignissen ließ der *inka* Pachacutec inmitten einer unwegsamen Gegend eine Stadt errichten, auf der Spitze eines hohen Berges, von dem aus sie bequem den Lauf von Sonne und Sternen untersuchen konnten. Dort liegen unsere Schätze und wohnen die *amautas* und die Meister eines außergewöhnlichen Erinnerungsvermögens, um die Geschichte den nachfolgenden Generationen zu überliefern. Habt ihr nicht etwas Ähnliches?« fragte sie abschließend.

»Geheime Städte?« wiederholte der Spanier. »Nicht genau dasselbe. Es gibt abgelegene Klöster, in deren Bibliotheken wichtige Unterlagen aufbewahrt werden, aber wir brauchen keine Männer mit unglaublichem Erinnerungsvermögen zur Überlieferung von Kenntnissen. Dafür haben wir die Bücher.«

»Wie kann ein Gegenstand etwas erzählen?« fragte Naika ungläubig. »Wie spricht es?«

»Mit Hilfe von Zeichen, die Buchstaben bilden, die Buchstaben bilden Wörter, die Wörter Ideen.« Er strich den Sand vor sich glatt und schrieb mit dem Finger einen kurzen Satz. »Das ist ein Buchstabe. Und die fünf Buchstaben da zusammen bilden deinen Namen: *Naika*. Und hier: *Naika ist schön*. Jeder, der diese Zeichen deuten kann und hier vorbeikommt, und sei es in tausend Jahren, wird das gleiche lesen können: *Naika ist schön.*«

»Aber morgen hat der Wind es verwischt.«

»Hier ja, aber in einem Buch nicht.« Er zog einen abgegriffenen Brief hervor und zeigte ihn ihr im Licht. »Siehst du? Diese Zeichen wurden vor fünf Jahren gemacht, aber sie sind immer noch in Ordnung. Viele solcher Seiten sind ein Buch, das über tausend Sachen berichtet.«

Sie sah sich den Brief ausgiebig an, schaute dann wieder auf die Zeichnung im Sand und fuhr mit dem Finger vorsichtig jede Linie nach, als versuchte sie, sich alles genau einzuprägen.

»*Naika ist schön*«, flüsterte sie kaum hörbar. »Glaubst du das wirklich?«

»Das schönste Geschöpf, das es je auf Erden gegeben hat.«

Sie warf ihm einen langen, durchdringenden Blick zu und zeigte auf den Sand: »Zeichne, Alonso ist schön.«

Der Andalusier schmunzelte vergnügt. »Das kann ich nicht schreiben. Das stimmt nicht.«

»Kann man denn nur die Wahrheit aufschreiben?«

»Nein, leider auch die Lügen, und die sind beständig. Aber ich schreibe lieber nur das, was ich auch glaube.«

»Das ist gut. Wirst du mir diese Zeichen beibringen?«

Alonso de Molina wies mit einer Kopfbewegung auf den *curaca*, der soeben aus dem Schatten der Dunkelheit trat und auf sie zukam.

»Wenn Chabcha Pusí es mir erlaubt, ja.«

»Er ist mein Gatte, nicht mein Besitzer.«

»Und wenn auch, ich werde nie etwas ohne seine Einwilligung tun«, gab er mit einer Anspielung zu bemerken. »Er ist mein Freund.«

Der *curaca,* der bei ihnen angelangt war, blieb für einen Moment am Feuer stehen, rieb sich die Hände, um sich aufzuwärmen, und zeigte dann in die Finsternis: »Du hattest recht; dort draußen sind Leute, aber sie huschen herum wie Gespenster«, meinte er.

»Es wäre angebracht, sich einen von ihnen zu schnappen, um zu erfahren, was sie im Schilde führen«, erwiderte der Spanier.

»Man hat mir erzählt, sie vergraben sich im Sand und setzen sich einen Strauch auf den Kopf, mit dem sie sich vor der nächtlichen Kälte schützen; so verwandeln sie sich nahezu in Unsichtbare.« Er setzte sich neben sie. »Wahrscheinlich beobachten sie uns nur.«

Sein Blick fiel auf das von Molina Geschriebene. Er sah es sich verblüfft an.

»Was bedeutet das?« erkundigte er sich.

»Naika ist schön«, antwortete das Mädchen stolz, ohne Anflug von Boshaftigkeit. »Alonso möchte dich um Erlaubnis bitten, mir diese Dinge beibringen zu dürfen.«

»Was nützt es dir?«

Sie wollte gerade etwas erwidern, aber der Andalusier streckte die Hand aus und bat um Ruhe. Er horchte auf einen seltsamen, grellen Schrei, der in der Finsternis ertönt war.

Als er sich wiederholte, schien der *curaca* ihn beruhigen zu wollen. »Nur eine Eule. Davon gibt es viele hier.«

Der Spanier schüttelte den Kopf. »Nein. Das ist keine Eule, und ich wette, daß die hinter uns dem bald antworten werden.«

Sie warteten ab, und tatsächlich wurde der Schrei nach einer Weile, wie der Spanier vermutet hatte, hinter ihnen wiederholt. Er runzelte bekümmert die Stirn. »Diese Tricks kenne ich«, meinte er. »Die Wilden von Terra Firme wandten sie immer an, wenn sie einen Angriff vorbereiteten.« Er vergewisserte sich, daß seine Arkebuse in Reichweite war und sagte, während er seinen Degen aus der Scheide zog, sie in den Sand steckte und dem *curaca* seinen scharfen Dolch anbot: »Du kümmerst dich um Naika. Ich werde sie abhalten.«

Sie regten sich nicht und horchten auf den geringsten Laut; der aus dem Dunkel kam, während die verschreckten Träger sich hinhockten und so in ihre Ponchos einwickelten, daß nur noch ihre schwarzen, glänzenden Augen hervorguckten, jederzeit bereit, beim geringsten Anzeichen von Gefahr aufzuspringen und in die Finsternis einzutauchen.

Neue Rufe ertönten von drei verschiedenen Punkten aus. Das Feuer brannte allmählich ab. Als der Spanier aufstand und nach einem Busch griff, um dem Feuer Nachschub zu liefern, hörte man eine Art hohen Pfeifton, und ein dicker Stein fiel vom Himmel direkt in die Glut, die in alle Richtungen stob. Wie auf dieses vereinbarte Zeichen hin, hagelte es aus allen Richtungen Dutzende von Steinen. Mehrere Träger griffen sich an den Kopf und schrien auf vor Schmerz.

Innerhalb weniger Sekunden hatte Molina begriffen, was im Gange war. Er stürzte sich auf Naika, hob sie wie ein kleines Kind in die Höhe, lief zu den Sänften und warf sie unter eine von ihnen. »Du rührst dich nicht von der Stelle!« befahl er. »Schau nicht auf!«

Er rannte wieder zu der Stelle, an der er seine Waffen zurückgelassen hatte, aber nach einigen Metern spürte er einen heftigen Schlag an seinem linken Bein. Fluchend rollte er über den Boden. »Diese verdammten Sopaykinder!« rief er. »Die werden uns die Köpfe einschlagen!«

So sah es tatsächlich aus, denn offenbar konnten die Sandwüstenbewohner teuflisch gut mit Steinschleudern umgehen.

Sie warfen ihre schweren Geschosse sogar über die hohen Dünen und ließen sie erfolgreich auf die Träger niederprasseln, die atemlos hin und her rannten und nichts fanden, wo sie sich verstecken konnten. Unter Ächzen gelang es dem Spanier, zu seiner Arkebuse zu kriechen. Er ergriff sie, entfernte sich von dem Lichtschein des Feuers und drang, einen weiten Halbkreis ziehend, dort in die Dunkelheit ein, wo er die unsichtbaren Angreifer vermutete.

Er bewegte sich sehr langsam vorwärts, teils wegen der undurchdringlichen Finsternis, teils, weil ihm das Bein schmerzte und weil er sich mühevoll ducken mußte, um nicht vorschnell bemerkt zu werden. Auf diese Art mußte er gut zweihundert Meter zurücklegen, vor Schmerz ab und zu halten und sich auf die Lippen beißen, um nicht aufzustöhnen. Schließlich jedoch wurde das Schwirren der Steine immer lauter, und als er über einen Stoß Steine geklettert war, machte er die unförmige Gestalt eines Menschens aus, der mit gespreizten Beinen fest auf dem Boden stehend von Zeit zu Zeit in zunehmend kürzeren Abständen seinen Arm immer schneller bewegte, um die Hand zu öffnen, den Hautstreifen schnacken zu lassen und damit einen Stein in die Nacht zu schicken.

Der Spanier legte das Gewehr an. Als er sich absolut sicher war, daß er das Ziel aus nächster Nähe nicht verfehlen konnte, drückte er ab.

Der Knall dröhnte für einen Augenblick durch die Nacht, gefolgt von dem schreck- und schmerzerfüllten Aufschrei des Verletzten, der nach hinten fiel, sich auf dem Boden wälzte und gutturale Laute und unverständliche Hilferufe von sich gab. Im Feuerschein konnte Alonso de Molina ein halbes Dutzend weiterer schattenhafter Gestalten erkennen, aber der Schrecken, den ihnen die plötzliche Explosion und der Tod eines Gefährten eingejagt hatte, hielt nur einen kurzen Moment an; dann ließen sie auf der Stelle ihre gefährlichen Steinschleudern fallen und rannten schreiend davon.

Trotzdem blieb der Andalusier reglos liegen, lud sorgfältig seine Waffe nach, wobei er darauf achtete, kein Gramm Schießpulver zu verschütten. Geduldig versuchte er, außer dem Wehklagen und Jammern des Verletzten andere Geräusche aufzuschnappen. Dann hörte er Stimmen hinter sich und erkannte die Gestalten von Naika, Chabcha Pusí und drei Trägern, die sich mit improvisierten Fackeln in der Hand näherten.

»Alonso!« rief der *curaca*. »Bist du wohlauf, Alonso?«

»Ja, alles in Ordnung!« antwortete er und versuchte, sich auf seine Waffe stützend, aufzustehen. »Bei diesem Kerl hier allerdings nicht.«

Sie untersuchten ihn bei Licht. Er sah aus wie das menschliche Elend in Person, krümmte sich – mit beiden Händen seinen Bauch haltend – und starrte seine Feinde völlig entsetzt an.

»Mit einer Kugel im Bauch wird er ein böses Ende finden«, meinte der Spanier mit unveränderter Stimme. »Tragen wir ihn ans Feuer; ich glaube nicht, daß er es noch lange macht.«

Tatsächlich dauerte es nicht lange, und trotz aller Versuche, ihn mit allen Mitteln zum Sprechen zu bringen, brachte er nur Schreie, Jammern und Stöhnen hervor, um im ersten Tageslicht einen letzten, lautstarken Seufzer auszustoßen.

»Wunderbar!« lautete der einzige Kommentar des erschöpften Chabcha Pusí. »Und was machen wir nun?«

»Ihr geht nach Cuzco zurück«, erwiderte der Spanier. »Ich ziehe weiter.«

»Allein und verwundet?« fragte der Inka entgeistert. »Du bist ja verrückt. Entweder wir alle kehren zurück oder niemand.«

»Bocanegra ist mein Problem«, warf Molina ein. »Ich will mich nicht dafür verantwortlich fühlen, daß ihr euch nur wegen eines Hirngespinstes neuen Gefahren ausliefert.«

»Wenn du mittlerweile einsiehst, daß es ein Hirngespinst ist, dann wäre es doch am logischsten, wenn wir umkehrten«, sagte Chabcha Pusí unnachgiebig.

»Du kannst aber nicht verlangen, daß ich dich unter diesen Umständen mitten in der Wüste deinem Schicksal überlasse. Huascar würde mir bei lebendigem Leibe die Haut abziehen, wenn dir etwas geschähe.«

»Huascar hätte mir eine Eskorte zur Verfügung stellen sollen.«

»Yana Puma war dagegen. Er wandte ein, daß du ja Herr des Donners und des Todes seist und damit auch niemanden bräuchtest, der dich vor ein paar halbverhungerten Sandratten schützt.«

»Sehr nett von dem Alten!«

»Er haßt dich.«

»Ich weiß, aber im Moment kann ich nicht denken. Ich bin müde, und dieses verdammte Bein schmerzt wahnsinnig. Ich werde ein wenig schlafen. Die Männer sollen Wache halten und mich beim geringsten Anzeichen von Gefahr wecken.«

Bis lange nach Anbruch des Morgens ruhte er unter dem Dach einer Sänfte, als einer der Träger die Düne herunterrannte und rief, von Norden nähere sich eine Gruppe von Männern. Sie beruhigten sich wieder, als sie feststellten, daß es sich um eine Handvoll Soldaten handelte, die unter dem Befehl eines Offiziers nach Cuzco unterwegs waren, um sich Huascar zu unterstellen.

»Die meisten meiner Männer sind desertiert, um sich Atahualpa anzuschließen«, klagte der Offizier. »Und die verfluchten *ucucha anchi runa,* diese abartigen Ratten, nutzen jede Chance zur Meuterei. Es sind Verräter der schlimmsten Sorte, und mit den übrigen Kräften konnte ich sie nicht zurückhalten. Wenn das alles vorbei ist, kehren wir zurück und bestrafen sie dementsprechend.« Er konnte den Blick nicht von Alonso de Molina abwenden, auch wenn er gar nicht so beeindruckt schien und fragte schließlich: »Bist du einer der *Viracochas,* die in Tumbez an Land gingen?«

»Ja, das bin ich. Und ich bin auf der Suche nach einem anderen *Viracocha*, der allem Anschein nach sich irgendwo hier aufhalten muß. Weißt du etwas von ihm?«

Der Offizier, der ein kluger, entschlossener Mann zu sein schien, überlegte kurz und schloß mit einer unbestimmten Geste, mit der er zu verstehen gab, sich nicht festlegen zu wollen. »Gerüchte«, antwortete er. »Ich habe nur Gerüchte gehört. In Wirklichkeit hassen uns diese Leute und betrachten uns immer noch als Invasoren. Sie halten sich abseits, immer auf der Lauer, und haben ihren alten Aberglauben und die Anbetung von Götzenbildern beibehalten. Vor einiger Zeit hörte man von einem Menschengott, der dem Wasser entstieg und kam, um ihnen die Kraft zurückzugeben und sie wieder zu einem großen Volk zu machen, das uns in die Gebiete jenseits der Gebirge zurückdrängen sollte. Danach wurde die Sache nicht mehr erwähnt, aber vor einigen Monaten habe ich einen Wilden getötet, der versuchte, mich zu ermorden.« Er zog einen Gegenstand aus seinem Lederbeutel und legte ihn in den Sand. »Ich habe ihm dieses Amulett abgenommen.«

Eine kleine Goldmedaille schimmerte im Licht. Der Andalusier nahm sie in die Hand und betrachtete sie von allen Seiten, während der Offizier hinzusetzte: »Sie ist nicht aus dieser Gegend. Ich bringe sie nach Cuzco, um sie dem *inka zu* überreichen.

Alonso de Molina drehte die Medaille immer wieder hin und her und meinte schließlich mit rauher Stimme: »Ich glaube, es handelt sich um die Jungfrau von Covadonga.«

14

Sie kamen in eine tote Gegend aus Sand, Steinen und schwarzem Splitt, nun unter der Leitung des tatkräftigen Calla Huasi – wie der Inkaoffizier sich nannte –, der auf Ersuchen von Chabcha Pusí entschieden hatte, den Großteil seiner Leute und der mitgenommenen Träger nach Cuzco zurückzuschicken und für die Eskorte des *Viracocha* nur drei Soldaten zurückzubehalten.

Sie verzichteten auf zwei der Sänften und behielten nur die von Naika, die sie an den Spanier abtrat, wenn ihn das Bein sehr schmerzte. Auf diese Weise bewegten sie sich sehr langsam durch eine Region, die weitaus unwirtlicher war als alle, die sie zuvor gesehen hatten. Nicht einmal Skorpione, Eidechsen oder Schlangen bewohnten diesen verlorenen Fleck. Nur vereinzelte Seevögel tauchten dann und wann auf und stießen grelle Schreie aus, die sie anscheinend darauf aufmerksam machen sollten, daß sie mit ihrem Abenteuer in diesen öden Landstrichen einen großen Fehler begingen; dann flogen sie wieder Richtung Küste davon und verschwanden über den kalten und bleiernen Wassermassen des Pazifiks.

Niemand folgte ihnen, niemand belauerte sie. Auch sprach niemand, denn ein einziges Wort kostete bereits eine enorme Anstrengung. Die geplagten Träger mußten sich ständig abwechseln, denn das Gewicht der Sänfte und ihrer Lasten schien sich im Laufe der Zeit verzehnfacht zu haben.

Das Wasser war knapp, und Lebensmittel gab es nicht im Überfluß, aber Calla Huasi, der die Gegend in- und auswendig kannte, zeigte ihnen den kürzesten Weg und versicherte, daß sie vor Anbruch der Dunkelheit an die Ufer eines Flusses gelangen würden, der noch eine winzige Strömung führte.

Für Alonso de Molina war dies zweifellos ein besonders langer, mühsamer Tag, denn die Wunde an seinem Bein schmerzte mehr, als er sich eingestehen wollte. Außerdem war er innerlich beunruhigt, daß er Chabcha Pusí und das Mädchen in ein so unbesonnenes Abenteuer hineingerissen hatte. Naika jedoch nahm die lange, schwere Reise weiterhin am gelassensten hin, glücklich und zufrieden, als würde sie an einem vergnüglichen Ausflug aufs Land teilnehmen, und war damit die einzige in der Gruppe, die an dem Anblick einer seltsamen Landschaft oder einer gespenstisch wirkenden Gesteinsformation noch Gefallen finden konnte. Als sie schließlich das Ufer des tristen Flüßchens erreichten, der die Grenze zu dem öden Landstrich zu bilden schien, entfernte sie sich einige Meter von der Gruppe, um ein langes, erfrischendes Bad zu nehmen. Danach machte sie sich an die Zubereitung des Abendessens.

Nach Anbruch der Nacht und einer wohlverdienten Pause verschwanden der Offizier und seine Männer in der Finsternis, um in Begleitung eines schreckerfüllten Anwohners, der angesichts der beeindruckenden Erscheinung des Spaniers beinahe in Ohnmacht fiel, bei Tagesanbruch zurückzukehren. Es verging eine Weile, bis er die Sprache wiederfand und dann ausführlich auf alle ihm gestellten Fragen antwortete. Die ernste Androhung Calla Huasis, der gigantische *Viracocha* würde sofort genüßlich sein Gehirn verspeisen, falls er sich erdreistete zu lügen, hatte zur Folge, daß der Geschlagene sich redlich Mühe gab, jedes seiner Worte absolut ehrlich klingen zu lassen.

Er gestand, daß er in der Tat von einem weißen Gott gehört hatte, der dem Wasser entstiegen war und monatelang in einem nahe gelegenen Fort lebte. Er stand unter der Obhut der schönsten Frauen und der berühmtesten Medizinmänner, während die Männer zu geheimen Versammlungen einberufen wurden, in denen man sie aufforderte, ihre alten Waffen wieder auszugraben und sich für eine bedeutsame Revolte gegen die Inkas zu wappnen. Der schlummernde Stolz eines zu Unrecht getretenen Volkes erwachte erneut aus seinem Dämmerzustand, denn es konnte auf einen Führer zählen, der imstande war, sie in den Sieg zu führen. Sehr bald jedoch wurde klar, daß jener mutmaßliche Anführer nichts anderes im Sinn hatte als Essen, Saufen und von Mal zu Mal jüngere Frauen. Ansonsten brachte er niemals ein einziges vernünftiges Wort über die Lippen.

»Sehr typisch für Bocanegra«, meinte der Andalusier. »Er hatte immer den Ruf eines Faulpelzes, Säufers und vor allem eines Frauenhelden.«

»Dann bist du also sicher, daß er es ist?« fragte Chabcha Pusí.

»Es trifft alles zu: der Ort, an dem er sich ins Meer warf, die Zeit, zu der er vom Schiff verschwand, und die Personenbeschreibung.« Er wandte sich an den Eingeborenen. »Wo ist er jetzt?« wollte er wissen.

Der Angesprochene zeigte vage nach Nordosten: »Dahinten, am Fuß der Berge, nicht weit von der Roten Stadt.«

»Was ist das für eine Stadt?«

»Eine der antiken Hauptstädte seines Reiches vor unserer Ankunft«, erklärte Calla Huasi. »Es ist ihnen verboten, ihren richtigen Namen auszusprechen, und heutzutage ist sie praktisch verlassen.«

»Die Inkas zwangen uns zu gehen«, entgegnete der Ureinwohner und zeigte plötzlich unverhohlen seinen Groll. »Sie haben unsere Flüsse umgeleitet, unsere Kanäle zerstört und unsere Felder und Städte dem Erdboden gleichgemacht. Heute sind wir ein Volk, das dazu verdammt ist, durch die Wüste zu ziehen und in Armut zu leben. Aber bald wird ein Erlöser kommen, vom Meer, er wird sehr groß sein, vier Beine und zwei Köpfe haben und innerhalb eines Tages, eines einzigen Tages, die Tyrannei der Inka beenden. *Llandú* hat ihn gesehen.«

»*Llandú* heißt ›Der Schatten‹«, erklärte der Offizier weiter. »Ein rebellischer Hexer, versessen darauf, uns zu zerstören. Er taucht nachts auf den Berggipfeln auf, verkündet von dort lauthals seine Weissagungen, um dann wieder wie vom Erdboden verschluckt zu verschwinden. Es würde mich nicht wundern, wenn die Geschichte mit dem weißen Mann, der den Wassern entsteigt, sein Werk wäre. Seit Jahren sind wir erfolglos hinter ihm her.«

»Ein sehr großes Wesen mit vier Beinen und zwei Köpfen, das könnte ein Pferd sein«, meinte Alonso de Molina nachdenklich. »In diesem Erdteil geschehen wirklich wunderliche Dinge; die bringen mich völlig durcheinander. Ich träumte, daß Guzmán Bocanegra mich braucht, und siehe da, alles scheint darauf hinzuweisen, daß dieser Traum wahr wird.« Er wandte sich an Chabcha Pusí. »Warum?«

»Wenn wir auf alles eine Antwort hätten, wäre das Leben nicht lebenswert«, erwiderte der *curaca* mit ernster Miene. »Ich habe auch von deinem Freund Pizarro geträumt, und ich sah ihn genauso, wie er ihn gerade beschrieben hat.« Er zuckte die Achseln. »Wir Inkas haben diese Stämme erobert. Sie waren nie ein geschlossenes Reich, sondern ein Zusammenschluß von Städten und bäuerlichen Niederlassungen, die außer ihren Religionskulten nur wenig gemeinsam hatten. Wir versuchten, sie an unsere Lebensweise zu gewöhnen, ihnen Einheit, Frieden und Ordnung zu geben, und dafür haben wir nur Haß und Verachtung geerntet. Sie klammern sich zunehmend an ihre Hexerei und Götzenanbetung. Das werde ich nie verstehen.«

»Vielleicht ziehen sie die Freiheit vor.«

»Um diesem *llandú* zu folgen?« empörte sich Chabcha Pusí. »Was hat er ihnen denn außer Hunger, Panik und Menschenopfer zu bieten? All diese Küstenstämme standen unter dem Joch fanatischer Priester, die sie mit falschen, blutrünstigen Riten tyrannisierten. Sollen wir sie denn ihrem Schicksal überlassen?«

»Und ist unser jetziges Schicksal etwa besser?« trat der Anwohner dazwischen. »Lieber überreiche ich einem Gott einen feindlichen Soldaten, den ich im offenen Kampf besiegt habe, als ein unschuldiges Kind, so wie ihr es tut.«

»Ist das wahr?« fragte der Spanier entsetzt und konnte nicht glauben, was er soeben gehört hatte. »Ihr opfert den Göttern Kinder?«

»Nur zu äußerst seltenen Anlässen«, erwiderte der *curaca* unangenehm berührt. »Und es handelt sich immer um Kinder, die im Falle von Hunger und Katastrophen von ihren Eltern freiwillig angeboten werden ...«

»... oder wenn ein *inka* stirbt«, unterbrach ihn der Ureinwohner. »Ihr kamt, um uns zu befreien, und schau dir an, was ihr aus uns gemacht habt.« Er wandte sich Alonso de Molina zu. Der in ihm hochkommende Zorn ließ ihn seine Furcht anscheinend vergessen. »Und was treibst du bei denen?« fragte er. »Bist du so falsch wie der weiße Gott?«

»Ich bin gar kein Gott«, erwiderte er. »Und Bocanegra auch

nicht. Er ist nur ein Seemann, der sich von einem Boot gestürzt hat. Du wirst mir helfen, ihn zu finden?«

»Sollte *llandú* etwas damit zu tun haben, wird er ein Problem werden«, mischte Calla Huasi sich ein. »Am besten wäre es, wenn du und ich allein gingen und die anderen hier auf uns warteten. Sonst würden wir gar nichts erreichen.«

Naika und der *curaca* versuchten, Einwand zu erheben, aber Alonso de Molina zeigte sich mit dem Vorschlag des Offiziers einverstanden und erklärte ihnen, zwei bewaffnete Männer könnten sich von ihrem Standpunkt aus wesentlich besser ohne Gefolge, einer Sänfte, einer Frau und einer Handvoll verschreckter Träger fortbewegen.

Am Vormittag nahmen sie den Marsch wieder auf. Sie führten den Gefangenen vor sich her und durchquerten einen Landstrich, dessen häufige Spuren aus vergangenen Zeiten auf eine ehemals hohe Bevölkerung hinwiesen. Zahlreiche Bewässerungskanäle, mittlerweile zugeschüttet, zerstört und unbrauchbar, sprachen allein schon Bände über eine entwikkelte Kultur unglaublich tüchtiger Menschen, die es verstanden hatten, sich jedes Fleckchen brauchbaren Bodens zunutze zu machen.

Das Wasser, das zur Schmelze in Sturzbächen von den Bergen herabgeströmt sein mußte, war sorgfältig gestaut und später über große Entfernungen hinweg kanalisiert worden. Sie hatten die karge Wüstenlandschaft somit in wahre Obstgärten verwandelt. Jede Einzelheit der menschenfeindlichen Orographie schien besonders studiert worden zu sein, um sie so in den Dienst der Menschen stellen zu können. Ohne Zweifel waren Hunderte oder gar Tausende von Jahren darauf verwendet worden, um einen derartigen Grad von Vollkommenheit zu erreichen, auch wenn man wahrscheinlich nur einige Monate brauchte, um ein so durchdachtes, bewundernswertes Werk fertigzustellen.

»Anders konnte es gar nicht gewesen sein«, sagte Calla Huasi spontan, während sie gegenüber einer jener riesigen ungenutzten Adobemauern eine kurze Pause einlegten. »Eine solche Zahl von mächtigen Stämmen mit guten Beziehungen untereinander im Rücken zu haben, ist für das Imperium glatter Selbstmord. Cuzco liegt in der Mitte der Welt, und wohin es auch schaut, überall stößt es auf feindliche Wesen. Entweder es schwächt sie, oder es wird von ihnen verschlungen.«

»Ich verstehe«, meinte der Spanier. »Aber eine so extreme Schwächung kommt mir grausam und überzogen vor.« Er zeigte nach vorn. »Ist es noch weit?« erkundigte er sich.

»Am Spätnachmittag werden wir die Rote Stadt erreichen. Höchstwahrscheinlich halten sie deinen Freund in einer der alten, ausgegrabenen Nekropolen unterhalb der Hügel im Nordteil versteckt.«

»Dort ist er«, bestätigte der Einheimische. »Wo ›Die Alten‹ ruhen.«

»Und *llandú?«* forschte der Inka. »Wo hält er sich auf?«

»In der Nacht«, lautete die seltsame Antwort. *»Llandú* lebt nur nachts, weil er ein Sohn des Mondes ist. Die Sonne, euer Gott, ist sein Feind.«

»Und der Mond, eure Göttin, seine Freundin«, erwiderte Calla Huasi. »Alle, die nur die Finsternis lieben, können nichts anderes als Jünger von Sopay, dem Bösen, sein.«

»Ihr habt uns doch in die Dunkelheit dieses Daseins gestürzt«, zischte der Wüstenbewohner. »Aber eure Tage sind gezählt, und so wie ihr kamt, werden andere kommen, die euch für immer in Finsternis hüllen. Hörst du? Für immer!«

Am Spätnachmittag kamen die Ruinen einer großen Stadt mit Bauten aus luftgetrockneten Lehmziegeln in Sicht. Sie erstreckte sich dem Fluß entlang mitten in einer Art Amphitheater, gebildet durch bräunliche, niedrige Hügel, die die Stadt vor den heißen Winden schützten. Diese Stadt mußte Jahrhunderte zuvor eine feste Bewohnerschaft von vier- oder fünftausend Menschen beherbergt haben. Verödete Anbauflächen und verstreut stehende Bäume, die noch reichlich

Schatten spendeten, aber wenig Früchte trugen, erinnerten an die ausgedehnten, gepflegten Gemüsegärten, die jenes Stück Wüste in eine wahre Oase verwandelt haben mußten.

Von weitem sahen sie etwa zwanzig zerlumpte Gestalten, aber sobald sie sich näherten, verschwanden diese in dem Labyrinth aus Mauern und Gassen.

Die Wohnhäuser erinnerten in ihrer zum Teil herrschaftlichen Weiträumigkeit an die inkaische Architektur im Hochgebirge, auch wenn sie aussahen, als seien sie von einem riesigen Messer abrasiert worden, denn von irgendwelchen Dächern war nicht mehr die geringste Spur vorhanden. Spuren gab es allerdings noch von Malereien in Rottönen, die geometrische Zeichnungen mit möglicherweise magischer Bedeutung freigaben, und Überresten eines großen Verteidigungswalls, der systematisch abgetragen worden war; daraus konnte man schließen, daß die Stadt während der Belagerung verzweifelt Widerstand geleistet hatte.

Sie pflückten Avocados und Zuckerbirnen, die wild in den ehemaligen Obstgärten wuchsen. Der Einbruch der Nacht überraschte sie, als sie mitten in der Stadt in einem der geschütztesten Wohnblocks an einem kleinen Lagerfeuer hockten.

»Wir müssen abwechselnd Wache halten«, meinte der Inka. »Ich traue diesen Leuten nicht.«

»Hoffentlich fängt es nicht an, Steine zu hageln. Der Helm stört mich beim Schlafen.«

Der andere starrte ihn ein wenig verständnislos an, denn wie die meisten Angehörigen seiner Rasse fehlte ihm jeglicher Sinn für Humor. Manchmal schien er nicht ein Wort von dem zu verstehen, was der Andalusier ihm sagen wollte.

Stark, schlank, sehnig und sehr ernst verfügte Calla Huasi offenkundig über Führungsqualitäten, Tapferkeit und eine bemerkenswerte Intelligenz. Er hatte sich jedoch noch nicht ganz an den Gedanken gewöhnt, daß er sich auf das zu anderen Zeiten unerhörte Abenteuer eingelassen hatte, einem sogenannten *Viracocha* bei der Rettung eines möglicherweise nicht existierenden Gefangenen aus den Klauen des gefürchteten *llandi* behilflich zu sein.

Im Laufe der letzten Jahre hatte das Imperium große Veränderungen erlebt, Veränderungen, die zweifellos besonders diejenigen gespürt haben, die von klein auf ein durch strikte Normen und eindeutige Handlungsweisen geregeltes Leben gewohnt waren. Denn seitdem er Nachricht von dem Tod des alten *inka* Huayna Capac und der Ankunft eines riesigen Menschengottes erhalten hatte, der, dem Wasser entstiegen, die Küstenstämme zum Aufstand anstachelte, hatten sich die Ereignisse überstürzt. Eines Tages überbrachten sie ihm die schreckliche Neuigkeit, daß Atahualpa sich gegen seinen Bruder auflehnte, und schließlich tauchte mitten in der Wüste ein richtiger *Viracocha* auf, Besitzer eines »Donnerrohrs«, der ihn überredete, diesem hirnlosen Unternehmen zu einem guten Ende zu verhelfen.

Einmal mehr fragte er sich, ob er nicht besser seinem ersten Impuls nachgegeben und sich denjenigen angeschlossen hätte, die Richtung Norden zogen, um sich dem Befehl Atahualpas zu unterstellen. Als Angehöriger des Militärs fühlte er sich letzten Endes der Denkweise eines Mannes viel näher, der millionenfach seine Kampffähigkeit auf dem Schlachtfeld unter Beweis gestellt hatte, als der jenes anderen Bruders, der seine prachtvollen Paläste und Hunderte von Konkubinen nur allzu selten verließ.

»Dann würde ich jetzt ein Regiment von Lanzenwerfern befehligen, und kurz vor Cuzco stehen«, sagte er bei sich. »Und nicht in diesem Loch hausen und mir den Unsinn eines behaarten Ungeheuers anhören müssen.«

Schweigend nahmen sie ihr Abendessen zu sich, während der Einheimische an Händen und Füßen gefesselt dalag. Calla Huasi hockte sich schließlich in einen Winkel und überließ dem Spanier die erste Wache.

Dieser wunderte sich, wie leichtfertig und schnell sein Begleiter einschlief. Dann zog er seinen Degen aus der Scheide und stellte ihn neben sich; die Arkebuse legte er sich quer über die Beine, bereit, die tödliche Feuerladung dem ersten entgegenzuschleudern, der über die Türschwelle der Behausung trat. Eine lange und vielleicht bewegte Nacht erwartete ihn, das wußte er.

Er dachte an Guzmán Bocanegra, den er immer für tot gehalten hatte. Der Matrose hatte zuerst mittels eines mysteriösen »Sohn des Donners« zu ihm gesprochen, und dann in seinen Träumen. Er grub in seinem Gedächtnis nach allem, was er im Laufe seiner Studienjahre gelesen hatte oder was ihm während seiner unzähligen Reisen zu Ohren gekommen war. Aber noch nie hatte er von einem Lebewesen gehört, das sich über Wüsten und Gebirge hinweg mit einem anderen in Verbindung setzte. Dennoch war es Guzmán Bocanegra offensichtlich gelungen, und genau darum ging es ihm: Er mußte dieses unerklärliche Rätsel lösen, und das hatte ihn im Moment der Entscheidung, sich auf ein derartiges Abenteuer einzulassen, am meisten gereizt.

Eine Eule schrie. Er horchte.

Der Schrei wiederholte sich am anderen Ende der Straße. Ihn ödete die mangelnde Phantasie jener Menschen an, die an ihren alten Bräuchen festhielten. »Ihr könntet wenigstens ein anderes Tier wählen«, flüsterte er, während er sich in einen aus zwei Mauern gebildeten Winkel rollte, wo ihn ein Stein nur schwerlich treffen konnte.

Eine weitere Eule schrie nun hinter ihm, und plötzlich hatte er die Eingebung, selbst den Ruf laut zu erwidern.

Calla Huasi sprang auf, griff nach seiner Lanze und sah ihn verblüfft an. »Was machst du?«

»Ich ärgere sie ein bißchen«, meinte er vergnügt. »Hoffentlich bringe ich sie durcheinander.«

Tatsächlich hatte sich Schweigen in der Nacht ausgebreitet, als fragten sich die geheimnisvollen Plünderer, was zum Teufel da vor sich ging und aus welcher Versenkung dieser unbekannte Verbündete wohl auftauchte.

»Du bist verrückt!« sagte der Eingeborene leise und schüttelte den Kopf. »Chabcha Pusí hat mich zwar vorgewarnt, aber du bist zweifellos noch schlimmer, als er mir erzählte.«

Sie horchten wieder. Nur das Heulen des Windes erfüllte in Abständen die Nacht, und das leise Knistern eines Zweiges im Feuer durchbrach die Stille der verlassenen Stadt.

»Ihr werdet sterben!«

»Was ist das?«

»Ihr werdet sterben!« donnerte eine tiefe, rauhe Stimme aus der Finsternis. »Ihr werdet sterben, verfluchte Sonnensöhne, Henker meines Volkes. Die Stunde eurer totalen Zerstörung ist gekommen!«

»Es ist ›Der Schatten‹«, wisperte Calla Huasi.

»Witzbold!« erwiderte der Spanier. »Bei der ersten Ladung aus meiner Arkebuse rennt der mit verbranntem Hintern auf und davon.«

»Er ist sehr gefährlich.«

»Hunde, die bellen, beißen nicht. Und der bellt zuviel.«

»Hört!« tönte die Stimme beharrlich. »Hört, was euch vor Tagesanbruch geschehen wird!«

Ein Schmerzensschrei zog sich Straße für Straße durch die gesamte Stadt, so laut, daß sich ihnen die Haare sträubten.

»Verdammter Dreckskerl!«

»Was war das?«

»Sie foltern jemanden«, meinte der Inka, der zutiefst erschüttert schien.

»Das ist mir schon klar!« erwiderte der Andalusier. »Aber dieser Jemand hat ›Verdammter Dreckskerl‹ gesagt, und das in Kastilisch, ich bin mir sicher. Hey!« tönte er nun aus voller Lunge. »Wer ist dort? Christen?«

»Christen!« antwortete eine furchterfüllte Stimme. »Hilfe! Im Namen Gottes! Hilfe! Die bringen mich um!«

»Bocanegra!« rief er. »Bist du es, Bocanegra?«

»Heilige Mutter Gottes! Heilige Jungfrau von Covadonga!

Welch ein Wunder! Ja, ich bin es, Guzmán Bocanegra. Wer bist du?«

»Alonso de Molina!«

Und wieder herrschte Ruhe, eine Ruhe, die vielleicht durch die Verblüffung des Gefangenen verursacht wurde. Aber wahrscheinlicher war, daß seine Wächter ihn hinderten zu antworten. Nach einer Weile gab der Andalusier Calla Huasi Zeichen, er sollte sich neben die Mauer hocken und ihm beim Hinaufklettern helfen.

Der schmächtige Inka hielt stoisch dem enormen Gewicht des Andalusiers stand, der sich an der Wand hinaufzog und hinüberspähte. Er sah nur Dunkelheit, wartete jedoch, bis sich seine Augen an sie gewöhnten. Da konnte er drei unförmige Schatten ausmachen, die sich etwa fünfzig Meter entfernt vom Himmel abhoben. Er überlegte einen Moment lang und schätzte, daß die Mauer im Durchschnitt einen Meter breit war, hievte sich hoch und gab Calla Huasi stumme Zeichen, daß er ihm seine Waffen hochgeben sollte. Mit den Waffen in der Hand robbte er sehr langsam vorwärts. Schließlich sprang er hinunter und landete auf den Wänden der Nachbarhäuser.

Dann sah er ihn ganz klar vor sich. Er hatte sich gerade aufgerichtet, hob die Arme in die Luft, wodurch er sich gegen das entfernte, hinter ihm liegende Gebirge abzeichnete, und brüllte erneut mit seiner drohenden Donnerstimme: »Bereitet euch auf den Tod vor! Bereitet euch auf den Tod vor, verfluchte Sonnensöhne!

Er kippte nach hinten, ohne einen Klagelaut von sich zu geben. Der Knall des Schusses verhallte in der Nacht Richtung Fluß und scheuchte etwa zwanzig Männer auf, die davonrannten, als verfolgte sie Sopay persönlich.

Von einem leichten Schuldgefühl ergriffen, sprang Alonso de Molina zu Boden, denn es kam ihm ungerecht vor, die unbestreitbare Überlegenheit seiner Waffen derart auszunutzen. Von Kindesbeinen an hatte er gelernt, daß jedem Feind, der bereit war zu sterben, Respekt gebührte; sie umzubringen oder in die Flucht zu schlagen, indem er einfach mit seinem »Donnerrohr« knallte, konnte gewissermaßen als Schande betrachtet werden.

»Bocanegra!« rief er. »Wo bist du, Bocanegra?«

Er erhielt keine Antwort. Während er sich die Arkebuse über die Schulter hängte, griff er mit einer Hand nach dem Degen und mit der anderen nach seinem Dolch. Vorsichtig spähte er in das Innere der umliegenden Wohnhäuser.

Als erstes sah er die Füße des Toten, der alle viere von sich gestreckt mitten in einem großen Raum auf dem Rücken liegen geblieben war, und dann in einer Ecke einen halbnackten Mann, der seiner Silhouette nach auf keinen Fall ein Eingeborener sein konnte.

»Calla Huasi!« rief er. »Bring Licht her!«

Nach einer kurzen Weile kam der Inka mit ein paar lodernden Sträuchern herbei. Gemeinsam beugten sie sich über Guzmán Bocanegra, der sie mit tellerförmigen Augen anstarrte und einen wahrlich erschütternden Anblick bot. Der Andalusier hatte ihn als einen Riesen mit dichtem, roten Haar, struppigem Vollbart und zackigen Gesten in Erinnerung. Vor sich hatte er jedoch einen Mann, der fast dreißig Kilo abgenommen und sich gerade noch ein paar dünne Strähnen seines dichten Haarschopfes bewahrt hatte. Sein Körper war mit ekelerregenden Pusteln übersät, während das unkontrollierte Zittern seiner Hände ihn daran hinderte, sich ganz normal etwas zum Munde zu führen.

»Heiliger Gott!« rief der Spanier entsetzt. »Was haben sie mit dir angestellt?«

»Kaputt haben sie mich gemacht, Capitán, kaputt.«

»Warum?«

»Das ist eine lange Geschichte. Aber erzählen Sie mir zuerst, was Sie hierhertreibt.«

»Ich komme dich abholen.«

»Schickt Sie Pizarro?«

»Nein. Pizarro und seine Leute sind nach Panama zurückgekehrt. Genesillo ist ebenfalls hiergeblieben, aber den armen Schwarzen hat man in Tumbez umgebracht. Jetzt sind wir beide, du und ich, in diesem Erdteil die einzigen Christen. Daher bin ich auch gekommen, als du mich riefst.«

»Ich soll Sie gerufen haben?« meinte Bocanegra erstaunt. »Wie denn?«

»Ich weiß nicht. Ich hoffte, du würdest es mir erklären.«

»Ich verstehe Sie nicht.«

»Mach dir keine Gedanken. Wie bist du hierhergekommen? Ich hielt dich für tot, weil du sehr weit von der Küste über Bord gegangen bist. Niemand kann so weit schwimmen.«

»Nein, eigentlich nicht«, meinte Bocanegra. »Aber auf der Fahrt gen Süden sah ich unterwegs eine Reihe kleiner Inseln, die sich bis zur Küste fortsetzten. Das brachte mich auf die Idee, und als der Steuermann sie auf dem Rückweg umfuhr und Steuerbord liegenließ, bin ich ins Wasser gesprungen und bis zur nächstliegenden geschwommen. Ich ernährte mich ein paar Tage lang von Eiern, dann erreichte ich die nächste, und so ging es weiter, bis ich zum Strand gelangte.«

»Warum?«

»Ich war das Schiff leid.«

»Wir waren doch auf dem Rückweg nach Panama.«

»Die Aussicht, in das Elend dort zurückzukehren oder auf ein anderes Schiff zu warten und dasselbe Leben immer so weiterzuführen, gefiel mir nicht. Das hier war ein neues Land, in dem ich vielleicht ein Vermögen finden konnte. Es gibt Gold!« rief er. »Wahnsinnig viel Gold!«

»Das weiß ich, aber wie wolltest du vorwärtskommen, ohne die Sprache zu kennen oder die geringste Idee von den Menschen zu haben, denen du begegnen würdest?«

»Was kümmerte mich das damals? Was ich brauchte, war eine Frau. Ich kann nicht ohne Frauen leben, und trotzdem habe ich den Beruf des Seemanns gewählt, aber ich kann nichts anderes.«

»Alle haben behauptet, du seist ein guter Seemann, aber das tut jetzt nichts zur Sache. Erzähl weiter!«

Bevor Guzmán Bocanegra der Aufforderung nachkam, heftete er seinen Blick auf Calla Huasi, der an der Mauer hokkend ein Gespräch verfolgte, von dem er kein Wort verstand, und fragte mit halb grollender, halb verächtlicher Stimme: »Und der, wer ist der? Ein Wilder?«

»Ein inkaischer Offizier. Sie leben oben im Gebirge und haben die Küstenvölker vor langer Zeit erobert. Sie haben wundervolle Städte und eine Gesellschaftsordnung, die in einiger Hinsicht fortschrittlicher ist als unsere.«

»Sie werden immer derselbe bleiben, heh, Capitán? Immer am Lesen und alles wissen wollen.«

»Möglich. Und was geschah, als du die Küste erreichtest?«

Der andere stieß einen Seufzer aus, als fiele es ihm schwer zu erklären, was alles passiert war. Nachdem er sich kräftig die Handgelenke gerieben hatte, die von den Fesseln blutig gescheuert waren, erwiderte er: »Am Anfang lief alles glänzend. Ich wurde wie ein Gott aufgenommen, in ein großes Fort gebracht und mit Essen, Trinken und vor allem mit Frauen versorgt. Fast Hunderte von Frauen, die sich mir alle anboten.« Er seufzte laut und schüttelte den Kopf, als könnte er kaum glauben, daß er es wirklich erlebt hatte. »Es war fabelhaft, Capitán! Wie das Paradies, das Mohammed den Mauren verspricht, wo sich alles um Frauen, Essen und Trinken dreht.« Er streckte ein Bein aus und trat dem Verstorbenen heftig an den Kopf. »Bis dieser Mistkerl aufkreuzte!«

»*Llandú?*«

»Ja. Ich glaube, so nennen sie ihn, obgleich ich eigentlich nie ein Wort von dem verstand, was diese Bestien da faselten.« Er starrte grimmig auf die Leiche des Eingeborenen und fügte hinzu: »Der hier schien der Wichtigste zu sein. Er hielt mir lange Reden und brachte Leute herbei, die mich begaffen sollten, als sei ich ein Gott oder ein Tier auf dem Jahrmarkt. Sie behängten mich mit bunten Bändern und setzten mir sogar eine Art Krone auf den Kopf. Für ein paar Wochen war ich nahezu ein König. Ich schwöre es Ihnen, Capitán! Ich lebte in einer Burgruine und hatte alles, was der anspruchsvollste Monarch sich wünschen konnte, einschließlich zwölf- bis dreizehnjährige Mädchen. Dann wurde ich krank.« Er schluchzte leise auf. »Am ganzen Körper begannen sich Pusteln auszubreiten, und die Haare fielen mir büschelweise aus.« Er riß seinen Mund auf, um sein verfärbtes Zahnfleisch zu zeigen. »Mir sind sogar einige Zähne ausgefallen, und ständig habe ich schreckliche Kopfschmerzen.«

»Das ist das Böse von Sopay«, erklärte Molina. »Es wird von einigen Frauen übertragen, denen es der Teufel zwischen die Beine gesteckt hat. Viele Leute leiden daran.«

»Wie wird es geheilt?«

»Keine Ahnung«, antwortete der Andalusier, ohne zugeben zu wollen, daß es laut Chabcha Pusí gar keine Heilung gab. »Einige Medizinmänner heilen es mit Pilzen.«

»Dieser Verfluchte hat mir zu jeder Tages- und Nachtzeit Pilze verabreicht«, erklärte der Seemann und spuckte dem Toten ins Gesicht. »Sie haben mich aber nicht geheilt. Davon habe ich Schwindelanfälle und Halluzinationen bekommen, in denen ich von dem Schiff, von Spanien und Pizarro träumte. Ich glaube mich sogar zu erinnern, daß ich einmal von Ihnen träumte.«

»Vielleicht hast du mich zu dem Zeitpunkt gerufen. Ich habe dich in meinen Alpträumen immer gehört.«

»Vielleicht«, sagte der andere desinteressiert. »Alles, was in der letzten Zeit geschehen ist, erscheint mir so wirr.« Er legte eine lange Pause ein, als ginge es darum, etwas zu begreifen, das völlig außerhalb seines Vorstellungsvermögens lag. »Plötzlich wurden sie böse auf mich, und alles änderte sich. Ich vermute, sie wollten etwas von mir, auch wenn ich nie herausfand, worum es eigentlich ging. Sie sperrten mich in eine Art Katakombe und ließen mich halb verhungern. Gestern holten sie mich heraus und schleppten mich hierher.«

»Offenbar haben sie anfänglich geglaubt, du seist eine Art Messias oder Gesandter der Götter, der sie von dem Joch der Inkas befreien würde.«

»Ich?« fragte der Seemann verwundert. »Ich ein Messias? Wer kommt denn auf so etwas?«

»Nun, sie haben zu lange als Vasallen gelebt, daher klammern sie sich an jeden Hoffnungsschimmer. Hier dreht sich alles um Rituale, Weissagungen und Hexerei. Eine ihrer Legenden besagt, daß ein paar weiße Männer kommen werden, die Göttern gleichen und dem Imperium ein Ende bereiten. Als sie dich sahen, mußten sie davon ausgehen, daß du zu ihrer Befreiung kämst.«

»Halbnackt und ausgehungert? Idiotenpack!«

»Für sie sind wir wie von einem anderen Planeten. Wir sind anders, die Arkebuse ängstigt sie, und tausend von uns würden sie arg in die Enge treiben, vor allem, wenn sie noch Pferde mitbrächten. Aber es wäre sehr schade.«

»Schade?« fragte Guzmán Bocanegra erstaunt. »Warum schade? Das sind Wilde, die wir pflichtgemäß zum richtigen Glauben bekehren müssen. Eigentlich sind es noch nicht einmal Menschen. Sie sehen zwar so aus, aber sie haben keine Seele.«

Alonso de Molina hatte keine Lust, über ein so heikles Thema zu diskutieren, und wollte das Gespräch lieber beenden und sich ein paar Stunden ausruhen. Daher ließen sie den Einheimischen noch laufen und machten dann ein Nickerchen in der Überzeugung, daß ihnen wenigstens diese Nacht keine Gefahr mehr drohte.

Am nächsten Tag ging es Guzmán Bocanegra schlecht. Insbesondere die Wunden an seinen Beinen boten einen schauderhaften, widerwärtigen Anblick. Fliegen setzten sich ständig darauf, und der Seemann, der kaum laufen konnte, verbrachte die Zeit damit, das Land und gleichzeitig den Moment zu verfluchen, da er sich zum Bleiben entschlossen hatte. »Die ganze Neue Welt ist nichts als die Vorspiegelung einer großen Scheiße«, sagte er. »Wie blöd von mir, überhaupt hierherzukommen. Ich hätte in meiner Heimat bleiben sollen, dort lebt es sich am besten im Elend.«

»Viele haben hier ein Vermögen gemacht«, erinnerte ihn der Andalusier.

»Und viele sind vor Ekel gestorben. Hitze, Wilde, Moskitos, Fieber, Schlangen. Und jetzt noch das! Wo gibt es denn so etwas? Bei lebendigem Leibe zu verrotten, nur weil man mit einer Frau geschlafen hat? Nur in der Neuen Welt!«

Alonso de Molina brachte keine Antwort hervor, denn es war das erste Mal, daß er sich den Auswirkungen dieser seltsamen Krankheit gegenübersah. Die Tatsache, daß der Geschlechtsakt einen Menschen derart zerstörte, war etwas völlig Neues für ihn. Chabcha Pusí jedoch ging der Sache sofort auf den Grund. Kaum hatte er an jenem Nachmittag einen Blick auf Guzmán Bocanegra geworfen, war es ihm schon vollständig klar, wie es um ihn stand.

»Dieser Mann ist eine Gefahr«, sagte er. »Das Böse hat ihn befallen, und in seinem Zustand wird ihm der Zutritt nach Cuzco verwehrt. Er ist in den Händen Sopays.«

»Du hast gesagt, daß einige Hexenmeister das Böse heilen könnten.«

»Nein, nicht in einem so fortgeschrittenen Stadium. Er kann jeden, der ihm nahe kommt, anstecken, und daß ein *Viracocha* in die Klauen Sopays gerät, wird Yana Puma ein willkommener Grund sein, dich umzubringen. Überleg es dir gut!«

»Und was soll ich tun? Er ist ein Landsmann!«

»Nein. Er ist nicht wie du«, meinte Naika, die dem Gespräch beiwohnte und sich angewidert von dem Seemann abwandte, als handle es sich um den Teufel persönlich. »Er ist nicht nur krank: An seinen Augen sieht man, daß er kein guter Mensch ist. Es macht mir angst, wie er schaut.«

Der Spanier hatte in der Tat bereits bemerkt, daß sich Guzmán Bocanegras Ausdruck, seitdem er das Mädchen zum ersten Mal gesehen hatte, sehr verändert hatte. Seine Blicke folgten ihr auf Schritt und Tritt wie die eines Wolfes, der sich bei der kleinsten Unvorsichtigkeit seiner Beute jeden Moment auf sie stürzte. »Sie sieht gut aus, die Wilde!« war das erste, was er von sich gab, als er sie entdeckte. »Hübsch! Wer ist das?«

»Die Ehefrau des *curacas*. Ein sehr bedeutender Mann – und mein Freund.«

»Die Frau von dem Alten da?« lachte er auf. »Das kann doch nicht wahr sein. Sicherlich ist sie dankbar, wenn ich es ihr mal richtig besorge. Alle Wilden sind dankbar.«

Als Alonso de Molina im Fluß ein Bad nahm, um sich den Staub von der langen Reise abzuwaschen, mußte er sich eingestehen, daß er mit der Befreiung Guzmán Bocanegras einen schrecklichen Fehler begangen hatte. Auf dem Schiff hatten sie nur wenig Kontakt miteinander gehabt. Der Seemann verhielt sich immer abweisend und zurückhaltend. Diesmal jedoch hatten nur wenige Stunden gereicht, um Alonso de Molina klarzumachen, daß es sich um einen jener Menschen handelte, die in der Hoffnung den Ozean überquert hatten, sich in fremden Ländern für all ihre Frustrationen zu rächen, die sie mit sich herumschleppten.

Er konnte im Charakter Guzmán Bocanegras nicht einen Funken von jener Abenteuerlust entdecken, die selbst bei den verabscheuungswürdigsten Eroberern anzutreffen war. Alles in ihm schien von niederen Gelüsten geleitet zu werden, darunter an herausragender Stelle sein ausgeprägter, nicht zu bändigender Sexualtrieb. Zweimal war er im Laufe des Tages trotz seines beklagenswerten Zustandes und der Erschöpfung, die der lange Fußmarsch ihm bereitete, ein paar Meter vom Weg abgewichen unter dem Vorwand, dringend seine Notdurft verrichten zu müssen. Aber der Andalusier hatte feststellen können, daß er in Wirklichkeit masturbierte.

Calla Huasi war dieser Umstand auch nicht entgangen, und obgleich er ein Mann war, der selten seine Gefühle zeigte, sah

Alonso de Molina ihm an, daß auch er zutiefst verwirrt und angewidert war. Was sollte man tun mit dem Opfer einer derartig hemmungslosen Triebhaftigkeit, das bei lebendigem Leibe verrottete, sich selbst nicht achtete und dem der Zutritt in die Hauptstadt möglicherweise verwehrt blieb?

15

Eine Reise in das Reich der Hölle mußte der beschwerlichen Rückreise durch die schwarze Sandwüste mit dem Transport eines kranken Mannes sehr ähnlich gewesen sein; selbst die geplagten Träger wandten sich von ihm ab, als fürchteten sie, durch einfache Berührung das Böse von Sopay zu bekommen.

Naika hatte ihm ihre Sänfte abgetreten, die einzige, die noch vorhanden war, und ging zu Fuß, klein und zierlich, aber stark und voller Elan. Zwar bemühte sie sich, ihre Haltung zu wahren, aber sie konnte nicht verbergen, daß die Gegenwart des Seemanns sie arg beunruhigte. Ihr kindlicher Frohsinn, der sie bis dahin begleitet hatte, hatte sich in der staubigen, heißen Küstenluft in Nichts aufgelöst.

»Mit ihm können wir nicht in Cuzco auftauchen«, meinte Chabcha Pusí, der neben Alonso de Molina ging. »Er ist eine Gefahr.«

»Und was soll ich tun? Soll ich ihn hier den Fliegen zum Fraß überlassen? Wenn er Lepra hätte, könnte man ganz klar Stellung beziehen. Ich würde ihm sagen: ›Bocanegra, es hat dich erwischt, und wie du weißt, bekommen die Leprakranken überall auf der Welt Zwangsisolation auferlegt.‹ Aber du selbst sagst, daß es eine Krankheit ist, die sich nur durch Geschlechtsverkehr überträgt. Andernfalls besteht keine Gefahr.«

»Und denkst du, ihn ein Leben lang zu bewachen? Beobachte doch einmal, wie er Naika ansieht. Wenn wir nicht dabei wären, würde er sich auf sie stürzen, denn der vergewaltigt in seiner Besessenheit jede.« Der *curaca* blieb stehen und umklammerte seinen Arm, damit der Spanier ihn ansah. »Ich kann das nicht billigen! Du weißt, wie sehr ich dich schätze, aber ich kann nicht hinnehmen, daß dieser Mann frei herumläuft. Es würde großen Schaden anrichten.«

»Aber er ist Spanier!« wandte Molina mitleidig ein. »Es ist meine Pflicht, ihm zu helfen.«

»Warum? Aus Patriotismus, obwohl du mit deinem Vaterland gebrochen hast, oder aus Freundschaft, auch wenn er niemals dein Freund war? Ich allerdings betrachte mich als deinen Freund, und du weißt, daß ich für dich mehr tun würde als für jeden Inka, weil mich im Grunde der Mensch interessiert, und nicht sein Herkunftsort.«

»Er braucht mich. Ich bin momentan seine einzige Hoffnung.«

»Du irrst dich. Ihm bleibt gar keine Hoffnung mehr.«

Dem Andalusier war völlig klar, daß Chabcha Pusí recht hatte, und trotzdem fühlte er sich nicht imstande, Bocanegra seinem Schicksal zu überlassen. Dieser schien selbst gemerkt zu haben, in welcher Lage er steckte; hinsichtlich seiner Zukunft machte er sich keine Illusionen, und so drückte er es auch offen während einer der vielen Marschpausen aus, die die erschöpften Träger sich gönnen mußten.

»Ein schlechtes Geschäft für Sie, mich geholt zu haben«, meinte er spöttisch. »Ein schlechtes Geschäft für Sie, denn Sie haben einen Kranken am Hals, und ebenso für mich, denn ich hatte mich bereits an den Gedanken gewöhnt, in jenem Loch zu verenden.« Er stieß einen langen Pfeifton aus, mehr aus Resignation denn aus Freude. »Wenn ich wenigstens mit der Kleinen eine Nummer schieben dürfte! Donnerwetter!« rief er. »Im Ficken zu sterben, das wäre das beste für einen Typen wie mich.«

»Red nie wieder von Naika«, wies ihn der Andalusier zurecht und mußte sich bremsen, nicht zu platzen. »Ihr Ehemann ist mein bester Freund, ihm verdanke ich mein Leben.«

»Aber ich nicht!« lachte der andere ungehobelt. »Kommen Sie, Capitán, werden Sie nicht moralisch! Letzten Endes sind es doch nur Wilde. Wir beide sind doch zivilisierte Menschen. Helfen Sie mir, an diese Puppe heranzukommen, und Sie werden stolz darauf sein können, daß ein Spanier einen glücklichen Abgang macht.«

»Schlag sie dir aus dem Kopf! Und schlag dir alle Frauen aus dem Kopf, bis du völlig gesund bist. Ich werde jemanden suchen, der dich heilt.«

»Mich heilt?« wiederholte der Seemann erbost. »Daß ich nicht lache! Analphabet und verrückt mag ich ja sein, aber nicht dumm. Sehen Sie diese Wunde? Sie reicht bald bis auf den Knochen und stinkt nach verfaultem Fleisch. Niemand wird die wieder hinkriegen, das steht fest; ich bin schon tot, das weiß ich.«

»Warum versuchst du in dem Fall nicht, dich auf Gott zu besinnen und in Frieden mit dir selbst und mit anderen zu sterben?«

»Weil ich zu viele Jahre gesegelt bin, um noch an Gott zu glauben; in Frieden mit mir selbst fühle ich mich nur beim Ficken, und den anderen war ich immer einen Scheißdreck wert, daher geht es mir mit ihnen genauso. Meine Mutter war eine Hafendirne; sie hat mich zwischen Müllbergen großgezogen. Ich habe immer im Elend gelebt, aber wenigstens war ich vier Monate lang König. Ich finde es nicht schlecht, daß eine so absurde Geschichte auf diese Art endet. Ich möchte dem Ganzen nur noch die Krone aufsetzen, so wie ich es immer geträumt habe, mit einer schönen Frau zwischen den Beinen.«

»Ich fürchte, das wird nicht möglich sein.«

»Das werden wir ja sehen.«

»Ich warne dich, Bocanegra.« Der Tonfall in Alonso de Molinas Stimme ließ keine Zweifel zu. »Wenn du dich Naika näherst, bist du ein toter Mann.«

Der Seemann warf ihm einen spöttischen Blick zu. »Noch toter?«

»Laß ihn hier!« flehte Calla Huasi. Ohne ein Wort des Gespräches verstanden zu haben, das er von weitem verfolgt hatte, schien er doch den Sinn erfaßt zu haben. »Gib ihm Wasser und etwas zu essen, und laß uns gehen.«

»Das kann ich nicht.«

»Es ist, als hättest du einen Skorpion in der Hand«, meinte der Offizier ernsthaft. »Wenn du es am wenigsten erwartest, sticht er zu und spritzt sein Gift aus.«

»Ich weiß, aber selbst so kann ich ihn nicht sich selbst überlassen. Er würde mich in meinen Träumen verfolgen und jammern, ich solle zurückkommen und ihn retten. Ich habe nicht herausgefunden, wie er das anstellt, aber meine Nächte werden zu wahren Alpträumen, und ich glaube nicht, daß ich das lange aushalten würde.«

»Alpträume verschwinden bei Anbruch eines neuen Tages«, lautete die Antwort. »Der Schaden, den er dir antun kann, aber nie.«

»Das Risiko muß ich wohl eingehen.«

Calla Huasi erwiderte nichts, denn er verstand nicht, warum ein Mann sich auf ein Risiko einläßt, das die Mühe nicht wert ist. Er beschränkte sich darauf, den widerwilligen, niedergeschlagenen Trägern den Befehl zum Weitermarsch zu erteilen, denn am Spätnachmittag wollte er die drückende Hitze der schwarzen Sandwüste verlassen haben. Ein leises, unzufriedenes Murmeln war zu hören, aber die Autorität eines Inkaoffiziers ließ es verstummen. Zähneknirschend hoben sie die Sänfte an und nahmen den beschwerlichen Marsch gegen Süden wieder auf.

Irgend etwas heckten sie jedoch aus. Als sie bei Anbruch der Dunkelheit an dem gleichen Ort ihr Lager aufschlugen, wo sie zwei Nächte zuvor mit Steinen angegriffen worden waren, sammelten sie zwar Brennholz und entfachten ergeben ein Feuer, aber sobald die Finsternis über der Wüste hereinbrach, lösten sie sich in Luft auf, als hätte es sie nie gegeben.

»Du kannst ihnen nicht die Schuld geben«, meinte der

curaca resigniert. »Sie fürchten, daß das Böse ihre Familien befällt; sie sind unwissende Menschen, denen es schwerfällt zu glauben, daß Sopay nur diejenigen straft, die mit bereits Infizierten schlafen.« Er zeigte auf Guzmán Bocanegra, der abwesend in die züngelnden Flammen starrte. »In dem Zustand wird er nicht zu Fuß das Gebirge hinaufklettern können. Erinnere dich, daß es selbst dir sehr schwerfiel.«

Alonso de Molina beobachtete den kranken Seemann und fragte sich, was einem Mann wohl durch den Kopf ging, der wußte, wie weit er von seiner Welt entfernt war, todkrank und abgelehnt von allen, die ihn umgaben. Wieder empfand er wie damals, als er ihn in der verlassenen Stadt entdeckt hatte, Abneigung und Mitleid. »Vielleicht ist es das wertloseste Leben, das es je gegeben hat«, flüsterte der Spanier. »Möglicherweise fällt es mir deshalb so schwer, darüber zu verfügen. Ich habe Männer umgebracht, die es tausendmal mehr verdient hätten, am Leben zu bleiben, aber das Wissen darum reicht mir nicht. Ich weiß nicht, was ich tun soll.«

»Unternimm gar nichts!« riet ihm Chabcha Pusí in aller Gelassenheit. »Wenn wir morgen die Berge hinaufsteigen, wird er schon merken, daß seine Kräfte nicht mitspielen, und dann wird er selbst eine Entscheidung fällen.«

Aber Guzmán Bocanegra rang sich viel früher zu einer Entscheidung durch. Als Alonso de Molina ihm zum Essen einen Teller reichte, stürzte er sich plötzlich auf ihn und riß ihn zu Boden. Mit einem Satz ergriff er die Arkebuse, die er mit bemerkenswerter Geschicklichkeit lud und auf den überwältigten Andalusier richtete. »Machen Sie keinen Unsinn, Capitán!« drohte er grob. »Zwingen Sie mich nicht, Sie umzulegen!«

»Was hast du vor?«

»Ich will auf meine Art enden. Ich habe diese Berge gesehen und weiß, daß ich dort oben nie ankommen werde. Meine Zeit ist abgelaufen, aber ich hätte gerne einen Abgang nach meinem Geschmack.« Mit einer leichten Kopfbewegung zeigte er auf Naika, die beim Anblick der Szene entsetzt die Hand des *curacas* umklammerte. »Sie braucht sich nicht zu fürchten, ich tue ihr nicht weh. Ich möchte nur die letzte Nacht angenehm verbringen, und dann verpasse ich mir selbst einen Kopfschuß.« Er lächelte verbittert. »Ist das vielleicht zu viel verlangt? Der letzte Wunsch eines Verurteilten, sonst nichts!«

»Bist du völlig durchgedreht?« zischte Alonso de Molina und richtete sich langsam auf. »Wenn du sie anfaßt, wirst du sie mit deiner Krankheit anstecken. Genau so wird sie doch übertragen.

»Reden Sie keinen Unsinn!«

»Das stimmt. Sie wissen es genau. Du würdest sie für immer verdammen!«

»Und ich? Ich gebe nur ihr Geschenk an mich zurück.« Er wandte sich dem Mädchen zu. »Hey, du!« rief er. »Komm her! Wir werden einen Spaziergang machen.«

»Du rührst dich nicht vom Fleck!« befahl der Andalusier und streckte gebieterisch die Hand aus. »Du gehst nirgendwo hin. Hör mal, Bocanegra! Du kannst mich zwar umbringen, aber dann wird Calla Huasi dich töten. Du wirst nichts erreichen. Denk doch nach!«

»Das habe ich bereits«, lautete die Antwort des Seemanns sicher. Er schien fest entschlossen, bis zuletzt durchzuhalten. »Ich habe nichts zu verlieren, Sie aber schon, und ich glaube nicht, daß Sie so dumm sein werden, sich für eine Wilde umbringen zu lassen. Bleiben Sie, wo Sie sind, und ich verspreche Ihnen, daß ich sie nach einer Weile zurückbringe.«

»Nein!« Alonso de Molina hatte die Hand an den Griff seines Degens gelegt und zog ihn in einstudiertem Tempo langsam aus der Scheide. »Du wirst sie nicht anfassen, nicht einmal über meine Leiche. Calla Huasi!« rief er. »Hol deine Lanze! Das ›Donnerrohr‹ tötet nur einmal. Sobald ich falle, töte ihn. Hast du gehört?«

»Ja, ich habe gehört«, antwortete der Inka ernst und zückte seine Lanze. »Ich bin bereit.«

»Warum machst du es mir so entsetzlich schwer?« klagte Bocanegra verbittert. »Nie habe ich jemanden umgebracht. Das schwöre ich Ihnen. Nie, und ich möchte in der letzten Nacht meines Lebens auch keinen Gefährten ermorden.«

»Dann nimm die Waffe runter!«

»Nein!«

Alonso de Molina, der mittlerweile seinen Degen vollständig herausgezogen hatte, blieb gut eineinhalb Meter von dem Seemann entfernt stehen, achtete nur auf dessen Augen, denn dort meinte er, den genauen Zeitpunkt ablesen zu können, da der andere abdrückte.

Vor der Arkebuse fürchtete er sich nicht. Er kannte die Waffe gut und wußte, daß die Strecke des Rades, das den Funken hervorbringt und das Pulver entflammt, ihm auf einer so kurzen Entfernung Zeit geben würde, aus dem Schußfeld zu springen. Er fürchtete jedoch die Reaktion Bocanegras, der im Bewußtsein, seine Wünsche platzen zu sehen, vielleicht so schnell wie möglich abtreten wollte.

Genau das stand in seinen Augen geschrieben, die stumme Bitte, ihm die Entscheidung abzunehmen und ihn nicht zu einem Weiterleben unter solchen Umständen zu zwingen. Und als Alonso de Molina schließlich den Degen hob, war er sich absolut gewiß, daß der Seemann sich nicht zu verteidigen gedachte. Daher hieb er ihm schnell und sicher mit einem Mal den Kopf ab, der einige Sekunden wie reglos in der Luft hing und dann mitten in das Feuer rollte, wo die wenigen Haare und der rote Bart sofort Feuer fingen.

16

Das Land schien wie verwandelt. Zweimal war Huascars Armee unter Atox' Oberbefehl von Atahualpas Truppen unter der Führung von Ruminjáhui, Quisquis und dem grausamen General Calicuchima geschlagen worden. Calicuchima hatte befohlen, jeden zu exekutieren, der im mindesten verdächtig war, mit dem Feind zu kollaborieren.

Während der *inka* seine Gefolgschaft um Jauja zu sammeln suchte und dabei den größten Teil des Nordreiches den Rebellen überließ, feierte sein Stiefbruder den Sieg in Cajamarca und rekrutierte neue Kräfte, denen er saftige Beute in Aussicht stellte.

Es war ein Bruderkrieg ohne feste räumliche Begrenzung, in dem drohende Plünderungen die Zivilbevölkerung des Südens in Angst versetzten, denn ständig verbreiteten sich Schreckensnachrichten über die Grausamkeiten, die Calicuchimas Soldaten auf ihrem ungebrochenen Vormarsch begingen.

Die Straßen der Hauptstadt waren menschenleer; die Männer waren eingezogen worden, und die Ehefrauen und Kinder der Oberschicht versteckten sich in ihren Palästen oder suchten bis zum Ausgang der bevorstehenden, entscheidenden Schlacht, für die die meisten ein unheilvolles Ende vorausahnten, Zuflucht in Dörfern. Aus Angst vor der Zukunft wurden die knappen Lebensmittel gehortet. Es herrschte höchste Anspannung. Selbst die Unordnung drohte sich einer für ihre Ruhe berühmten Stadt zu bemächtigen, denn zum erstenmal waren Plünderer aufgetaucht, die immer dreister wurden, auf je weniger Widerstand sie stießen.

»Das ist das Ende«, war das erste, was Chabcha Pusí hervorbrachte, als er sich erschöpft auf eine Bank im Innenhofgarten seines Palastes fallen ließ. »Das Ende von *tihvantinsuyo*. Ich kenne Atahualpa, und für mich steht fest, daß er nicht in der Lage sein wird, alles wieder ins rechte Lot zu bringen. Es ist, als zerbräche ein schönes Gefäß: Niemand kann die Scherben wieder zusammensetzen.«

»Vielleicht gewinnt auch Huascar«, suchte der Spanier ihn zu beschwichtigen. »Immerhin hat er noch mehr Männer.«

»Ein Heer besteht nicht nur aus Männern«, sagte Calla Huasi, dem man seine Niedergeschlagenheit ansah. »Es fehlt an Disziplin, Kampfgeist und fähigen Generalen, und all das haben wir leider nicht. Quisquis und Ruminjáhui sind die wahren Köpfe von Atahualpa, und Calicuchima sein Henker. Dagegen ist Atox ein Kind.«

»Man sagt, Huascar hat selbst die Führung seiner Truppen übernommen.«

»Was weiß der denn von Kriegskunst? Ich als Soldat kämpfe ganz anders, wenn ich dem vertraue, dem ich unterstehe. Mit Ruminjáhui oder Quisquis würde ich bis ans Ende der Welt gehen, mit Huascar würde ich nur zusehen, daß ich mit heiler Haut davonkomme. Das ist der Unterschied.«

»Was willst du tun?« erkundigte sich der *curaca.*

Der Angesprochene zuckte lediglich mit den Achseln. »Ich weiß nicht. Ich möchte nicht desertieren und mich den Leuten Atahualpas anschließen, aber Huascar zu Hilfe zu eilen, erscheint mir völlig sinnlos.«

»Bleib hier!«

»Wenn all meine Gefährten auf einer der beiden Seiten kämpfen?« sagte er entsetzt. »Das wäre feige.«

»Besser feige als dumm oder verräterisch«, meinte der Andalusier, der den inkaischen Offizier recht liebgewonnen hatte. »Du wirst Leute töten, ohne dir über die Gründe im klaren zu sein. Das wirst du dein Leben lang bereuen. Das weiß ich aus Erfahrung.«

»Aber es geht um einen Bürgerkrieg!«

»Um so schlimmer. Was geht es dich an, wer auf dem Thron sitzt? Wenn sich alles wieder normalisiert hat, kannst du dich für die geretteten Menschenleben beglückwünschen: für dein eigenes und das aller, die du im Kampf nicht getötet hast.«

»Wenn alle so dächten, würde niemand kämpfen.«

»Nur die beiden Brüder«, lachte Molina. »Genau das hätten sie auch tun sollen, wenn sie ihr Volk wirklich liebten: jedes Blutvergießen und Leid vermeiden. Letzten Endes ist alles so gelaufen, weil der alte Huayna Capac sich in ein Mädchen aus dem Norden verguckt hat. Es ist ungerecht, daß Tausende von Unschuldigen für seine Schwäche bezahlen müssen.«

Chabcha Pusí strich sich nervös den Saum seines Gewandes glatt. »Du hast die seltene Gabe, Grundsätze zu verdrehen, indem du sic auf lächerliche Art bagatellisierst. Die Tragödie eines ganzen Volkes auf ein einfaches Problem der Machtlosigkeit zu reduzieren, damit entblößt du eine höchst empörende Seite deiner Weltanschauung.«

»Von mir aus empöre dich«, erwiderte der Andalusier ungerührt. »Aber wenn dein angebeteter Huayna Capac den Thron nur seinem rechtmäßigen Nachfolger vermacht hätte, ohne auf die Verführungskunst der einzigen Frau, die ihn im Bett glücklich machte, reinzufallen, dann liefe das von seinen Ahnen errichtete Imperium nicht Gefahr auseinanderzubrechen, und Tausende von unschuldigen Untertanen blieben am Leben. So sehe ich das, und nicht anders. Und jetzt werde ich ein Bad nehmen, der Staub dieser verfluchten Wüste steckt mir bis in den Ohren.«

Dort fand ihn wenig später Shungu Sinchi, und das Mädchen redete nicht lange um den Brei herum. Ohne Umschweife setzte es sich auf den Beckenrand, betrachtete einen Augenblick lang seinen riesigen Körper, der es um ihren Schlaf brachte, und sagte mit rauher Stimme: »Heute nacht werde ich dich in deinem Zimmer besuchen.«

»Dann können wir *conkana* spielen«, spottete der Andalusier. »In meinem Land gibt es ein ähnliches Spiel, das heißt *parchís*. In deinem Alter war ich darin ein Meister.«

»Wirst du mich eigentlich nie ernst nehmen?«

»Erst, wenn du zwanzig Jahre alt wirst.«

»Dann bin ich längst verheiratet. Naika ist genauso alt wie ich, und die nimmst du ernst. Was tätest du, wenn sie heute nacht in dein Zimmer käme?«

»Wir würden höchstens *conkana* miteinander spielen«, meinte er im gleichen Tonfall. »Naika ist die Frau meines besten Freundes, und du seine Tochter, und eher zerreiße ich mich in Stücke, als daß ich ihn beleidige.«

Shungu Sinchi saß für einen Moment mit gesenktem Kopf

da. Schließlich schaute sie auf und blickte ihm in die Augen. »Vielleicht möchtest du lieber von einem Priester aus dem Pachacamac-Tempel besucht werden.«

Der Spanier gab keine Antwort. Er streckte nur die Hand aus, packte sie am Fußknöchel und zog sie ins Wasser, wo er sie umdrehte und ihr den Hintern versohlte, bis sie anfing, wie am Spieß zu schreien. Einen Moment später erschienen Naika, Calla Huasi und Chabcha Pusí.

»Was ist los?« fragte letzterer aufgebracht.

»Ich zeige deiner Tochter gerade, was Erziehung ist«, lautete die Antwort ganz einfach.

»Das geschieht ihr recht«, erklärte der *curaca* und setzte sich, um sich das Spektakel anzuschauen. »Weiter, weiter! Meinetwegen brauchst du nicht aufzuhören!«

Aber dem Andalusier begannen die Hände zu schmerzen, und daher gab er sie frei. Schamerfüllt rannte sie davon und flüchtete sich in den hintersten Winkel des Hauses.

»Du bist ein Schuft!« protestierte Naika empört. »Wenn ihr in deinem Land so die Frauen behandelt, wundert es mich nicht, daß sie euch nicht mehrere geben.«

Sie lief ihrer Freundin hinterher, was der *curaca* ausnutzte, um sich auszuziehen und ebenfalls in das kleine Becken zu steigen, während er sich an Calla Huasi wandte und fragte:

»Warum heiratest du nicht meine Tochter?«

»Warum sollte ich sie heiraten?«

»Aus dem Grund, aus dem alle heiraten: um eine Frau zu haben.«

»Ich habe bereits eine.«

»Und das reicht dir?«

»Besser gesagt, es wird mir zuviel. Sie ist in meinem Heimatdorf am Titicaca-See, und jedesmal, wenn ich beurlaubt bin, wird sie schwanger. Ich brauche nicht im Gedächtnis zu behalten, wie viele Jahre ich schon in der Armee bin, ich zähle einfach meine Kinder.« Er lachte und fuhr dann fort: »In diesen harten Zeiten sollte man sich nicht unnütz das Leben schwer machen.«

»Nein, bestimmt nicht«, gab der andere zu. Er wandte sich dem Spanier zu. »Warum schließt du dich nicht Huascar an?« fragte er ihn.

»Weil das nicht mein Krieg ist.«

»Vielleicht ist es nicht dein Krieg, aber weißt du, was Atahualpa mit dir anstellt, sobald er dich gefangennimmt?»

»Das hast du mir bereits zwanzig Mal gesagt, aber um mir bei lebendigem Leibe die Haut abzuziehen, muß er mich zuerst kriegen.« Er wurde ernst. »Wer mir große Sorgen bereitet, bist du. Wenn dieser Bastard wirklich so ein Deckskerl ist, wie man immer behauptet, wird niemand mehr in Frieden leben können, der einmal im Dienste seines Bruders gestanden hat. Was liegt südlich von hier?«

»Der Titicaca-See, und jenseits davon ein Gebiet, das von Stämmen bevölkert ist, die uns hassen.«

»Und im Osten?«

»Endlose Urwälder, Flüsse, die den Abgrund hinabstürzen, und die *aukas.*«

»Wunderbare Aussichten: Atahualpa im Norden und Wüsten und ein grenzenloser Ozean im Westen. Langsam bekomme ich den Eindruck, daß ich in eine Falle getappt bin. Zweifellos entspricht das nicht den Erzählungen von einem idyllischen Paradies. Irgendwo muß ich die falsche Richtung eingeschlagen haben.«

Chabcha Pusí hielt es nicht für nötig zu antworten; er hüllte sich lange in Schweigen und meinte schließlich am Ende, ohne eine bestimmte Person anzusprechen: »Ich werde ein Opfer bringen lassen. Vielleicht weisen die Götter uns den Weg.«

»Was für ein Opfer?« fuhr der Spanier auf.

»Ein Opfer eben!« wich er aus. »Was für eine Rolle spielt das schon?«

»Eine große«, erwiderte Alonso de Molina sofort. »Solltest

du auf die Idee kommen, ein Kind zu ermorden, wirst du es mit mir zu tun bekommen.«

»Heikle Momente erfordern heikle Lösungen.«

»Aber das ist die grausamste. Du enttäuschst mich«, fügte er hinzu. »Ich dachte, ich hätte dir in der Zwischenzeit etwas beigebracht.«

»Du hast mir nicht beigebracht, meine Leute vor dem Zorn Atahualpas zu bewahren«, sagte der *curaca.* »Zeig mir einen Weg, und ich werde ihn gehen, aber für mich ist klar, daß du auch keinen kennst.«

»Wir werden ihn gemeinsam suchen.«

»Wann denn?« wollte Chabcha Pusí wissen. »Zwei Tage, nachdem Huascar seine letzte Schlacht verloren hat, werden die Truppen Calicuchimas vor den Pforten Cuzcos stehen. Im Rücken haben wir dann nur noch unzugängliche Gebirge und feindliche *aukas.* Sag mir, was wir in einem solchen Fall tun sollen!«

Alonso de Molina blieb ihm die Antwort schuldig. Auf der Suche nach einer Lösung drehte und wendete er die ganze Nacht hindurch so lange jeden Gesichtspunkt, bis nur noch Naika mit ihrem *punchayana* auf den Beinen war. Er ging in den Garten und bat sie, ihren Ehemann zu wecken.

»Wozu?«

»Ruf ihn!«

Zusammen kamen sie zurück. Als der verschlafene *curaca* ihm gegenüberstand, sagte der Andalusier: »Schick Huascar eine Botschaft. Wenn er mir einen Monat Zeit gibt, kann ich ihm vielleicht zum Sieg verhelfen. Erinnerst du dich noch, wie damals in der Nacht die Rohrflöte tobte? Ich werde die hundertfache Wirkung erzielen. Ich brauche nur Schwefel, Salpeter und Holzkohle.« Er setzte kurz ab. »Und Zeit.«

»Und woher gedenkst du die Zeit zu nehmen? Atahualpa wird jeden Augenblick angreifen!«

»Wenn Huascar sich auf diese Seite des Apurimacs zurückzieht und die Brücke durchtrennt, werden wir über alle Zeit der Welt verfügen.«

»Den Huaca-Chaca durchtrennen?« fragte er bestürzt. »Du weißt ja nicht, was du redest. Das ist eine heilige Brücke, und wer sich erdreistet, sie zu zerschneiden, wird den Zorn der Götter auf sich ziehen.«

»Fang nicht mit deinem verfluchten Aberglauben an!« widersprach der Spanier. »Es ist nichts weiter als eine Brükke.«

»Die Cuzco von dem Rest des Imperiums trennt. Huascars Armee würde – hier drinnen eingesperrt – vor Hunger immer schwächer, während Atahualpa sich stärken könnte. Nein!« wiederholte er. »Mit dem Überqueren des Apurimacs würden wir uns freiwillig in eine Falle begeben.«

»Schick ihm die Botschaft trotzdem«, meinte der Spanier unnachgiebig. »Wenn er mir Zeit läßt, einen Monat insgesamt, kann ich ihm Kanonen verschaffen. Richtige Kanonen, die mit einem Mal die feindlichen Linien beseitigen würden.«

»Was ist eine Kanone?«

»Ein ›Donnerrohr‹, nur tausendmal stärker.«

Chabcha Pusí, *curaca* von Acomayo, schien der Gedanke zu faszinieren, daß es eine derartige Waffe geben könnte. Dennoch schüttelte er den Kopf. »Das ist absurd!« sagte er. »Ich weiß zwar nicht, woraus sie gemacht wird, aber ich habe sie mir genau angesehen, und ich versichere dir, dieses Metall gibt es bei uns nicht.«

»Das weiß ich«, lenkte der Andalusier ein. »Es handelt sich um besten Stahl aus Toledo, aber für eine einzige Schlacht brauche ich keine Kanonen aus Stahl. Mir reicht es, wenn sie zwei oder drei Salven überstehen.«

»Und woraus würdest du sie dann anfertigen?«

»Aus Gold.«

»Aus Gold?« wiederholte der Inka. »Bist du wahnsinnig geworden? Du willst Waffen aus Gold herstellen?«

»Warum nicht? Gold habt ihr doch im Überfluß. Wenn ihr

Blumen, Tiere, Wände und sogar Dächer aus Gold herstellt, warum nicht auch Waffen?«

»Weil es zu weich ist und bei sehr niedriger Temperatur schmilzt.«

»Mir reicht es. Für drei oder vier Schüsse, viel Krach und ein paar ordentliche Ladungen, wenn auch ungezielt abgefeuert, das reicht mir zur Genüge. Und ich garantiere dir, sobald die losdonnern, werden die Mistkerle aufgescheucht davonrennen.«

Chabcha Pusí, der sich, wie irre geworden, ständig den Saum seines Gewandes glattstrich, schaute auf und starrte den Menschengott, der ihn immer wieder völlig aus der Fassung brachte, entgeistert an. »Und diese Kanonen werden deine Leute mitbringen, sollten sie noch einmal zurückkommen?«

»Wahrscheinlich.«

»Und werden sie damit unsere Armee zerschlagen?«

»Mit ihnen und der Kavallerie.«

»Ich verstehe«, flüsterte der *curaca.* »Riesige Bestien, auf denen ein Krieger blitzschnell von Ort zu Ort befördert wird.« Er schüttelte mutlos den Kopf. »Ich werde Huascar Bescheid geben«, sagte er. »Aber ich kann dir nicht versichern, daß er dir Gehör schenkt. Yana Puma wird ihm davon abraten.«

»Das Risiko müssen wir eingehen. Bis die Antwort kommt, schick deine Leute nach Schwefel, Salpeter und Holzkohle aus.«

»Wozu?«

»Um Schießpulver herzustellen.«

»Schießpulver? Was ist denn das?«

Der Andalusier lächelte wieder, als er antwortete: »Der Geist des Donners.«

17

Chabcha Pusí hatte recht. Yana Puma lehnte die Vorschläge Alonso de Molinas strikt ab, weil täglich weitere Deserteure, angezogen von den in Aussicht stehenden Plünderungen und Raubzügen, zur anderen Seite überliefen. »Wer garantiert uns, daß er nicht auf Atahualpas Seite ist?« fragte er in aggressivem Ton. »Er bittet uns ausgerechnet um Zeit, obgleich er weiß, daß die Zeit gegen uns arbeitet. Ich bin wie Atox der Meinung, daß wir zum Gefecht übergehen sollten, bevor sich Chaos und Anarchie im ganzen Land ausbreiten.«

»Und wenn es stimmt, daß er im Besitz von Waffen ist, die uns retten können?« spielte sein entmutigter Neffe etwas verschüchtert an. »Wäre es nicht einen Versuch wert?«

»Uns retten?« brauste der greise Priester auf. »Wer redet davon, uns zu retten? Atahualpa sollte vielmehr daran denken, wie er seine Haut rettet. Die Götter sind auf unserer Seite.«

»In letzter Zeit zeigen sie uns die kalte Schulter. Warum?«

»Weil ihre Wege dunkler sind als die schwärzeste Nacht. Sie stellen dich gerade auf die Probe, damit du beweist, daß du als echter Sonnensohn deiner Vorfahren würdig bist, jemand, den das Mißgeschick nicht bezwingt. Heute morgen habe ich ein schwarzes Lama geopfert, und die Botschaft seiner Lungen läßt keine Zweifel zu: Du wirst einen großen Sieg erlangen. Das Blut deiner Feinde wird das Wasser des Apurimacs bis zu seiner Mündung in den Großen Fluß drüben im Osten tränken.«

An nichts lag dem furchterfüllten Huascar in jenem Moment mehr, als den Prophezeiungen seines Onkels Glauben schenken und das Schicksal seines Throns in die Hände der Götter legen zu können. Nach der grausamen Schlacht von Cocha-Huaylas, in der seine besten Soldaten – ausgezeichnete und tapfere Schleuderer, Bogenschützen und Lanzenwerfer – massakriert worden waren, hatte sich sein Vertrauen zu Atox in nichts aufgelöst. Tag und Nacht suchte er nach einer

Lösung, was er der Gerissenheit von Ruminjáh und Quisquis entgegensetzen konnte, damit sich seine Siegeschancen auch nur geringfügig erhöhten.

»Vielleicht der *Viracocha*«, wagte er einen weiteren Vorstoß.

»Der *Viracocha* ist die Inkarnation von Sopay und ein Verbündeter von Atahualpa. Am besten befiehlst du, ihn umbringen zu lassen. Auf wen wirst du hören: Auf diesen fremden Dämonen oder auf denjenigen, der dich vom Tage deiner Geburt an versorgt und beschützt hat?«

»Hättest du mich wirklich beschützt, hättest du nie gebilligt, daß mein Vater – dein Bruder – Atahualpa die Nordprovinzen überläßt.«

»Dein Vater, Huayna Capac, war einer der tapfersten und mächtigsten *inkas* unserer Geschichte. Niemand wagte es bisher, seine Entscheidungen in Frage zu stellen. Wenn er einen Fehler begangen hat, so ist das verglichen mit seinen Erfolgen von geringer Bedeutung. Ihm verdankst du den Thron, und dein Auftrag ist, ihn zu behalten.«

»Wie?«

»Hättest du auf mich gehört und den Verräter hingerichtet, als du ihn in deinen Händen hattest! Aber noch hast du Zeit.«

»Was soll ich denn tun?« fragte der *inka* hartnäckig. »Atox hat Angst, das weiß ich! ›Der Fuchs‹ hat diesem alten Tiger von Ruminjáhui gegenübergestanden, und zweimal wurde er geschlagen. Jetzt leckt er sich die Wunden und fragt sich fassungslos, wie er am besten weiteren Hieben aus dem Weg gehen kann. Eine halbe Million Männer unter dem Befehl eines feigen Generals, das entspricht genau einer halben Million Feiglingen.

»Tausch ihn aus!«

»Gegen wen? Gegen dich als einen Mann von Gott, oder durch mich, der ich nicht einmal den Unterschied zwischen den Strategien eines Lanzenwerferregiments und eines von Stabträgern kenne?« Nervös lief er hin und her, und schließlich schien seine unwiderrufliche Entscheidung gefällt zu sein: »Ich werde einen Botschafter zu Quisquis entsenden«, meinte er. »Wenn er zu mir überläuft, werde ich ihn zum Obergeneral aller Truppen und zum Gouverneur des Nordens ernennen und ihm den Rang eines Mitglieds der königlichen Familie erteilen. Was könnte jemand noch begehren, der einmal als einfacher Haarschneider begann?«

Sechs Tage später erhielt der *inka* Huascar die Antwort auf eine solche Frage, denn sein Bote betrat Jauja auf den Schultern von acht Trägern. Er war lebendig enthäutet worden.

Da beschloß der *inka* endlich, sich in Bewegung zu setzen und Jauja zu verlassen. Dort würden ihn, wie er wußte, seine Feinde nie angreifen. Sie würden sich nur darauf beschränken, ihn durch die unaufhaltsam anwachsende Menge von Deserteuren immer mehr zu schwächen. So begab er sich an die steilen Uferböschungen des Apurimac, um sich den kampfsüchtigen Anhängerschaften seines Stiefbruders mit geringer Aussicht auf Erfolg zur Wehr zu setzen.

General Atox übernahm, wenn auch entmutigt, die Führung seiner Truppen, bereit, für sein Leben zu kämpfen.

Alonso de Molina arbeitete unter Hochdruck.

In Erwartung der Antwort des *inka* hatte er all sein Wissen und seine Zeit darauf verwendet, die Mischung des Geistes des Donners zusammenzustellen. Zwar eigneten sich die Materialien, die ihm zur Verfügung standen, nicht hundertprozentig, aber dennoch gelang es ihm, ein Pulver herzustellen, das – wenn auch nicht sehr wirksam – doch einen dichten, schwarzen Qualm und einen beachtlichen Donnerschlag verursachte, was äußerlich eher Panik verbreitete als Schaden anrichtete.

Zwei der besten Goldschmiede des königlichen Palastes fertigten ihm in wenigen Tagen eine kleine Kanone an, die in Wirklichkeit nicht viel größer war als eine kurze, klobige Feldschlange für Ehrensalven. Der Andalusier baute sie auf einer schweren, mit großen Steinblöcken beschwerten Lafette an einer Seite des Hofes auf, lud sie mit Goldstücken und kleinen Kieselsteinen. Nachdem er sie auf ein gegen die Mauer gelehntes Holzbrett gerichtet hatte, steckte er die Zündschnur an und lief eilig zu Naika, Shungu Sinchi, Chabcha Pusí und Calla Huasi.

Die Zündschnur, eine einfache Kordel mit Schießpulver bestreut und zum Trocknen gelegt, begann zu zischeln und Funken zu sprühen. Zum erstenmal seit langem ertappte sich Alonso de Molina, wie er die heilige Barbara anflehte, sie möge ihn nicht verlassen.

Das Gold der Kanone funkelte in der Sonne, die Zündschnur hörte auf zu zischeln, während das entzündete Ende verschwand, und dann vergingen noch einige langgezogene Sekunden, bis plötzlich eine fürchterliche Explosion selbst das Fundament des Palastes des *curacas* von Acomayo zu erschüttern schien. Ein dichter Rauch breitete sich in dem großen Hof aus und brachte alle zum Husten. Die zwei Mädchen kreischten auf und fielen zu Boden. Calla Huasi zog den Kopf ein und hielt sich mit beiden Händen die Ohren zu, und Chabcha Pusí zerriß nach so vielen Versuchen des Glattstreichens schließlich sein Gewand.

Als der Qualm sich am Ende aufgelöst hatte und der ätzende Geruch von der sanften *cuzco*-Brise fortgetragen war, sahen sie sich, glücklich und erschüttert zugleich, den Haufen Splitter an, der von dem großen Holzbrett. noch übrig geblieben war.

»Heiliger Himmel!« rief der Spanier. »Was für ein Knall!«

Er ging zur Kanone und besah sich ihren Zustand. Zwar zeigte der Grad der Abnutzung, daß Gold für die Waffenproduktion sicherlich nicht das richtige Metall war, aber er stellte fest, daß sie nicht allzu sehr in Mitleidenschaft gezogen war.

»Es funktioniert!« murmelte er. »Bei Gott, es funktioniert! Die steht mindestens noch zwei Ladungen durch. Mit dreißig von denen machen wir den Mistkerlen aber Beine.« Er wandte sich an Chabcha Pusí, der versuchte, das leichte Zittern in seinen Knien zu verbergen. »Was sagst du nun?« fragte er. »Hatte ich recht oder nicht?«

»Ein Teufelswerk«, war alles, was der benommene Inka herausbrachte. »Das kann gar nichts anderes als ein Werk von Sopay sein, oder von Pachacamac, der aus seinem Schlaf aufgewacht ist und die Welt erschüttert.«

»Weder von Sopay noch von Pachacamac oder wem auch immer! Es ist von den Chinesen. Man behauptet, sie hätten das Schießpulver erfunden. Sie verwenden es allerdings nur für ihre Feuerwerke. Wir nutzen es für den Krieg, im Glauben, es könnte Wunder vollbringen. Schick Huascar eine Botschaft. Versichere ihm, daß wir in vierzehn Tagen fertig sind.«

Aber der *chasqui,* der nach Jauja lief, traf in der Nähe der Huaca-Chaca-Brücke auf einen anderen, der aus der entgegengesetzten Richtung kam. Seine Nachricht klang nicht gut. Weiter im Norden, an den Ufern jenes Apurimacs, dessen Wassermassen dunkel und kalt herabströmten, hatten Huascars Truppen Stellung bezogen und wollten bei Anbruch des folgenden Tages in einer letzten entscheidenden Schlacht gegen die Truppen des Verräters Atahualpa antreten. Der *inka* befahl daher allen Bewohnern Cuzcos, in die Tempel zu gehen und für den Sieg ihres Gebieters und Herrn zu beten, dem einzigen rechtmäßigen Erben des Sonnengottes.

»Dummkopf!« rief Alonso de Molina empört. »Wie grenzenlos dumm. Ihm fehlt allein der Glaube! Ich hätte seine Feinde in die Flucht geschlagen, sie hätten keinen Widerstand geleistet. Aber jetzt werden sie sich gegenseitig zu Tode steinigen und mit Lanzen erstechen. Warum, zum Teufel?«

»Es sind Männer«, sagte Naika leise, die die traurige Nachricht überbracht hatte. »Sie mögen den Krieg. Meine Mutter erzählte mir, daß die Männer seit Menschengedenken immer für die eine oder andere Sache gekämpft haben, und eines Tages brannte man ihr Dorf nieder und verschleppte sie. Sie hat nur Gewalt gekannt, und als sie entdeckte, daß mein Vater nur den Frieden und das Schweigen der Sterne liebte, vertraute sie ihm ihr Leben an, als hätte sie am Ende das Paradies gefunden.«

»Sie muß eine großartige Frau gewesen sein.«

»Ja. Damals, in der Geheimen Stadt, gefiel mir das Leben. Niemand war jemals so glücklich wie ich.«

»Warum bist du fortgegangen?«

»Dort dürfen nur die Weisen leben, ihre Frauen und Dienstleute, und die Kleinkinder. Mit zwölf Jahren müssen sie fort, damit das Geheimnis der Stadt nicht aufs Spiel gesetzt wird.«

»Kennst du es?«

»Nicht genau. Als man uns von dort wegbrachte, haben sie uns die Augen verbunden. Dann schleppten sie uns eine Woche lang durch die Berge, um uns am Ende einigen Soldaten zu übergeben, die uns nach Cuzco brachten. Nur Offiziere, die sich im Laufe der Jahre dem *inka* gegenüber am tapfersten und loyalsten erwiesen haben, dürfen Führer oder Wächter der Geheimen Stadt sein.«

»Merkwürdig«, meinte der Andalusier. »Es ist immer eine glänzende Idee, das Wesen einer Kultur verborgen zu halten. So wird sie ständig wiedergeboren, einerlei, wie wechselhaft die Geschichte auch ist. Als die Mauren in Spanien eindrangen und es besiegten, gab es da noch eine Blockhütte tief in den asturianischen Bergen. Von hier aus nahm die Reconquista ihren Anfang, weil einige hier den Geist des Christentums bewahrt hatten. Ich vermute, eure Geheime Stadt ist so eine Art Covadonga für den Fall, daß die Zeiten schlechter werden. Zweifellos seid ihr ein äußerst vorsorgendes Volk.«

»*Sie* sind äußerst vorsorgend», betonte das Mädchen spitz. »Denk daran, daß ich nur eine halbe Inka bin. In meinen Adern fließt mehr rebellisches als unterwürfiges Blut. Daher bin ich sicher, daß ich eines Tages in den Urwald zurückkehren werde. Cuzco erstickt mich.«

»Ich fürchte, Cuzco wird uns bald alle ersticken, wenn der

gute Atox sich nicht sputet«, meinte der Andalusier spöttisch. »Wenn morgen die Schlacht beendet ist, haben wir in kurzer Zeit Calicuchi, Cuchiquima oder wie immer dieser Widerling auch heißt, vor unseren Pforten, und der wird uns den Hals abschneiden. Die einzige Lösung, die mir einfällt, ist, diese verfluchte Brücke abzufackeln.«

»Kein Bürger von Cuzco wird jemals den Huaca-Chaca abbrennen«, meinte Naika überzeugt. »Cuzco ist der Nabel, und die Brücke die Nabelschnur, die sie mit der Welt verbindet, die sie am Leben hält und der sie Leben gibt. Für Cuzco zu sterben, spielt für einen Inka keine Rolle, denn wenn Cuzco stirbt, stirbt die Welt samt ihren Bewohnern.«

»Glaubst du das auch?«

»Nein!«

»Na ja, dann sind wir ja schon zwei. Cuzco ist nichts weiter als eine Stadt, und die Brücke ist eine Brücke.« Er streckte die Hand aus und berührte sie vorsichtig am Unterarm, als hätte er Angst, sie zu zerbrechen. »Ich wollte dich immer etwas fragen«, setzte er hinzu. »Warum hast du Chabcha Pusí geheiratet?«

»Ganz einfach«, meinte sie mit einem Anflug von Lächeln, der sie noch schöner machte. »Als ich nach Cuzco gebracht wurde, stellte man mich so lange unter seine Obhut, bis der *apoponiaca*, der die Mädchen für den Tempel der Sonnenjungfrauen auswählt, die Auswahl vornahm. Die meisten Mädchen wünschten sich sehnlich, *kiusta* zu werden, denn das ist der erste Schritt, um eine Konkubine des *inka* und einmal die Frau eines Mitglieds der königlichen Familie zu werden, aber das wollte ich nicht.«

»Warum nicht?«

»Weil meine Mutter mich anders erzogen hat. In ihren Augen war es keine große Ehre, Konkubine des *inka* zu werden, sondern die schlimmste Erniedrigung. Daher verkleidete ich mich am Tag der Auswahl: ich färbte mir die Zähne schwarz, schnürte mir die Brust ein und beschmierte mir die Haare, so daß der *apoponiaca* fast in Ohnmacht fiel, als er mich sah.« Sie lächelte verschmitzt.

»Und Chabcha Pusí?«

»Er war wie mein Vater: gerecht und liebevoll. Ich wußte, daß man mir einen offiziellen Mann zuweisen würde, wenn ich nicht bald heiratete, so einen kleinen Jungen, der mir nach wenigen Jahren ein paar Kinder anhängt und sich eine jüngere Frau sucht, sobald mein Körper unförmig wird. Eines Tages schlug mir Chabcha Pusí vor, seine letzte und endgültige Frau zu werden, und ich willigte ein. Mein Vater zeigte Verständnis und hatte nichts dagegen.«

»Siehst du deinen Vater häufig?«

»Man erlaubte ihm, an meiner Hochzeit teilzunehmen, aber er kehrte in die Stadt zurück, und ich glaube nicht, daß er sie noch einmal verlassen wird. Er fühlt sich dort wohl.«

»Würdest du gerne zurückkehren?«

»In die Stadt? Liebend gerne, aber das könnte ich nur als Frau eines berühmten Weisen, aber ich bin ja bereits Chabcha Pusís Gattin.« Nach einer kurzen Pause fügte sie hinzu: »Oder deine.«

Die Tempel waren überfüllt, denn alle, die noch in der Stadt geblieben waren, warfen sich den Göttern zu Füßen, um schweigend dafür zu beten, daß ihnen die Gnade des Sieges über die blutrünstigen Truppen des Bastards Atahualpa zuteil wurde.

Jenes erhabene Glaubensbekenntnis machte auf Alonso de Molina einen tiefen Eindruck, denn nicht eine Stimme, kein Flüstern oder Klagen erhob sich, und in der Ruhe der kalten Nacht schienen Millionen von winzigen, flackernden Lichtern die Aufmerksamkeit des Himmels zu erbitten, damit dieser seine Augen auf die zum Tode Verurteilten richten möge. Die undurchdringlichen Gesichter der Inkas zeigten keine Angst, und wenn sie weinten, weinten sie in sich hinein und erfüllten ihre Herzen und ihr Inneres mit Schmerz, denn sie waren seit Menschengedenken in dem Glauben erzogen worden, daß Gefühle nur im tiefsten Inneren der Seele ausgelebt werden durften.

Benommen setzte Alonso de Molina sich in einen Winkel der Huaccapayta, jenes offenen Platzes, der den Mittelpunkt der Stadt darstellte und gleichzeitig als der Mittelpunkt der Erde verstanden wurde. Er ließ seinen Blick langsam über die in Gold gearbeiteten Blumen und Blätter schweifen, die getroffen von den tänzelnden Flammen der kleinen Lichter leicht funkelten, und über die Köpfe all jener, die zum Beten herbeigekommen waren in der Hoffnung, der Aufschrei ihres unglaublichen Schweigens stiege direkt zu der dunklen Wohnstätte der Götter auf.

Der Mond ging auf. Er war riesig, wie jener wunderschöne Mond, den *Viracocha* aus den unendlichen Tiefen des Titicaca-Sees hervorgeholt hatte und der nach einer alten Legende tausend Jahre lang sogar viel heller schien als die Sonne, bis diese, neidisch auf seinen Glanz, ihm eine Handvoll Asche ins Gesicht warf und seine unvergleichliche Schönheit für immer befleckte.

Calla Huasi trat aus dem Inneren der Quishuaracancha, hockte sich neben den Spanier und hüllte sich eine Weile in Schweigen. Schließlich sagte er leise: »Ich habe einen alten Freund getroffen. Er ist desertiert, weil Huascar am oberen Apurimac Stellung bezogen hat, und zwar so, daß Rumiñáhui ihn rücklings in den Abgrund drängt, sollte er ihn von der Flanke her angreifen. Huascar hätte keinen Handlungsspielraum, und die Schleuderer und Bogenschützen bräuchten ihre Linie nur geringfügig zu verschieben, um Huascars Leute in die Tiefe zu stürzen. Es wird ein Massaker.«

»Und Atox?«

»Niemand weiß etwas über ihn. Offensichtlich hat er sich in seinem Zelt eingeschlossen, oder er ist desertiert.«

Alonso de Molina zeigte mit einer Handbewegung auf die Hunderte von betenden Männern und Frauen: »Was wird aus ihnen?« wollte er wissen.

»Wenn Quisquis früher ankommt, werden einige am Leben bleiben. Unter Calicuchima jedoch wird ihnen die Kehle durchgeschnitten, denn der ist im Norden geboren und haßt Cuzco und alles, was damit zu tun hat. Seiner Vorstellung nach wird die Stadt dem Erdboden gleichgemacht und die Hauptstadt nach Quito verlegt.«

»Selbst unter diesen Umständen wagt niemand, die verdammte Brücke durchzutrennen«, klagte der Spanier. »Die sind ja verrückt.«

»Doch«, erwiderte der Inka überzeugt, »ich wage es.«

Er sah ihn überrascht an. »Ist das dein Ernst?« fragte er.

»Ja, völlig. Ich habe darüber nachgedacht. Vielleicht verfluchen die Götter mich, oder ich gehe als Schuft in die Geschichte ein, aber wenn die Durchtrennung der Brücke verhindert, daß Calicuchima als erster die Stadt erreicht und sie verwüstet, dann ist es die Sache wert. Bei deiner Entscheidung kannst du auf mich zählen.«

»Ich bin fest entschlossen. Wir können Schießpulver mitnehmen und sie in die Luft jagen, sobald wir erfahren, daß dieser Calicuchima im Anmarsch ist. Ich glaube nicht an den Fluch der Götter.«

Bei Tagesanbruch machten sie sich auf den Weg, denn bis an die Ufer des Apurimacs war es ein langer harter Marsch. Am gleichen Tag sollten sich an den Ufern desselben Flusses, jedoch weiter nördlich, Hunderttausende von Männern gegenseitig grausam niedermetzeln.

»Eigentlich müßte ich dort sein«, meinte Calla Huasi während einer Rast, die sie in einem kleinen Eukalyptuswäldchen eingelegt hatten. »Dort ist mein Posten, und dennoch habe ich keine Schuldgefühle, desertiert zu sein.«

»Das ist das einzig Wichtige«, antwortete der Spanier ungerührt. »Wie du zur dir selbst stehst. Wenn wir Soldaten werden, setzen sie uns einige Ideen in den Kopf, die uns unantastbar erscheinen. In einigen Fällen jedoch, wie in meinem und jetzt in deinem, kommt der Moment, da du zum Nachdenken darüber gezwungen wirst, inwieweit du es noch billigen kannst, daß sie dich immer mehr zerstören. Eines Tages merkst du, daß fremdes Leid dir mehr bedeutet als dein eigener Ruhm, und ab dann wird alles anders.«

»Und wenn es nur Angst ist?«

»Du und Angst?« fragte der Andalusier erstaunt. »Das glaube ich nicht. Außerdem ist es eine Sache, im Kampf gegen die Feinde deines Vaterlands zu fallen; eine ganz andere jedoch, wenn du von deinen eigenen Brüdern getötet wirst.«

»Hast du vor Bocanegra einmal einen Spanier getötet?«

Alonso de Molina ließ sich mit der Antwort Zeit. In Gedanken reiste er um einiges in der Zeit zurück und beschwor einen Lebensabschnitt in sich herauf, in dem er nie mit jemandem gesprochen hatte und nur vergessen wollte. Am Ende nickte er. »Ja«, gab er zu. »Zwei.«

»Warum?«

»Sie verdienten es.«

»Warum?« fragte der Inka und ließ nicht locker.

»Es waren ein paar Mörder.« Er machte eine Pause, betrachtete die entfernten Gebirge, als suchte er aus ihnen die notwendige Kraft zu schöpfen, um mit seiner Erzählung fortfahren zu können. Als er weiterredete, klang seine Stimme fast eintönig: »Als man uns zur Entdeckung der Neuen Welt aussandte, waren einige von uns überzeugt, wir täten es für den höchsten Ruhm Gottes, und unsere wichtigste Mission bestünde darin, die armen Leute, die im Dunkel von Sünde und Unwissenheit lebten, zum Christentum zu bekehren. Wir gingen davon aus, daß wir zur Rettung ihrer Körper und Seelen beitrugen, wenn wir sie dem Gehorsam des Kaisers unterstellten. Die meisten der Ankömmlinge suchten jedoch nur ihren eigenen Vorteil und einen fernen Ort, um ihren niederen Instinkten freien Lauf lassen zu können.«

»Das passiert in allen Kriegen.«

»Es war ja gar kein Krieg. Niemand hat uns angegriffen. Offiziell kamen wir zum Zivilisieren, aber um sich Ländereien anzueignen, sperrten die paar Kanaillen da, die bereits Land besaßen, fünfzig Indios in eine riesige Hütte, brannten alles ab und meldeten Besitzrechte an. Ihren Berichten zufolge hatten die Indios nämlich rebelliert und waren in die Berge geflüchtet.«

»Und du hast sie getötet?«

Alonso de Molina wies mit einer Kopfbewegung auf die Arkebuse, die an einem Baum lehnte. »Mit einem ›Donnerrohr‹, ähnlich wie dem da.«

Der Inka starrte unbeeindruckt auf das Gewehr und brachte schließlich mühsam hervor:

»Ist es wirklich magisch?«

»Nein, überhaupt nicht. Es hat gar nichts Magisches an sich.« Er nahm die Arkebuse und zeigte sie ihm von nahem. »Sie ist nichts weiter als ein Stück Metall mit Pulver gefüllt. Beim Abdrücken dreht sich dieses Rad und läßt Funken sprühen, die das Pulver erfassen, das sich in der Zündpfanne befindet. Von dort wandern sie in den Gewehrlauf, wo es zu einer Explosion kommt und ein Stück Blei herausgeschleudert wird, das ich in die Öffnung geschoben habe.«

»Ich finde sie immer noch magisch.«

»Sie ist teuflisch, aber nicht magisch. Normalerweise benötigt man eine Lunte, um das Pulver zu entzünden. Das ist aber oftmals kompliziert und umständlich. Aber als ich beschloß, in Tumbez zu bleiben, hat Pizarro mir dieses Modell geschenkt, das man ihm gerade aus Spanien geschickt hatte. Der Erfinder dieses Dings war reichlich verdreht im Kopf, aber ein Magier war er nicht.«

»Dann bist du also gar kein Gott?«

»Nein, das weißt du sehr gut. Ich bin nichts weiter als ein armer Soldat, der das Töten satt hatte.«

»Bringst du mir bei, wie man das ›Donnerrohr‹ bedient?«

»Warum nicht? Es gibt so viele Scheißkerle, die damit umgehen können, so daß ich es nur recht finde, daß ein ehrenhafter Mann sich zu verteidigen lernt. Wenn das alles vorbei ist, werde ich es dir beibringen und dir eines anfertigen lassen.«

»Ein ›Donnerrohr‹ für mich?« fragte der Inka verblüfft. »Wie wirst du das anstellen?«

Alonso de Molina brach in Gelächter aus. »Aus Gold!« erwiderte er. »Du bekommst ein ›Donnerrohr‹ aus reinem Gold.«

18

Bei Anbruch der Dunkelheit tauchte Huaca-Chaca auf. Er wurde nicht mehr bewacht, denn alle tauglichen Männer befanden sich im Norden und kämpften in der großen Schlacht. Selbst die nie endenden Lamakarawanen, die das Salz von der Küste beförderten, warteten an irgendeinem abgelegenen Ort ab, wie der endgültige Bestimmungsort ihrer wertvollen Last heißen würde.

Als die Schatten länger wurden, machten sie sich an den gefährlichen Abstieg über die in den Felsen gehauene Treppe. Als sie sich an den riesigen Pfeilern der Brücke zum Ausruhen hinlegten und dem grollenden Getöse der Strömung und dem Quietschen des im Wind schwankenden Bauwerks lauschten, war es bereits dunkel.

»Es ist schade um sie!« sagte Alonso de Molina leise, bevor er kurz vor dem Einschlafen seinen Poncho fest um sich zog. »Wirklich eine Schande, denn es ist eines der schönsten Denkmäler für menschliche Arbeitskraft und Talent, das ich kenne.«

In der Morgendämmerung bereiteten sie die Sprengladungen vor. Einige Trosse aus gedrehtem Pitahanf hatten einen Durchmesser von einem halben Meter, und es hätte Stunden oder gar Tage intensiver Arbeit in Anspruch genommen, diese durchzuschneiden. Daher beschlossen sie, die Felsen der Brückenverankerung zu sprengen, so daß die Brücke abrutschte und das schwerfällige Bauwerk aus Holz und Seilen schließlich seinen Halt verlor und in den Cañon hinunterstürzte. Vielleicht würde es ihnen auf diese Art nicht gelingen, sie vollständig zu zerstören, sondern sie nur für einen langen Zeitraum unpassierbar zu machen. Aber offensichtlich war dies die einzige Möglichkeit für die zwei Männer, denen nichts weiter zur Verfügung stand als ein Beutel Schießpulver minderer Qualität.

Als der Andalusier mit seinem Werk zufrieden war, stieß er einen tiefen Seufzer aus und nahm Platz, um zu warten. »Die Würfel sind gefallen, so sagte Julius Cäsar, als der den Rubicon überquerte. Jetzt geschehe, was Gott wolle.«

»Wer ist Julius Cäsar?« erkundigte sich der Inka.

»Ein römischer General. Er starb vor mehr als tausend Jahren, hinterließ jedoch einige der wichtigsten Ereignisse seiner Zeit in schriftlichen Zeugnissen.« Er zeigte zur Brücke hinüber. »Mein Großvater behauptete, daß alles für die Menschen Bedeutsame in den Büchern steht, aber jetzt sehe ich, daß er sich irrte. Manchmal frage ich mich, wie es möglich ist, daß ein Volk, das nicht schreiben kann und somit eines glaubhaften Erinnerungsvermögens entbehrt, zu erreichen vermag, was ihr erreicht habt.«

»Ich habe einmal einen *quipu kamayoc* kennengelernt, der fünfzig Tage und Nächte höchst ausführlich alle Ereignisse berichten konnte, die sich seit der Gründung durch Manco Capac im *tihvantinsuyo* abgespielt haben. Das ist unser Gedächtnis.«

»Aber Menschen sterben. Bücher nicht.«

»Es werden andere Menschen geboren, und zwar so lange, bis niemand mehr zur Welt kommt, und dann brauchen wir kein Gedächtnis mehr.«

Sie schwiegen, den Blick starr auf die Spitze der gegenüberliegenden Steilwand geheftet, wo jeden Augenblick Soldaten auftauchen konnten. Stunde um Stunde verstrich. Schließlich tauchte oben auf der Spitze der Klippe die Gestalt eines Mannes auf.

Er kam allein und stürzte so blindwütig die Treppe hinunter, daß man meinte, er würde jeden Moment ausrutschen und kopfüber in den Abgrund fallen. Es war ein *chasqui* in bunter Kleidung und wehenden Bändern, die keinen Zweifel an seinem fast geheiligten Berufsstand ließen.

Alonso de Molina und Calla Huasi richteten sich gleichzeitig auf. Aufmerksam hielten sie die Kuppe im Auge und erwarteten das Erscheinen von Soldaten, aber niemand kam hinter den hohen Felsen hervor. Währenddessen tätigte der *chasqui* seinen Abstieg im Fluge. Schließlich lief er auf die Brücke zu, aber nach einigen Schritten verließen ihn seine Kräfte. Er suchte sich auf den Beinen zu halten und stützte sich ab, bis er genau in jenem Moment die Männer entdeckte, die auf der anderen Seite auf ihn warteten. Er atmete dreimal tief durch und lief wieder los, überquerte die gefährliche Brücke, als existierte der tiefe Schlund unter ihm gar nicht. Schließlich kam er vier Meter vor den beiden Männern zum Stehen, schnappte wieder nach Luft und rief, fast am Ende seiner Kräfte: »Sieg!«

Alonso de Molina und Calla Huasi blickten erst erstaunt ihn an, dann einander, wandten sich erneut dem *chasqui* zu und fragten ihn ungläubig: »Was hast du gesagt?«

»Ich habe Sieg gesagt! Der schlaue Atox versteckte sich, griff überraschend an und brachte nach einem Tag harter Kämpfe den Feind dazu, die Waffen fortzuwerfen und Hals über Kopf zu flüchten.«

»Und Atahualpa? Ist er tot?«

»Das weiß niemand. Es gibt Tausende von Leichen, und die Nacht brach herein, bevor irgend jemand alles genau untersuchen konnte, aber es steht nur noch an, ihn zu verfolgen. Von seinem Heer ist nichts übriggeblieben, überhaupt nichts.« Er atmete wieder durch. Es machte den Anschein, als hätten ihm die kurze Pause und die Verkündung dieser freudigen Nachricht neue Kräfte verliehen, und so rannte er auf die steile Treppe zu und machte sich an den Aufstieg, nachdem er gesagt hatte: »Ich muß gehen. Huascar hat zur Siegesfeier für drei Tage Feierlichkeiten und Opferungen an die Götter angeordnet. Cuzco muß es so schnell wie möglich erfahren.«

Zwei Stufen auf einmal nehmend, rannte er davon. Alonso de Molina war ratlos. »Und nun?«

»Die Götter haben unser Flehen erhört«, erwiderte Calla Huasi. »Etwas anderes konnte gar nicht dabei herauskommen, wenn ein gläubiges Volk zu ihnen betet.«

Sie sammelten die Sprengladungen ein und traten den Rückweg an. Unterwegs begann das Land nach der freudigen Nachricht, die sich mittlerweile wie ein Lauffeuer verbreitet hatte, wieder zu neuem Leben zu erwachen. Die Bauern verließen ihre Unterschlüpfe, die Herden grasten wieder auf den Hügeln, und selbst die Karawanen der salzbeladenen Lamas tauchten aus der Versenkung auf und begaben sich behäbigen Schrittes wie gewohnt auf den Weg zum »Nabel der Welt«.

Chabcha Pusí, der den zwei bei ihrer Ankunft in der Stadt entgegenlief, konnte seine Freude kaum verbergen. »Daß man euch wieder zu sehen bekommt!« rief er ergriffen.« Ich dachte, ihr seid verloren. Wo wart ihr denn?«

»Wir wollten den Huaca-Chaca in die Luft jagen«, antwortete der Spanier, unfähig, ihn anzulügen. »Aber es war nicht nötig, er wird noch zehn Jahrhunderte dort stehen.«

»Das hätte ich mir ja denken können!« meinte Chabcha Pusí. »Na ja, nun ist alles vorbei. Der *inka* hat uns befohlen, glücklich zu sein, also los: Wir bereiten gerade eine große Feier vor.«

Es wurde tatsächlich ein großartiges Fest, auf dem nichts fehlte, denn die Nachricht hatte die bereits knapper werdenden Lebensmittel aus den dunklen Kellern hervorgezaubert, in denen sie wie ein Schatz gehütet worden waren; die *chicha* strömte in rauhen Mengen und betörte Herz und Geist.

Naika erschien hübscher denn je, glücklich, freudestrahlend, und zu guter Letzt stimmte sie ein süßes Lied an, das die traurige Liebesgeschichte des Generals Ollantay mit der schönen Tochter des *inkas* Pachacutec erzählte. Wohl wissend, daß ein einfacher Sterblicher niemals der Ehemann eines Abkömmlings der Sonne werden durfte, beschloß der General, sie heimlich zu ehelichen. Das hatte seinen Fall in Ungnade zur Folge, seine Verbannung, die Trennung von seiner Geliebten und schließlich die Rebellion eines ganzen Volkes gegen ungerechte und unmenschliche Gesetze.

»Weil es nichts Unmenschlicheres und Ungerechteres gibt«, schloß sie, »als daß zwei Menschen, die sich lieben, nicht zusammensein dürfen, nur weil sie nicht derselben Rasse oder demselben Stamm angehören.«

»Das einzige Problem ist«, fügte der *curaca,* durch den Alkohol etwas lockerer geworden, verschmitzt hinzu, »daß die Liebe vorbeigeht, während aber Stämme, Religionen und Rassen weiterhin existieren. Und die Geschichte erzählt nicht, daß Ollantay, als die Prinzessin alt wurde, sich eine andere, viel jüngere Frau suchte, eine Plebejerin.«

»Das finde ich gar nicht witzig«, warf ihm das Mädchen entgegen. »Das hast du gerade erfunden.«

»Möglicherweise«, gab ihr Mann belustigt zu. »Aber ich bin sicher, daß es so zugeht. Was meinst du, Molina?«

Der Andalusier, bei dem das Trinken ebenfalls Wirkung zeigte, zuckte nur die Schultern: »Frauen waren nie meine Stärke«, meinte er. »Als Soldat hat man nie viel Zeit, sich um sie zu kümmern.«

»Du bist doch gar kein Soldat mehr«, trat Shungu Sinchi dazwischen, die den ganzen Abend noch nicht den Mund geöffnet hatte. »Wenn du wirklich vorhast, hierzubleiben und bei uns zu leben, solltest du dir eine Frau suchen. Wie Yana Puma sagt: ›Das Imperium braucht allen Samen seiner Männer.‹«

»Der *inka* kann ohne meinen Samen weiterregieren«, antwortete der Spanier rasch. »Ich hatte nicht vor, ihm Kinder zu zeugen, damit sie seine Sklaven werden. Wenn ich gelernt habe, frei zu sein, dann nur, damit meine Kinder es morgen auch sind, und sollte dies hier nicht der geeignete Ort sein, so gibt es bestimmt noch einen anderen. Ich werde ihn schon finden. Das kannst du mir glauben.«

»Wenn man dich so reden hört, wird man dich noch ins *zancay* schicken«, meinte Calla Huasi.

»Was ist das *zancay?*«

»Eine tiefe finstere Höhle, in die die Agitatoren geworfen werden. Darin leben Schlangen, Skorpione, Pumas, Jaguare, Adler, Geier und Kondore. Die Verurteilten müssen eine Woche dort verbringen, und wenn sie in der Zeit nicht von den Tieren gefressen oder in den Wahnsinn getrieben wurden, dann schenkt man ihnen die Freiheit. Nur zwei Männer haben in den letzten vierzig Jahren das *zancay* überlebt. Einer davon war mein Großvater.«

»Meinst du Huaman Huasi?« erkundigte sich Chabcha Pusí interessiert. »Der General, der sich wegen des Gemetzels an den *chibchas* Huayna Capac widersetzte?«

»Genau der«, sagte der andere. »Ich erinnere mich noch, wie er mitten in der Nacht aufwachte, weil er meinte, die Viecher krabbelten über seine Haut. In seiner Verwegenheit entkleidete er sich, legte sich nackt auf den Boden und rührte sich sieben Tage lang nicht von der Stelle, obgleich eine Schlange sich in seiner Achselhöhle einnistete. Als junger, kräftiger Mann war er hineingegangen, gealtert und weißhaarig kam er wieder heraus.«

»Ich erinnere mich an Huaman Huasi«, meinte der *curaca.* »Ich habe ihn als Kind bewundert, weil es im ganzen Imperium keinen mutigeren Krieger gab als ihn. Schade, daß er so aufrührerisch war!«

»Nur die Aufrührerischen sind wirklich mutig«, sagte Calla Huasi voller Überzeugung. »Jeder, der ungerechte Befehle befolgt, ist nicht mutig, sondern dumm.«

Es tagte bereits. Es war eine lange, schöne Nacht gewesen, eine Nacht, in der der Mond schöner denn je über der Stadt geschienen hatte. Der Anbruch des Tages kündigte sich ebenso harmonisch an; die Sonne ging genau hinter einem der hohen Pfeiler auf, die auf den Hügeln im Osten die Stadt überragten und bei Sonnenauf- oder -untergang mit mathematischer Genauigkeit zwölf Monate des Jahres anzeigten.

Da hörte man plötzlich von weitem ein dumpfes Grollen nahen.

»Was war das?« fragte Shungu Sinchi.

Fast im gleichen Augenblick stürmte ein Eunuch zur Tür herein, wackelte mit seinen schlaffen Fleischmassen und schluchzte hysterisch: »Quisquis! Quisquis naht!«

»Quisquis?« rief Chabcha Pusí entsetzt. »Das ist unmöglich!«

»Doch, mein Herr! Letzte Nacht hat er den Huaca-Chaca überquert und nähert sich mit mehr als tausend Männern der Stadt!«

»Aber die Truppen Atahualpas sind doch geschlagen worden! Huascar hat auf der ganzen Linie gesiegt!«

»Nein, mein Herr, es war nicht so. Huascar hörte nicht auf den Rat von Atox. Statt sofort die Flüchtigen zu verfolgen, feierte er lieber ein großes Fest und räumte Ruminjáhui Zeit ein, seine Anhängerschaft neu zu formieren und einen Überraschungsangriff zu starten. Der führt ihn jetzt als Gefangenen Atahualpa vor, während Quisquis in seinem Vormarsch alle auf Huascars Seite niedermetzelt.«

Schweigen breitete sich aus, das nur durch das Vogelgezwitscher und das ferne, immer lauter werdende Grollen unterbrochen wurde. Die Stadt erwachte erbittert aus ihrem Siegestaumel, und Tausende von Menschen fragten sich verängstigt, was ihnen das Schicksal wohl ab nun beschied.

»Wie lange wird es dauern?« fragte Chabcha Pusí seltsam ruhig.

»Ich weiß es nicht. Nach der langen Schlacht und dem langen Weg sind sie bestimmt erschöpft, aber vermutlich kommen sie am Nachmittag hier an.«

»Und Calicuchima?« fragte der *curaca*. »Was weiß man von dem?«

»Nichts, mein Herr, aber möglicherweise ist er ihm dicht auf den Fersen.«

Der *curaca* von Acomayo zuckte ergeben die Achseln: »Letzten Endes«, sagte er, »ist es einerlei, ob Quisquis oder Calicuchima. Alle wissen, daß ich Huascar immer treu war; ich, meine Familie und meine Sklaven, wir sind verdammt.« Er blickte sich traurig um. »Sie werden den Palast anstecken und keinen Stein auf dem anderen lassen.«

»Du mußt hier fort«, meinte Alonso de Molina. »Im Grunde müssen wir alle fort, denn ich glaube nicht, daß dieser Bastard mich sehr sympathisch finden wird.« Er wandte sich an Calla Huasi. »Und dich auch nicht.«

»Fort? Wohin denn?« fragte Chabcha Pusí ratlos.

»Irgendeinen Unterschlupf wird es doch geben«, beharrte der Spanier.

»Mir fällt kein sicherer Ort ein«, sagte der Inka resigniert.

»In den Bergen im Osten«, meinte da Calla Huasi. »An den Flüssen Vilcanota und Urubamba. Wenn wir uns in die Gegend um den Titicaca begäben, fielen wir ihnen sofort in die Hände. Ich bin dort geboren und kenne das Gebiet gut: Es ist offenes Terrain, und die *urus* werden uns verraten, da sie Huascar nie mochten.«

Chabcha Pusí dachte eine Weile nach und stieß am Ende einen tiefen Seufzer aus. »Einverstanden!« sagte er. »Wir ziehen nordostwärts.« Er wandte sich an den Eunuchen. »Ruf die Knechte zusammen!« ordnete er an. »Sie sollen alle Lebensmittel bereitstellen, die im Hause sind! Wir brechen sofort auf.«

Es herrschte glühende Hitze, als sie den großen Huaccapayta-Platz und die Paläste rechts liegen ließen und den schwierigen Aufstieg zu dem erhabenen Fort Saqcsaywaman antraten.

Hunderte von Flüchtlingen hatten denselben Weg gewählt, und so bevölkerte eine aufgescheuchte Menschenmenge den Weg und hielt von Zeit zu Zeit nach den Truppen von Quisquis Ausschau. Sie brauchten daher gut doppelt so lange als gewöhnlich, um die weitläufige Esplanade zu erreichen, die sich am Fuße der Mauern erstreckte. Von dort betrachteten sie vielleicht zum letzten Mal die einzigartige »Stadt der Städte«.

Die goldenen Dächer funkelten in der Sonne, und Chabcha Pusí wußte, daß er die Erinnerung an jenen bitteren Moment, an welchem Ort der Welt auch immer, im tiefsten Inneren seines Herzens bewahren würde. Innerhalb jener Mauern nämlich ließ er für immer seine Götter und die glücklichsten Jahre seines Lebens zurück.

Weit draußen im Westen, auf dem Weg zum Huaca-Chaca und Abancay, konnte man nun Rauchsäulen erkennen, und an ihrem Näherkommen konnte man genau das Anrücken der plündernden Soldaten verfolgen.

»Es wird eine unheilvolle Nacht für Cuzco«, meinte Calla Huasi. »So unheilvoll wie damals, als sie von den *chacas* geplündert wurde.«

Der Spanier antwortete nicht; versunken betrachtete er die riesigen Felsen, die die erste Verteidigungslinie von Saqcsaywaman bildeten. »In Europa gibt es nichts Vergleichbares«, sagte er schließlich leise. »Gar nichts, und trotzdem gibt es bei uns immer noch Menschen, die behaupten, die Erbauer seien Wilde, die von uns zivilisiert werden müssen.«

Kurz darauf setzten sie ihren mühevollen Marsch durch die Schlucht des Vilcanota fort und verließen eine Stunde später das Flußtal, um sich ostwärts einem Schlängelpfad zuzuwenden, der zu den ersten waldreichen Hügeln hinaufführte. Der Flüchtlingsstrom löste sich zusehends auf, denn nun wurden die unterschiedlichsten Routen gewählt. Am Nachmittag waren sie auf der Kuppe einer Anhöhe hoch über dem Heiligen Tal der Inkas praktisch allein. Vor ihnen erhoben sich mit feierlicher Erhabenheit die Östlichen Anden.

Die beiden Mädchen fühlten sich allmählich erschöpft, und die Träger schwitzten und keuchten unter ihren schweren Lasten, denn der Pfad war immer steiler, enger und rutschiger geworden.

»Wir werden hier ein Lager aufschlagen«, meinte der *curaca* schließlich. »Bald wird es dunkel. Für heute sind wir in Sicherheit.«

Als die Schatten länger wurden, erhellte der Widerschein von Feuern den Horizont. Chabcha Pusí kletterte auf die Spitze der Anhöhe und setzte sich auf einen Felsen, ohne den Blick von den Flammen abzuwenden, die nach und nach die Nacht eroberten. Er weinte bitterlich um seine geliebte Stadt und flehte seine Götter an, sein Herz möge in tausend Stücke zerspringen, damit ihm die Strafe eines ascheverregneten Morgengrauens erspart bliebe.

Er fühlte sich einsam, einsam und geschlagen, weil sich die schlimmsten Prophezeiungen allmählich bewahrheiteten. Der Legende nach würde Cuzco nur von zwölf Sonnensöhnen regiert, und der letzte befand sich nunmehr in der Hand eines Bastards, dem der Thron der *inkas* gar nicht zustand. Der zweite Teil jener Weissagungen sprach von der Ankunft seltsamer Menschen aus fremden Welten, falsche *Viracochas,* die ihre Kultur für immer vernichten sollten. Er dachte an Guzmán Bocanegra und fragte sich, wie viele von seinem Schlag wohl das nächste Mal in Tumbez an Land gingen.

Alonso de Molina hatte ihm oft von der Plünderungsgier seiner Landsleute erzählt. Welches Schicksal erwartete das Imperium, wenn ein Heer von Guzmán Bocanegras über es herfiel? Wer würde Widerstand leisten, nun, da die Macht in den Händen jenes Verräters lag, der Cuzco niedergemacht hatte und den die Mehrheit des Volkes haßte?

Unempfindlich gegen Kälte und Erschöpfung saß Chabcha Pusí auf der Anhöhe und wußte, daß nichts von allem, was er zu lieben gelernt hatte, noch etwas wert war. Seine Sippe würde vom Erdboden verschwinden, und sein Volk würde zu einem Volk aus Sklaven und Konkubinen. Sogar die Geschichte seiner Vorfahren würde aus dem Gedächtnis der weisen *amautas* gestrichen.

Es begann zu nieseln, und alles verschwand hinter einem Regenvorhang, der Minute für Minute dichter wurde. Er merkte, wie das Wasser sein Haar durchnäßte und an seinem Körper hinunterlief, und er begriff, daß dies als Botschaft des Himmels zu deuten war. Für ihn war der Moment gekommen, da er mit seinem Leben abschließen mußte. Er hatte es nicht verstanden, seinem *inka* zu dienen und sein Vaterland vor den Gefahren zu bewahren.

Er warf sein besticktes Gewand, Sinnbild für seine Herkunft und seinen Status, in den Abgrund, blieb völlig entblößt den Rest der Nacht im Regen sitzen und rief bei der ersten Helligkeit des Tages nach dem Eunuchen, dem er befahl, ihm den Kopf zu scheren und das lumpigste Kleidungsstück des Ärmsten seiner Diener zu bringen.

Dann versammelte er alle um sich und meinte, nachdem er einen sanften Blick über die Runde schweifen ließ: »Ich habe meinen Herrn, meine Stadt und mein Heim verlassen. Ich habe allem entsagt, was ich seit dem Tag meiner Geburt darstellte, und bin zu einem Flüchtling geworden, der nur noch hofft, sein miserables Leben zu retten. Hätte ich neben meinem Hofstaat und meiner Ehre auch meinen Glauben an die Götter meiner Vorfahren verloren, würde ich meinem traurigen Dasein ein Ende bereiten und mich diesen Abgrund hinabstürzen. Da ich aber immer noch die Hoffnung hege, eine Seele zu retten, das einzige, was mir noch bleibt, habe ich beschlossen, für den Rest meiner Tage meine Vergangenheit aufzugeben.«

Naika und Shungu Sinchi schluchzten auf. Einige Diener senkten die Köpfe und schlossen ergeben die Augen, weil sie die wahren Absichten ihres Herrn bereits durchschaut hatten.

»Ich habe meinen Namen, meine Stellung und meine Sippe aufgegeben. Ich habe meine Frauen, Kinder und Enkel verlassen. Ich habe mein Haus, meine Ländereien und meine Knechte aufgegeben. Ich habe alles aufgegeben, was nicht an meine Hoffnung auf eine bessere Zukunft gebunden ist. Daher bin ich ab jetzt nicht mehr als ein *runa* und werde mich bis in die letzte Konsequenz nur noch als ein solcher behandeln lassen.«

Er stand auf und ging schleppenden Schrittes den Hügel hinab. Als er zwischen den Bäumen verschwunden war, bemerkte Alonso de Molina, daß sowohl Naika wie auch Shungu Sinchi und die meisten Knechte stumm weinten.

»Was wollte er damit sagen?« fragte er und wandte sich an Calla Huasi, der sich auf die Lippen biß, um seine Gefühle im Griff zu halten. »Verläßt er uns?«

»Nein, er verläßt uns nicht. Aber er zieht das Leben als einer der ärmsten und schutzlosesten Menschen vor, weil das die einzige Art ist, sich zu Lebzeiten von den Sünden reinzuwaschen und am Tag des Todes der ewigen Verdammnis zu entgehen. Ab jetzt wird er für immer nur noch ein *runa* sein, und daher steht er nunmehr jenseits von Gut und Böse.«

19

»Wegen mir darfst du nicht traurig sein«, erklärte Chabcha Pusí, während er sich auf einem verfaulten Stamm niederließ. »Ich bin weder krank noch tot, und die Entscheidung, die ich gefällt habe, entspricht allem, was meine einzige Sorge sein sollte: dem Jenseits. Ein *runa* zu werden heißt, den inneren Frieden zu suchen, und man sagt, wenn du ihn erlangst, findest du gleichzeitig die wahre Glückseligkeit.

»Das leuchtet mir ein«, sagte der Spanier. »In meinem Land gibt es Eremiten, die sich zum Meditieren zurückziehen, um mit Gott ins reine zu kommen, aber dazu geben sie nicht ihren Namen auf.«

»In meiner Religion ist das eine alte Sitte. Da die Entscheidung allein die meinige ist, darf ich meine Verwandten nicht einbeziehen. Als *runa* bin ich offiziell tot, und daher tragen sie nicht länger irgendeine Verantwortung für mein Verhalten. Unsere Gesetze besagen, daß die Vergehen eines Familienangehörigen den Rest der Familie mitschuldig machen, und wenn man mich des Verrates bezichtigt, müssen meine Frauen, Kinder und Knechte exekutiert werden. Aber ab dem Zeitpunkt, da ich mein Dasein als *runa* friste, werden sie von aller Schuld freigesprochen, weil ich im Sinne des Gesetzes gar nicht mehr existiere.«

»Aber was wird aus ihnen?«

»Sie werden ohne mich besser leben, denn ich wußte sie ja nicht zu schützen und habe sie ins Elend gestürzt.

»Es war nicht deine Schuld. In einem Bürgerkrieg sind nur die Machthungrigen schuldig.«

»Aber ich bin schuld, daß ich sie nicht zur Sicherheit nach Acomayo gebracht habe, als es noch früh genug war. Dort hätte sie niemand gesucht.« Er tätschelte ihm liebevoll die Hand. »Letzten Endes«, fügte er hinzu, »hat das alles keine Bedeutung mehr. Es gehört der Vergangenheit an. Die vorrangigste Tugend eines *runas* ist, niemals eine Vergangenheit zu haben.« Es war, als spräche er mit sich selbst. »Daran werde ich mich gewöhnen müssen«, murmelte er. »Ich weiß, daß ich die Beherrschung meines Körpers und meiner Sinne erlangen werde, aber bestimmt wird es mir sehr schwer fallen, mein Erinnerungsvermögen zu beherrschen.«

»Wirst du bei uns bleiben?«

»Solange ich euch nicht zur Last falle und ihr etwas Essen für mich übrig habt. Ich habe nur Anspruch auf die Reste der Knechte, und wenn nichts übrigbleibt, bin ich den Göttern zu Dank verpflichtet, weil jeder Hungertag hier oben ein Tag weniger in den eisigen Höhlen im Inneren der Erde bedeutet.« Er schwieg kurz und fuhr dann fort: »Bedenke, daß ich seit dem Sturz meines Gebieters Huascar nicht mehr dem Hause des *inkas* angehöre und meinen ehemals sicheren Platz im ewigen Licht der Sonne verloren habe. Seit gestern unterstehe ich denselben Gesetzen wie der ärmlichste Bauer, und meine Sünden können mich in die Hölle befördern. Vorher brauchte ich mich darum nicht zu kümmern, aber jetzt erschreckt mich diese Aussicht.«

Der Spanier hätte gerne noch einige Argumente angeführt, warum das in seinen Augen die lächerlichste Art darstellte, sich dem Leben, der ewigen Erlösung oder dem Tod zu stellen, aber er sah ein, daß dies nicht der geeignete Moment für Auseinandersetzungen war. Was sein Freund in Wirklichkeit brauchte, war Ruhe und Frieden, die es ihm erleichterten, sich an sein neues Dasein als Paria zu gewöhnen. Er mußte sich sogar von seinen tiefsten Gefühlen denen gegenüber trennen, die ihm einmal die liebsten Menschen gewesen waren.

Als seine Knechte erfuhren, daß sie von nun an frei waren und sie fortan nichts mehr an das Haus des *curacas* von Acomayo band, entschied sich ein halbes Dutzend von ihnen zur Rückkehr nach Cuzco. Aber die meisten wollten vor Schreck über die Ereignisse in der Stadt sich lieber auf das Abenteuer der Flucht einlassen.

Calla Huasi führte den Zug an, denn er war der einzige, der eine leise Ahnung von den örtlichen Gegebenheiten hatte. Dicht darauf folgten der Spanier, die Mädchen, der Rest des Gesindes und am Ende, immer etwas Abstand haltend, der *runa*, der überhaupt nicht einen verbitterten Eindruck machte. Viel deprimierter waren Naika und Shungu Sinchi, die sich von Zeit zu Zeit umdrehten, um sich zu vergewissern, daß er nicht zurückfiel oder sie heimlich verließ.

Calla Huasi hingegen nahm die Dinge mit dem für sein Volk typischen Fatalismus hin, denn er hatte ja seine eigene Familie auch für immer aufgegeben. »Wenn ich nicht in mein Dorf zurückkehre«, sagte er, »werden sie denken, ich sei unter den Tausenden von Toten am Apurimac. Niemand wird sagen können, auf wessen Seite ich kämpfte. Meine Angehörigen werden weiterhin ein friedliches Leben führen. Kehre ich jedoch zurück, werden sie entdecken, daß ich desertiert bin, und dann wird man uns alle höchstwahrscheinlich zum Tode verurteilen.« Er heftete seinen Blick nach vorn, auf die Gebirgsketten, und schloß: »Ich fühle mich außerstande, ein *runa* zu werden, aber ich hoffe, einen Ort zu finden, an dem ich mein Leben neu überdenken kann.«

Aber gab es diesen Ort überhaupt? Beim Anblick der unermeßlich hohen Gebirgskämme, tiefen Schluchten, dichten Urwälder und reißenden Ströme begann Alonso de Molina daran zu zweifeln, denn er konnte kaum glauben, daß irgendein menschliches Wesen überhaupt imstande war, in dieser vergessenen Ecke der Welt zu leben. Dennoch sahen sie von Zeit zu Zeit an entfernt liegenden Berghängen winzige Dörfer, die auf Bewohner hinwiesen. Sogar ein Fort sichteten sie, das hoch über einer Schlucht stand; im Laufe der Tage jedoch wurden die Anzeichen von Leben immer spärlicher, zumal sich Calla Huasi bemühte, so schnell wie möglich in die Wildnis einzudringen.

»Wir dürfen kein Risiko eingehen«, sagte er. »Schließlich sind wir keine gewöhnliche Gruppe Flüchtiger, denn ein *Viracocha* fällt immer auf, und Atahualpa hat sicherlich ein besonderes Interesse, dich gefangenzunehmen.«

»Warum?«

»Die Weissagung geht in Erfüllung; und er weiß, daß er nie der dreizehnte *inka* sein wird, sondern der erste Thronräuber, auf den die *Viracochas* folgen und das Imperium verwüsten werden. Daher braucht er dich.«

»Nun, ich brauche ihn überhaupt nicht! Wenn er sich wirklich in Cuzco niederläßt, wird mein Aufenthalt in diesem Land seinem Ende zugehen. Die Vorstellung, für den Rest meines Lebens auf der Flucht zu sein, behagt mir gar nicht.«

»Und wohin wirst du gehen?«

»Das weiß ich noch nicht.« Er zeigte auf die Leute, die gerade verschnauften. »Jetzt zählt einzig und allein, diese Menschen hier in Sicherheit zu bringen.«

Shungu Sinchi wies mit einer Kopfbewegung auf den *runa,* der in gewissem Abstand Platz genommen hatte.

»Der ist schon in Sicherheit, nur nicht vor sich selbst. Nicht einmal der barbarische Calicuchima würde es wagen, einen *runa* zu exekutieren.«

»Zweifellos ist es als *runa* die beste Art, seine Haut zu retten. Wenn die Gefahr dann vorbei ist, läßt du dir die Haare wieder wachsen und beginnst ein neues Leben.«

Der Offizier geriet außer sich, und es schien, als könnte er nur mit Mühe glauben, was er soeben gehört hatte: »So etwas würde nie jemand tun«, sagte er verärgert und nahezu beleidigt. »Indem man sich zum *runa* erklärt, schafft man aus freiwilligen Stücken eine unabänderliche Tatsache. Aber die Erklärung rückgängig zu machen, bedeutet ewige Verdammung und das Risiko, daß der erste, der es entdeckt, dich an den Haaren aufhängt, bis du tot zu Boden fällst. Unsere gesamte Geschichte hat nicht einen abtrünnigen *runa* vorzuweisen.«

»Willst du damit sagen, daß Naika sich als Witwe ansehen darf?«

»Da sie keine Kinder hat, ist es so, als wäre sie nie verheiratet gewesen. Sobald sie ihre nächste Regel hat, was bedeutet, daß sie nicht schwanger ist, darf sie sich jeden, der ihr gefällt, frei zum Ehemann nehmen.« Er stutzte kurz und fügte die anspielende Bemerkung hinzu: »Hast du vor, sie zu heiraten?«

»Es ist noch zu früh, darüber zu reden.«

»Du weißt, daß sie das gerne möchte.«

Jetzt war es Alonso de Molina, der auf die Gestalt des *curacas* verwies.

»Ich muß ihn respektieren«, sagte er. »Er ist immer noch mein bester Freund.«

»Ja, aber er liebt sie nicht mehr. Seine Stellung verbietet es ihm. Er existiert nicht, und er möchte am liebsten nie existiert haben. Wenn du Naika heiratest, tust du ihm einen Gefallen, denn du erleichterst ihm die Aufgabe, zu dem zu werden, wonach er trachtet, das heißt, zu nichts.«

»Es kostet Mühe, das zu akzeptieren.«

»Weil du uns immer noch nicht verstehst. Was immer du auch tust, du bist und bleibst ein *Viracocha.*«

Das stimmte. Alonso de Molina mußte sich eingestehen, daß er immer noch wie ein Spanier aus Ubeda dachte und fühlte, der das fade Essen nach wie vor nicht hinunterkriegte, da er sich weigerte, an dem Salzstein zu lecken. Ebenso weigerte er sich hinzunehmen, daß alle Menschen den Launen eines *inkas* ausgeliefert waren. Außerdem fiel es ihm schwer zu billigen, daß jene Menschen unfähig waren, ihre Gefühle zu äußern, oder daß ihnen die Suche nach dem Glück untersagt war. Daher war es ihm sehr fremd, bescheiden und freiwillig auf alles Gewesene zu verzichten.

Aber dort saß reglos der *runa,* der sich Stunde um Stunde immer mehr veränderte. Seine Art zu reden, sich zu bewegen und sogar zu schauen, schien einer ständigen Metamorphose zu unterliegen. Bei Anbruch des dritten Tages hatte er sich die kleine Kanone auf die Schultern geladen, die bis dahin die Träger zu zweit geschleppt hatten, und bewegte sich mit dieser Last auf dem Rücken fast den ganzen Tag lang so mühelos, wie Alonso de Molina mit seiner umgehängten Arkebuse oder Calla Huasi mit seiner kurzen Lanze. Er war kein junger Mann mehr, und er war schwere körperliche Arbeit nicht gewohnt, aber trotzdem machte er nicht den Eindruck, daß ihn die Last übermäßig ermüdete.

Er schien sogar von seinen eingefleischtesten Gewohnheiten abgekommen zu sein, denn während alle vor einer der zahlreichen Wasserquellen niederknieten, die sie am Weg fanden, und sich eine Wimper ausrissen und der Tradition gemäß die Götter anflehten, die Quelle möge niemals versiegen, ging er daran vorbei, ohne sie auch nur eines Blickes zu würdigen, so wie er auch Bäche und Flüsse überquerte, ohne stehenzubleiben und ihnen zu huldigen. Kein anderer Eingeborener wagte es, durch eine Strömung zu waten, ohne vorher mit der Hand ein wenig Wasser zu schöpfen und leise zu bitten, sie möge ihnen keinen Schaden zufügen. Diese Gepflogenheit war so selbstverständlich, daß sogar Alonso de Molina stehenblieb und wartete, bis das Ritual beendet war; dennoch schien der *runa* es zu ignorieren. Wäre der Fluß plötzlich tief geworden, hätte ihn das Gewicht der Kanone auf den Grund gezogen, und er wäre ertrunken.

Der Spanier machte sich über diese Gleichgültigkeit große Sorgen, aber so wie der *runa* sich bemühte, sich außerhalb der natürlichen Gesetze zu bewegen, so hatten diese offenbar ebenfalls beschlossen, ihn zu ignorieren.

»Ein Land voller Verrückter!« murmelte der Andalusier ab und zu leise und kratzte sich heftig seinen Vollbart. »Alle verrückt! Wo hat man das denn erlebt, daß jemand mit einer Kanone auf dem Rücken herumläuft wie mit einem federleichten Papagei?«

Aber am verrücktesten spielte mittlerweile die Landschaft. Das Gebirge schien wie wild von einem wütenden Zyklopen gegeißelt worden zu sein, versessen darauf, es wie einen riesigen Laib Brot in Scheiben zu schneiden. Auf jede Talsohle folgte ein weiterer Gebirgskamm und diesem wiederum eine weitere, noch tiefere Schlucht, deren Steilwand sich gerade einen Steinwurf weiter wieder zu einer nächsten Spitze erhob.

In tagelangen Märschen legten sie daher Strecken zurück, die nur wenigen Minuten Vogelfluglinie entsprachen. Wenn man von einem Gipfel aus den Blick schweifen ließ und all die weiteren Gipfel am Horizont erblickte, so konnte man in Panik verfallen. Weit unten, in den tiefen Tälern, war die feuchte Hitze so erstickend, daß man meinte, die Luft wäre hier in den letzten drei Jahrhunderten stehengeblieben. Auf den Bergspitzen hingegen pfiff ein eisiger Wind.

Später traten ausgiebige Regenfälle ein. An jenem Tag sichteten sie von weiter Ferne die Ausläufer der Kordilleren und den Beginn der tiefen Senke, die in die endlosen, östlich gelegenen Urwälder mündete. Über jenen grünen Wäldern stiegen undurchlässige Wände von dichten Wolken auf, die gegen die Berghänge des Hochgebirges stießen und dort ihre Wassermassen entluden.

»Weiter östlich regnet es die eine Hälfte des Jahres, die andere flutet es«, meinte Calla Huasi. »Zu den Ebenen kann man nicht durchkommen. Daher halten wir uns besser wieder an das Flußtal des Urubamba.«

Westlich hatten sie das mächtige Fort Ollantaytambo, das Cuzco vor unverhofften Invasoren schützte, die über die großen Flüsse anrücken konnten, weiträumig umgangen. Die Nahrungsmittel wurden knapp, und Angst hatte schon einige Zeit zuvor die Träger ergriffen. Denen kam mittlerweile selbst die Bande Calicuchimas harmloser vor als diese feindselige Landschaft. Alonso de Molina sah ein, daß sie den Urubamba suchen mußten, oder sie liefen Gefahr, jenem schrecklichen Berglabyrinth nie wieder zu entkommen.

Wie immer schien der *runa* als einziger den Eindruck zu machen, von den endlosen Qualen unberührt zu sein, denen sie ausgesetzt waren.

»Woher nimmt er die Kraft?«

Naika, an die die Frage gerichtet war, zuckte lediglich die Schultern und sagte: »Ich weiß es nicht, weil es sich nie ergeben hat, daß eine Frau ein *runa* wird.« Sie lächelte traurig. »*Runa* bedeutet ›Mann‹. Per Definition wird uns das Recht verweigert, allem zu entsagen. In Wirklichkeit glaube ich, daß wir es auch nicht täten, weil ein enormer Egoismus vonnöten ist, um alles, was man bis dahin geschätzt hat, vergessen zu können.«

»Chabcha Pusí hat es nicht aus Egoismus getan, sondern aus Großmut.«

»Großmut? Wem gegenüber? Shungu Sinchi oder etwa mir gegenüber? Uns die Möglichkeit zu nehmen, ihm zu zeigen, daß wir ihn lieben und brauchen, das empfinde ich nicht als

Zeichen von Großmut. Wenn jemand stirbt, den du liebst, dann weißt du wenigstens, daß er in Frieden ruht, und die süße Erinnerung an ihn verblaßt allmählich in dir. Aber so betrachtet ist er eine Art umherschweifender Schatten, der nie ruht, dich aber jeden Augenblick an seine Leiden erinnert, und das ist hart.«

»So habe ich es noch nie betrachtet«, gestand der Spanier.

»Für mich war er immer eher ein Vater als ein Gatte. Wen soll ich jetzt um Rat fragen? Wem soll ich zeigen, daß ich Schutz brauche?«

»Mir«, lautete die aufrichtige Antwort. »Für mich ist es das einzig Wünschenswerte, dir meine Hilfe anzubieten. Warum heiratest du mich nicht?«

Sie hatten sich am Rande eines unwirtlichen Abhangs auf einen breiten Stein gesetzt und sahen unter sich das weiße Wolkenmeer, das sich in der Ferne verlor. Für das Mädchen kam dieser Vorschlag offensichtlich überhaupt nicht überraschend. Sie schien ihn vielmehr schon seit einiger Zeit erwartet zu haben, aber ihre feste Antwort fiel dafür um so verblüffender aus: »Ich heirate dich, wenn du Shungu Sinchi auch heiratest.«

»Was hast du gesagt?« fragte der Spanier entgeistert.

»Wir heiraten dich entweder beide oder gar keine von uns. Shungu Sinchi liebt dich so sehr wie ich und ist ebenfalls verlassen. Es ist nicht gerecht, wenn ich das große Glück mache, ohne an diejenige zu denken, die seit langem wie eine Schwester für mich ist.«

»Das ist ja Wahnsinn!« stammelte Alonso de Molina.

»Hierzulande ist das kein Problem.«

»Aber ich bin Spanier!«

»Du hast deine Nationalität abgelegt. Du bist in einem anderen Land, und hier sind die Sitten anders.« Mit ihrem Arm beschrieb sie einen Kreis und zeigte auf die verschneiten Bergkuppen und die tiefen Täler. »Und hier am Ende der Welt zählen selbst diese Bräuche nicht mehr.« Sie streckte die Hand aus und fuhr dem Andalusier liebevoll über das Gesicht. »Ich wünsche mir nichts in diesem Leben sehnlicher, als mich mit dir für immer zu vereinen, aber mein Glück darf nicht auf das Unglück Shungu Sinchis gebaut sein. Ich weiß, daß wir eine wunderbare Familie abgeben und einen Ort finden werden, wo wir uns niederlassen, um ein friedliches Leben zu führen. Überleg es dir!«

Dann ließ sie ihn allein, damit er über den seltsamsten Vorschlag, der ihm je gemacht worden war, nachdenken konnte. Er beobachtete Shungu Sinchi, der Naika wohl gerade von dem Gespräch erzählte, das sie geführt hatten. In ihrem Blick stand ein seltsamer Glanz. Sie war ein zierliches, anmutiges Geschöpf, das sofort die Aufmerksamkeit der Männer auf sich zog und zweifellos ein für Augen und Sinne wunderbares Geschenk war, denn man merkte ihm an, daß es sich nach vorbehaltloser Hingabe sehnte.

Und er hatte Angst. Es war nicht die Angst vor Shungu Sinchi, oder davor, mit zwei anbetungswürdigen Mädchen sein Leben zu teilen, sondern Angst vor sich selbst, als er begriff, daß er mit seiner gesamten Vergangenheit brach, wenn er sich auf die Heirat beider einließ. Es bedeutete nicht nur, sich von seinem Land und dessen Gesetzen zu trennen, sondern auch von seinen Vorstellungen von Moral und Glauben.

20

Als sie zwei Tage später auf der Suche nach dem Flußbett des Urubamba unterwegs waren, bogen sie unversehens in ein winziges Tal ein, das – umgeben von verschneiten Bergkuppen – seltsamerweise von allen herrschenden Winden geschützt lag und mit seinen großen Höhlen einen sicheren Zufluchtsort bot.

Es wimmelte von *cuis* und den wohlschmeckenden, ziegengroßen Vizcachas, und im Umkreis einer kleinen Lagune mit bleigrauem Wasser erblickte man die Silhouetten von wilden Guanacos und scheuen Vikunjas, die Herden von nicht mehr als zwanzig Einzeltieren bildeten.

»Das ist ein idealer Ort«, meinte Calla Huasi. »In der Lagune gibt es reichlich Fleisch, Fische und Frösche, und in der Umgebung *totora* für das Feuer. Wir sollten hier bleiben, weil die Träger müde und die Frauen erschöpft sind.«

Alonso de Molina war damit einverstanden, denn auch er fühlte sich ausgelaugt von dem ziellosen Umherziehen durch Schluchten und Bergkämme. Von der Truppe, die Hals über Kopf Cuzco verlassen hatte, war nur noch ein Schatten ihrer selbst übriggeblieben. Zahllos waren die Marschtage und die Nächte, die sie unter freiem Himmel verbracht hatten. Die Kälte war gewöhnlich zwar nicht so eisig wie in der Puna und die Hitze auch nicht so stechend wie in den Wüstenregionen an der Küste, aber der ständige Klimawechsel hatte sie zermürbt. Einige Träger boten einen wahrhaft traurigen Anblick.

Eine warme Nacht in einer Grotte zu verbringen, in der ein prächtiges Feuer aus getrockneter *tortora* loderte, nachdem man sich den Bauch mit Vikunjafleisch vollgeschlagen hatte, schien wundervoll, vor allem, wenn man bedachte, daß sie die Gefahr von Quisquis' Kriegsscharen weit hinter sich gelassen hatten. Es war nicht vorstellbar, daß irgend jemand imstande wäre, ihren Spuren bis hierher zu folgen.

Die ganze Truppe wiegte sich in wohliger Sicherheit, aber niemand vergaß den Mann, der immer noch draußen weilte, und für den alle eine tiefe Achtung empfanden.

»Warum?« wollte Alonso de Molina wissen, als er sich neben ihn setzte und sich in seinen Poncho kuschelte. »Hast du nicht genug gelitten, mit dem Herumschleppen dieser verfluchten Kanone, die ich dummerweise unbedingt mitnehmen wollte? Komm rein, iß und ruh dich aus.«

»Noch bin ich nicht stark genug, um mir den Luxus zu leisten, gut zu essen oder am Feuer zu ruhen«, lautete die Antwort. »Ich muß meinen Geist weiterhin mäßigen, denn mein

Leiden war kaum schlimmer als eures. Ein echter *runa* muß sich zwingen, auf alles zu verzichten, was er sich sehnlichst wünscht, und ich wünsche mir im Moment nichts lieber, als in die Höhle zu gehen.«

Eine ganze Weile blieb der Spanier schweigend an seiner Seite sitzen und spürte, wie sich die nächtliche Kälte in seinen Gliedern festsetzte. »Und wenn es kein anderes Leben gibt?« fragte er schließlich. »Was wird dir dann ein solches Opfer genutzt haben?«

»Nichts«, erwiderte der *curaca* ungerührt. »Und das ist eine Frage, die ich mir ständig stelle, weil sich durch dieses Handeln und die Vermutung, daß meine Bemühungen vielleicht fruchtlos sind, sein Wert zusätzlich erhöht. Sich aufzuopfern und dabei völlig sicher zu sein, daß es etwas nützt, wäre kein wirklicher Verdienst. Meinst du nicht?«

Alonso de Molina gab ihm keine Antwort, sondern platzte heraus: »Naika wird keine Heirat mit mir eingehen, wenn ich nicht auch Shungu Sinchi heirate.«

Der *runa* schaute ihn nur an, ohne einen Kommentar abzugeben, und nach einer peinlichen Stille, die nur von fernem Stimmengewirr aus dem Inneren der Höhle unterbrochen wurde, bohrte der Andalusier weiter: »Was meinst du dazu?«

»Ich habe nichts zu meinen.«

»Es geht um deine Tochter. Und um deine Frau.«

»Versteh doch«, lautete die ehrliche Antwort. »Ich habe keine Tochter und keine Frau mehr. Ich existiere gar nicht.«

»Ein griechischer Philosoph sagte einmal: ›Ich denke, darum bin ich.‹ Und du denkst.«

»Wenn er Grieche ist, hat er nie einen *runa* kennengelernt. Sonst hätte er niemals so etwas gesagt.«

»Langsam machst du mich wütend. Und hier ist es teuflisch kalt.«

»Geh hinein.«

»Nicht, solange du mir keine Antwort gibst. Soll ich Naika und Shungu Sinchi heiraten?«

»Wenn du sie liebst, heirate sie.« Klarer konnte die Antwort kaum ausfallen.

»Ich liebe Naika.«

»Wenn sie dir das zur einzigen Bedingung stellt, nimm an.«

»Aber ich liebe Shungu Sinchi nicht. Wie soll ich denn eine Frau ehelichen, die ich gar nicht liebe?«

»Hierzulande macht das fast jeder. Die Priester pflegen die Paare zusammenzustellen, und die lernen sich dann über ihre Kinder zu lieben. Shungu Sinchi wird dir wunderschöne Kinder gebären. Ihre Mutter gab mir vier.«

»Ich denke jetzt nicht an Kinder. An die habe ich eigentlich nie gedacht. Meine Lebensform eignet sich nicht besonders, um Kinder in die Welt zu setzen.«

»Dann wird es Zeit, daß du sie änderst. Deine Leute werden kommen, sie werden mein Land erobern, sich unter mein Volk mischen und damit eine neue Rasse zeugen. Wer wäre besser geeignet als du und Naika oder Shungu Sinchi, um den Anfang zu machen?« Für einen kurzen Moment erschien wieder der frühere bestechende Glanz in seinen Augen. »Und ich wäre sehr glücklich, wenn du der Mann der beiden Frauen wärst, die ich in meinem Leben am meisten geliebt habe.«

»Du gibst mir also deine Einwilligung?«

»Wer nichts hat, kann nichts weitergeben als Ratschläge«, antwortete er sanft. »Und jetzt gehst du besser hinein, es wird langsam eisig kalt, und ich muß darauf achten, daß wegen mir niemand leidet.«

Alonso de Molina sah ein, daß er hier draußen nichts mehr verloren hatte. Er ging in die Höhle und wunderte sich am nächsten Morgen gar nicht, Chabcha Pusí immer noch genau an derselben Stelle sitzen zu sehen.

Der unermüdliche Calla Huasi war bei der ersten Helligkeit des Tages auf Erkundungstour gegangen und kehrte am Nachmittag mit der guten Nachricht zurück, daß sich unweit eine Quebrada, ein tiefes, ausgetrocknetes Flußbett, befand, in dem Coca und verschiedene Arten wohlschmeckender, wilder Knollen wuchsen. Von einer Bergkuppe aus meinte er, gegen Westen einen wasserreichen Fluß gesichtet zu haben, der sehr gut der Urubamba sein konnte. Einige Träger hatten in der Lagune bereits Fische und dicke Frösche gefangen, andere hatten Dutzende von Höhlen ausfindig gemacht, in denen *cui*-Familien zu fünf bis zehn Tieren hausten. Das bedeutete, daß sie an jenem Ort ohne Verpflegungsprobleme monatelang überleben konnten.

Am gleichen Nachmittag zeigte sich nach einem leichten Regenschauer ein wunderschöner Regenbogen am Himmel, was von allen als positives Zeichen gewertet wurde. Daher gab Naika dem Tal den wohlklingenden Namen *Cuichi Cocha* oder »Regenbogenlagune«, und da es massenhaft Chinchillas gab, die fast zur Plage wurden, widmeten sich die beiden Mädchen der Aufgabe, sie zu jagen und ihre Felle zu gerben. Dadurch, so hofften sie, würden sie bald stolze Besitzerinnen der schönsten, bequemsten Decken sein, die man sich überhaupt vorstellen konnte. Gleichzeitig kümmerten sie sich darum, alle Höhlen in der Umgebung zu inspizieren und sich am Ende eine auszusuchen, nicht zu groß und etwas abseits von den anderen. Sie beeilten sich, sie zu reinigen und sie ordentlich herzurichten.

»Übermorgen wirst du Shungu Sinchi heiraten und vier Tage später mich«, bestimmte Naika. »Wir haben zwar keinen Priester, der die Feierlichkeiten besiegelt, aber das macht nichts. Unter diesen Umständen wird die Heirat trotzdem gültig sein.«

Das klang wie ein Ultimatum, aber dem Spanier kam es vor wie die verlockendste Drohung, die er je gehört hatte, denn er hatte die letzten Tage damit verbracht, Shungu Sinchi aufmerksam zu beobachten und hatte sie sehr attraktiv gefunden, obwohl sie natürlich nicht den betörenden Zauber Naikas ausstrahlte. Er sah, wie sie glücklich lächelte und stundenlang mit ihrer Freundin tuschelte. Dabei tauschten sie offensichtlich Vertraulichkeiten aus, während sie Alonso de

Molina mit schmachtendem Blick ansahen wie zwei Frauen, die sich darauf vorbereiteten, sich in wunderbarer Eintracht ein leckeres Stück Kuchen zu teilen.

»Warum sie zuerst und du vier Tage später?«

»Weil Shungu Sinchi so in den Genuß einer hingebungsvollen Einführung kommt. Mich liebst du, und daher weiß ich, daß du mich nicht enttäuschen wirst. Dann wechseln wir uns alle drei Tage ab, denn ich will nicht, daß sich Vorlieben einschleichen. Ist das klar?«

»Klar ist, daß ihr alles nach eurem Geschmack organisiert habt«, klagte der Spanier, aber es klang nicht sehr klagend. »Zählt meine Meinung eigentlich gar nicht?«

»In Haushaltsfragen entscheiden die Frauen, und dies hier ist ohne Zweifel eine Haushaltsangelegenheit.« Sie lächelte unendlich sanft. »Keine Sorge«, meinte sie. »Wir haben uns vorgenommen, aus dir den glücklichsten Mann der Welt zu machen.«

Für den anberaumten Tag schlachtete Calla Huasi zwei üppige Guanakos. Einige Träger kehrten mit Säcken voller wilder Kartoffeln und mit Cocabündeln aus der Quebrada zurück, und zum Hochzeitsbankett gab es reichlich Fisch, verschiedene kleinere Vogelarten und eine große Menge wilder Früchte. Bei der Feier, die in der größten der Höhlen stattfand, fehlte es daher an nichts außer an Mais und *chicha*, denn selbst der *runa* nahm teil, auch wenn er sich am Rande des allgemeinen Freudentaumels hielt.

Als Shungu Sinchi in vollem Glanze ihre Aufwartung machte, kniete sie zuerst vor ihren Vater nieder, um sich zwei Wimpern auszuzupfen, die sie sich auf die Handflächen legte, ihm entgegenpustete und seine Segnung erbat, wenn der *curaca* auch einwarf, daß er als *runa* gar nicht befugt war, irgend jemanden zu segnen, sowenig wie er selbst gesegnet werden konnte.

»Was ich aber sehr wohl darf, ist, dir alles Glück der Welt zu wünschen«, schloß er. »Und ich darf dir sagen, daß ich letzte Nacht von einem großen Kaziken träumte, den ich in deinem Bauch heranwachsen sah. Er wird über enorme Territorien herrschen.«

In jener Nacht stöhnte und weinte Shungu Sinchi vor Schmerz und Lust. Als sie merkte, daß ihr ganzer Körper unter dem riesigen *Viracocha* zerfloß, war sie sich sicher, daß der brennende Lebensstrahl, der in ihr intimstes Inneres eindrang und sie durchflutete, genau in jenem Moment den ersten Angehörigen einer neuen Rasse gezeugt hatte, der Herr und Gebieter über immense Territorien werden sollte.

Drei Tage und Nächte erhoben sich die beiden kaum von ihrem Lager. Alonso de Molina hatte Gelegenheit zu entdekken, wieviel Wundervolles dieses makellose Geschöpf in sich barg und inwiefern sie von der Einweisung durch ihre Freundin Nutzen gezogen hatte. Sie war sanft und leidenschaftlich zugleich, und wenn es nicht offensichtlich gewesen wäre, daß sie noch nie von einem Mann berührt worden war, hätte der Andalusier gedacht, daß es sich in Wirklichkeit um eine sehr erfahrene Frau handelte.

»Naika hat mir gesagt, was ich tun sollte, weil sie wünschte, daß ab jetzt jeder Moment in deinem Leben vollkommen ist. Zu zweit wird uns das gelingen.« Sie streichelte ihm liebevoll den Bart. »Und jetzt muß ich gehen«, setzte sie hinzu. »Heute nacht mußt du dich ausruhen, weil du sie morgen so glücklich wie mich machen sollst.«

Es wurden drei unvergeßliche Tage und Nächte, denn Naika war noch schöner und geschickter als Shungu Sinchi. Sie liebte und begehrte den Andalusier seit jenem Moment, da sie ihn zum ersten Mal sah.

Die folgenden Wochen wurden die glücklichsten in dem bewegten Leben des Andalusiers. Nie hätte er sich vorstellen können, einen solchen Grad von Glückseligkeit zu erreichen und allzeit von zwei wundervollen Mädchen gleichermaßen geliebt und verwöhnt zu werden, die seinen starken, behaarten Körper in einen Altar verwandelt zu haben schienen, der alle Götter ihres Olymps beherbergte.

Nackt auf den glänzenden Chinchilla-Fellen in einer einladenden Höhle liegend, alles zur Hand, was er brauchte, ließ er sich Stunde um Stunde von Naika oder Shungu Sinchi küssen, streicheln oder so leidenschaftlich verführen, daß er oft über seine kindliche Begeisterungsfähigkeit lächeln mußte.

In der siebten Woche konnte er jedoch seine leichte Unruhe nicht länger verbergen. »Ich verstehe ja nicht viel von Frauen«, meinte er. »Aber ich dachte, sie seien überall gleich. Habt ihr Inka-Frauen denn nie eure Menstruation?«

»Doch, natürlich.«

»Und wie ist es zu erklären, daß keine von beiden sie bisher bekommen hat?«

»Wir sind eben schwanger.«

Er sah sie fassungslos an. »Beide?« stotterte er.

Lächelnd nickten sie. »Beide.«

»Aber mein Kind wird zuerst geboren«, meinte Shungu Sinchi spitz. »Und er wird ein mächtiger Kazike, der über enorme Territorien herrschen wird. Mein Vater hat es gesagt.«

»In letzter Zeit spinnt dein Vater ein bißchen.« Der Andalusier schüttelte den Kopf, als wollte er einen lästigen Gedanken loswerden. »Und ich offenbar auch, denn bisher bin ich immer allein klargekommen, und plötzlich bin ich Oberhaupt einer mehrköpfigen Familie.«

»Bereust du es?«

»Nein, ich bereue es nicht. Bei allem, was ich im Leben getan habe, bin ich mir diesmal ganz sicher, daß ich nichts zu bereuen brauche. Alles läuft blendend.«

Eine Woche später allerdings begannen die Dinge sich zu wandeln. Calla Huasi suchte sie eines frühen Morgens auf, um ihnen zu eröffnen, daß die Hälfte der Träger desertiert sei. »Vor Tagen merkte ich, daß sie mir nervös aus dem Wege gingen, ich sah sie miteinander tuscheln«, klagte er. »Aber ich hätte nie gedacht, daß sie abhauen wollten. Sie haben den gesamten Vorrat an Coca, Kartoffeln und gesalzenem Fleisch mitgenommen.«

»In welche Richtung können sie denn gegangen sein?«

»Ich denke, zum Urubamba. Sie werden dem Flußlauf südwärts bis Ollantaytambo folgen, und von dort nach Cuzco gehen.«

»Wie lange werden sie bis dahin brauchen?«

»Wahrscheinlich ein paar Wochen.« Der Inka hatte sich hingehockt und spielte mit einigen Steinchen, wobei er versuchte, immer den jeweils größeren zu treffen. »Das bereitet mir Sorgen«, fügte er hinzu. »Wenn sie erzählen, daß du bei uns bist, wird Atahualpa nach uns schicken.«

»Glaubst du, sie würden den Rückweg noch einmal finden?«

»Es reicht, wenn sie die Gegend auch nur andeutungsweise beschreiben. Calicuchima wird sein gesamtes Heer in Bewegung setzen und die Gegend so lange durchkämmen, bis sie uns finden.«

»Ich verstehe«, meinte der Spanier. »Ich verstehe, aber was ich nicht verstehe, ist, warum, zum Teufel, immer ausgerechnet mir so etwas passieren muß. Ich will doch nur ein Leben in Frieden, und sei es im hintersten Winkel der Erde, aber jedesmal, wenn ich denke, jetzt habe ich erreicht, was ich wollte, dann kommt jemand und zerstört alles. Warum?«

Calla Huasi zuckte lediglich mit den Achseln. »Ich bin nie davon ausgegangen, irgendwo überhaupt einmal ein friedliches Leben zu führen. Solange ich denken kann, wurde mir erzählt, ich werde Soldat, heirate mit achtzehn, gehe dorthin, wohin man mich schickt und befolge immer, was man mir befiehlt. Wie du siehst, wurden mir viel weniger Chancen eingeräumt als dir, und trotzdem beschwere ich mich nicht.«

»Das ist das große Problem eures Volkes: Solange ihr es nicht lernt zu trotzen, werdet ihr nichts erreichen.«

»Was bringen Beschwerden denn ein? Calicuchima wird

mir ohnehin bei lebendigem Leib die Haut abziehen, ob ich schreie oder schweige.«

Elf waren übriggeblieben, einschließlich des *runas* und der Mädchen. Es blieb ihnen nichts anderes übrig, als die größtmögliche Menge Nahrungsmittel zu sammeln und unverzüglich in Richtung Norden weiterzuziehen.

In jener Nacht jedoch, als sie sich nach einem Liebesakt noch in den Armen lagen, schaute Naika zu Alonso de Molina auf und flüsterte leise, als fürchtete sie, von jemandem gehört zu werden: »Es gibt einen Ort, den wir aufsuchen könnten.« Sie legte eine lange Pause ein, als kostete es sie große Mühe fortzufahren: »Die ›Geheime Stadt‹.«

Der Andalusier richtete sich abrupt auf. »Die ›Geheime Stadt‹?« wiederholte er. »Wie sollen wir die denn finden?«

»Die Sterne weisen uns den Weg.«

»Die Sterne?« fragte er entgeistert. »Was, zum Teufel, redest du da?«

»Von den Sternen, die mein Vater mir beibrachte zu deuten, bevor ich überhaupt laufen lernte. Meine ganze Kindheit habe ich sie beobachtet, und das tue ich auch heute noch.«

»Was willst du damit sagen? Es gibt Millionen von Sternen. Selbst Bartolomé Ruiz, der beste Führer, den ich kenne, wäre nicht imstande, anhand der Sterne eine Stadt zu finden.«

»Ich schon«, sagte sie rasch. »Ich kenne den Himmel über der Stadt zu den verschiedenen Jahreszeiten auswendig, sogar in ganz verhangenen Nächten. Daher merkte ich, daß Cuzco südöstlich von der Stadt liegt, und das Meer weit westlich. Jetzt befinden wir uns wahrscheinlich etwas östlich von ihr.« Sie zeigte nach vorn. »Sie muß ganz in der Nähe sein, und ich bin sicher, ich finde dorthin.«

»Und wenn auch«, meinte der Spanier nicht recht überzeugt. »Was hätten wir davon?«

»Einen Zufluchtsort«, erwiderte das Mädchen selbstsicher. »Du bist ein echter *Viracocha* und ein *arnauta*, der den Donner und den Tod beherrscht. Du hast das Recht, mit deinen Frauen und deinem Gesinde in der Stadt zu leben.«

»Bis Atahualpa das herausfindet.«

»Atahualpa hat keinerlei Macht über die Stadt, die Pachacutec zu einer heiligen Stätte ernannt hat. Vermutlich kennt auch er ihre genaue Lage gar nicht, weil die Führer immer unter den treuesten Anhängern Huascars ausgesucht werden, und die werden ihn nicht als *inka* anerkennen. Dort wären wir in Sicherheit.«

Wie immer in heiklen Situationen eilte Alonso de Molina zu dem *runa,* um bei ihm Rat einzuholen. Dieser überlegte lange, bevor er sich zum Reden durchrang: »Naika sollte sehr vorsichtig sein mit dem, was sie sagt. Schon eine Anspielung auf die geographische Lage der ›Geheimen Stadt‹ verurteilt sie zum Tode.« Er setzte kurz ab und schüttelte den Kopf, als wollte er andeuten, daß er sich zu keiner persönlichen Meinung hinreißen lassen sollte. Dann sagte er: »Ihr Vater gilt als der beste Astronom von *tihvantinsuyo.* Ich bin sicher, daß er ihr viele Dinge über die Sterne beigebracht hat, aber ich kann nicht sagen, ob sie befähigt ist, einen bestimmten Ort mitten in diesem Gebirge ausfindig zu machen.«

»Willst du damit sagen, daß du auch glaubst, sie könnte hier in der Nähe liegen?«

»Dies ist die unwirtlichste, unerschlossenste Gegend des Landes, und der einzige naturgegebene Zugang zu ihr liegt im Schutz der Forts Sacsaywaman und Ollantaytambo. Logischerweise kann man davon ausgehen, daß sie am ehesten einen unzugänglichen Ort wählten, draußen in den Ostanden.« Mit einer Armbewegung zeigte er auf die Umgebung. »Schau dich doch um!« forderte er ihn auf. »Hier könntest du monatelang herumlaufen, ohne mehr als verschneite Bergkuppen und bodenlos tiefe Quebradas zu Gesicht zu bekommen. Wie stellt Naika sich vor, eine kleine, abgelegene Stadt zu finden, die in diesem Labyrinth in einem winzigen Tal versteckt liegt?«

»Sie liegt nicht in einem Tal, sondern auf der Spitze eines Berges, von unten nicht sichtbar. Nur vom Himmel aus erkennt man sie, und einige nennen sie ›Das Alte Kondornest‹.« Der Spanier setzte kurz ab und fuhr dann fort: »Meinst du, wir sollten sie suchen?«

Der *runa* zuckte mit den Schultern. »Wenn wir weiterziehen müssen, ist es besser, wir haben ein konkretes Ziel«, erklärte er. »Illusionen verkürzen die Strecke und lassen die Lasten leichter wirken.«

»Wirst du mitkommen?«

»Was soll ich sonst tun?« antwortete er offen. »Sag es keinem weiter, aber mein einziger Wunsch in diesem Leben ist, meinen Enkel kennenzulernen. Ich habe geträumt, daß er ein großer Kazike wird und über enorme Territorien herrschen wird.«

»Ja!« erwiderte der Andalusier schlechtgelaunt. »Das hat mir Shungu Sinchi bereits erzählt. Aber ich wäre dir sehr dankbar, wenn du ihr nicht solche Flausen in den Kopf setzt. Der Sohn eines halbverhungerten Ritters kann weit kommen, aber nie sehr hoch.« Zum Nachdruck legte er eine bedeutungsvolle Pause ein. »Naika erwartet ebenfalls ein Kind.«

»Das weiß ich«, erklärte der *runa.* »Aber den habe ich in meinen Träumen noch nicht gesehen.« Er lächelte belustigt. »Ich kann dir einzig und allein versichern, daß er der Bruder eines großen Kaziken sein wird.«

»Fahr doch zur Hölle!« Er schlug ihm liebevoll auf das Knie, während er sich schwerfällig erhob. »Du bist langweilig geworden. Ich vermisse unsere alten Diskussionen.«

»Nur diejenigen, die sich nicht einig sind, diskutieren, und ein *runa* muß immer mit allem einverstanden sein, sogar mit dem Tod.«

Der Spanier begab sich sofort zu Calla Huasi, um ihm mitzuteilen, daß er einen Versuch unternehmen wollte, zu der »Geheimen Stadt« zu gelangen.

Der Inka zuckte lediglich die Schultern. »Wenn wir den Weg

dorthin finden, werden wir auf die Wachposten stoßen, und deren Befehl lautet, jeden zu töten, der sich bis auf zwei Tagesmärsche der ›Letzten Pforte der Weisheit‹ nähert. Ich weiß es von meinem Großvater Huaman Huasi; er war einer dieser Wächter. Niemand, und am allerwenigsten ein Fremder, wird diesen Ort je lebend erreichen.«

»Warum wird sie die ›Letzte Pforte der Weisheit‹ genannt?«

»Weil nur die Weisesten sie passieren dürfen, und wenn sie es tun, so nur, um für immer dort zu bleiben.«

»Wirst du mitkommen?»

»Um den Tod oder die ›Geheime Stadt‹ zu suchen? Selbstverständlich! Wenn es Huaman Huasi nie schaffte, durch die ›Letzte Pforte der Weisheit‹ zu gehen, so wird es vielleicht seinem Enkel gelingen.«

21

Eine Woche später nahmen sie den Marsch wieder auf. Die Gruppe bewegte sich langsam vorwärts und drehte sich ab und zu um, um noch einen Blick auf das abgelegene Tal zu werfen, in dem Alonso de Molina, Naika und Shungu Sinchi so unvergeßliche Tage verbracht hatten.

»Das werde ich mein Leben lang nicht vergessen«, meinte letztere zu ihrer Freundin. »Und ich werde auch nie vergessen, was ich dir zu verdanken habe.« Sie strich sich sanft über den Bauch. »Zu wissen, daß ich die Mutter eines *Viracochas* bin, der außerdem König wird, ist eine Entschädigung für all die Strapazen.«

»Träum nicht von Königreichen«, riet ihr Naika. »Nur diejenigen, die *inka*-Blut in sich tragen, dürfen über dieses Land herrschen, und auch ein *Viracocha* wird nicht das Wunder vollbringen, diese Regel zu durchbrechen. Du kannst zufrieden sein, wenn wir einen Ort finden, an dem wir ein friedliches Leben führen können.«

Aber niemandem sollte es gelingen, Shungu Sinchi aus ihrer Traumwelt herauszureißen, denn zuerst hatte eine Zauberin in Cuzco, später ihr eigener Vater sie überzeugt, daß ihr Sohn ein großer Kazike werden würde, ein Sohn, der jenem wundersamen Menschengott angemessen war, den sie so abgöttisch liebte.

Alonso de Molina hingegen fühlte seltsamerweise eine tiefe Unruhe in sich, als warnte ihn sein sechster Sinn, der ihm schon so oft zuvor das Leben gerettet hatte, vor einer unbestimmbaren Gefahr. Trotzdem versuchte er, sich zu seiner Beruhigung einzureden, seine neue Verantwortung als Familienoberhaupt lasse ihn überall Gespenster sehen, wo es nichts als Schnee, Einöde und vereinzelte Guanakoherden gab. Dennoch ergriff er strikte Vorsichtsmaßnahmen und hielt die Arkebuse immer in Reichweite, um bei geringsten Zeichen von Gefahr handlungsfähig zu sein. Er schickte auch Calla Huasi des öfteren als Späher voraus, denn er hatte die bedingungslose Treue des jungen Inkaoffiziers schätzen gelernt.

Nun vermißte er die Bäder in der Lagune und die Nächte in der Höhle sehr. Er fragte sich, ob sie nicht vielleicht besser im Tal geblieben wären und darauf vertraut hätten, daß die Flüchtigen niemandem erzählten, wo sich der Unterschlupf genau befand. Vielleicht wäre es ein guter Ort zum Altern und Kinderzeugen gewesen, fernab von Bürgerkriegen und Invasionen, und es hätte ihm auch egal sein können, ob Huascar, Atahualpa oder vielleicht ein mürrischer deutscher Kaiser über den Rest der Welt herrschte.

Als sie schließlich den letzten Hang hinaufgeklettert waren, von dem aus man noch eine Ecke des *Cuichi Cocha* und den Eingang zur größten Höhle erblickte, spürte er eine Art bitterer Leere im Hals. Zum ersten Mal verstand er, was Adam und Eva bei ihrer Vertreibung aus dem Paradies wohl empfunden hatten.

»Scheiße!« war alles, was er dazu sagte.

In jener Nacht legte sich Naika eingewickelt in eine Decke unter freien Himmel und verbat sich jegliche Störung. Im Morgengrauen hatte sie eine Reihe von Strichen auf den Boden gezeichnet und versah die Himmelsrichtungen mit einem Kreuz, um abschließend nordwestwärts zu zeigen. »Dort.«

»Bist du sicher?«

»Wenn die Sterne immer noch dieselben sind und sich so verhalten wie seit Millionen von Jahren, dann bin ich sicher.«

Ihre Überzeugung wirkte so echt, daß der Spanier nicht wagte zu widersprechen, vielleicht weil er mehr als die anderen der Gruppe eine Hoffnung brauchte und sein Schicksal sich nicht darauf beschränken sollte, ewig in dieser unwirtlichen Landschaft umherzulaufen.

In ihrer typischen Eigenart, sich wie Chamäleons zu tarnen, tauchten sie urplötzlich wie vom Himmel gefallen auf. Es war eine so kampfeslustige Meute, daß der Spanier und Calla Huasi sofort begriffen, daß jeder Widerstand nur ein Massaker herbeigeführt hätte. Sie trugen Kriegskleidung, die aus dicken, bunten Brustharnischen und gefiederten Helmen bestand, während auf ihren runden Schilden die auffällige Abbildung ihres *ayllus* oder Clans glänzte, eine Art Adler mit enormen Krallen. Alonso de Molina erinnerte sich vage, diese *ayllus* schon einmal zuvor gesehen zu haben.

Sie fesselten sie, bis ihnen fast das Blut in den Handgelenken stockte, und warfen sie achtlos zu Boden. Der Offizier, der den Trupp offenbar anführte – ein Einarmiger, dessen Gesicht von tiefen Narben durchfurcht war – riß eiligst die Arkebuse an sich. Dann setzten sie sich und warteten.

Alle Fragen, die Calla Huasi stellte, um herauszufinden, wer sie waren oder auf wen sie warteten, blieben unbeantwortet. Aus ihnen war kein Wort herauszuholen; sie saßen dort wie versteinert, bis am Nachmittag auf dem nächsten Hügel eine Gruppe von Trägern auftauchte, die eine Sänfte auf dem Rücken trugen. Der darin Reisende blieb hinter schweren

Vorhängen, die ebenfalls die Abbildung von dem Adler mit den gewaltigen Krallen zeigten, verborgen.

Alonso de Molina stieß einen Fluch aus, als ihm schließlich einfiel, wo er jenes Totemsymbol schon einmal gesehen hatte. »Chili Rimac!« rief er aus. «Verdammter Hurensohn!«

Allein die Vorstellung, dem »Großohr« gegenüberzustehen, der Ginesillo skrupellos ermordet und seine Anhänger ausgesandt hatte mit dem Befehl, ihn, Alonso de Molina, umzubringen, wo immer er sich befand, lag ihm schwer im Magen. Seine Handgelenke begannen vor lauter Zerren an den engen Fesseln zu bluten.

Die Träger stellten die Sänfte vorsichtig genau vor den Gefangenen ab. Betont langsam schob sich der Vorhang beiseite, und zum Vorschein kam das scharfkantige Antlitz des Exgouverneurs von Tumbez, der den wehrlosen *Viracocha* sichtlich zufrieden anschaute und mit näselnder Stimme erklärte: »Ich dachte schon, ich würde dich nicht finden.«

»Was habe ich getan, um von dir mit diesem Eifer verfolgt zu werden? Was hat der arme Genés, der sich nie mit irgend jemandem anlegte, dir eigentlich getan?«

»Er war ein Schwarzer.«

»Und ich?«

»Du bist ein Weißer.«

»Und du, was bist du denn, verdammt noch mal?«

»Ich bin ein Inka, und in meinen Adern fließt das Blut der Götter.« Er entblößte seine Zähne, was wohl ein Lächeln bedeuten sollte. »Mir wurde erzählt, daß du von Huascar meinen Kopf gefordert hast. Hier hast du ihn! Was hast du mit ihm vor?«

»Ich werde ihn dir bei der ersten Gelegenheit abreißen, du Flötengesicht!«

»Wenn es nach mir ginge, würdest du sie nicht bekommen, denn heute nacht noch würde ich deine Haut zu einer Trommel verarbeiten. Aber leider möchte mein Gebieter Atahualpa dich sehen.«

»Wozu?« – »Er braucht dich als Dolmetscher.« Die Erklärung dafür beunruhigte ihn sichtlich. »Die *Viracochas* sind wieder in Tumbez gelandet.

»Wie viele?«

»Zweihundert etwa.«

»Wer führt sie an?«

»Der, von dem du immer gesprochen hast: Pizarro.«

»Pizarro!« rief Alonso de Molina überrascht aus. »Gesegneter Gott! Der alte Betrüger hat sein Versprechen eingelöst, und ich traue ihm zu, daß er aus reinem Eroberungsdrang zurückkehrte. Dieser verrückte Spinner!« Er schaute zu Chili Rimac auf. »Wo ist er jetzt?«

»Er ist immer noch in Tumbez, aber er hat Boten zu meinem Gebieter gesandt, um ihm ein Treffen vorzuschlagen und seine Unterwerfung anzubieten.«

»Unterwerfung? Pizarro?« fragte der Spanier entgeistert. »Das kommt mir aber komisch vor. Pizarro verbeugt sich vor niemandem, außer vor Gott oder dem Kaiser.«

»Mein Gebieter Atahualpa ist Gott und Kaiser in einer Person. Er nimmt dieses Angebot der Unterwerfung an, aber vor dem Treffen möchte er mit dir und Chabcha Pusí reden.« Er ließ den Blick umherschweifen und fragte schließlich verdrießlich: »Wo ist denn dieser verfluchte Verräter?«

»Er beschied, *runa* zu werden«, erwiderte der Andalusier sofort. »Er ist oben in den Bergen geblieben.«

»*Runa?*« sprach Chili Rimac das Wort nach und zog es dabei in die Länge. »Schade! Auch er hätte eine wunderbare Trommel abgegeben.«

Sein Blick fiel auf die beiden Mädchen. »Wer von euch beiden war seine Frau?«

»Ich«, antwortete Naika würdevoll. »Und sie seine Tochter. Und laut Gesetz darf man der Familie eines *runas* nichts antun, weil er bereits für alle Schuld büßt.« Zum Nachdruck setzte sie kurz ab und fügte dann aggressiv hinzu: »Wagst du es etwa, die Gesetze des Imperiums zu mißachten?«

»Großohr« überlegte einen Moment lang und meinte schließlich: »Der Respekt vor *runas* wurde nie zum Gesetz erhoben, denn per Definition existieren sie ja gar nicht. Aber es ist ein alter, fast vergessener Brauch, und ich möchte nicht dazu beitragen, daß er verlorengeht. Atahualpa wird entscheiden, was ich mit euch anstellen soll. Aber ich werde ihn um Erlaubnis bitten, daß ihr in meinen Dienst eintreten dürft. Du siehst so aus, als seist du gut im Bett.«

»Ich erwarte ein Kind«, lautete die Antwort. »Weißt du, was einer Person geschieht, die sich an einer schwangeren Frau vergreift?«

»Das weiß ich«, bemerkte der Angesprochene höhnisch. »Aber ich weiß auch, daß eine Schwangerschaft nicht ewig dauert.« Er wandte sich an Alonso de Molina. »Bist du der Vater?« wollte er wissen.

»Ja.«

»Von beiden?« fragte er und zeigte auf Shungu Sinchi. Auf sein stummes Nicken fügte er hinzu: »Zweifellos findet ihr es amüsant, Bastarde in die Welt zu setzen. Meine Gattin Cusi-Cuyllur hat ein schwarzes Kind geboren.« Im Ton seiner Stimme schwang unvermittelt das Ausmaß seines Grolls mit. »Ich habe es geopfert, damit die Götter mir helfen, dich zu finden.«

22

Nach der grausamen Schlacht am Apurimac fand Atahualpa bei seinem Einzug in Cuzco praktisch eine tote Stadt vor. Die meisten Familienangehörigen des *inka*, die traditionell das Imperium verwalteten, waren voller Panik geflüchtet und schienen nicht zur Rückkehr bereit zu sein, solange die Truppen von General Calicuchima das Fort Sacsaywaman belagerten. Obgleich Atahualpa seinen Stiefbruder gefangenhielt, wollte er sich als besonders gütig erweisen, indem er eine allgemeine Amnestie erließ. Außerdem verbreitete er, daß er sich mit seinem Heer zurückzöge und sich verpflichtete, im Südreich endgültig Frieden zu halten, wenn Huascar vor versammeltem Hofstaat die Teilung des Reiches anerkannte.

Viele zweifelten an der Ehrlichkeit seiner Absichten, aber als man merkte, daß die Wogen sich nach und nach glätteten und keine repressiven Maßnahmen gegen diejenigen ergriffen wurden, die ihre Verstecke aufgaben, entschloß sich der Großteil des Adels aus Cuzco zur Rückkehr in seine Paläste. Ein Termin wurde anberaumt, an dem der gestürzte *inka* öffentlich der Teilung des Reiches zustimmen sollte.

So wurde ein großes Fest gefeiert. Es gab erlesene Speisen, und der *chicha* floß in Strömen. Als am Ende ein respektvolles Schweigen eintrat, trat jedoch statt der beiden Brüder ein Regiment bewaffneter Soldaten in den Saal. Fast sämtlichen Anwesenden wurden die Schädel zerschlagen.

Später erfuhr man, daß Chili Rimac, Exgouverneur von Tumbez und Angehöriger der königlichen Familie, einer der Drahtzieher dieses grausamen Gemetzels war. Das brachte ihm seinen neuen Posten als Vertrauensmann des illegitimen *inka* ein, den er bereits in Tunepampa befreit hatte.

Das feige Blutvergießen erstickte endgültig jeglichen Ansatz von Opposition. Was aber Chili Rimac, Calicuchima, Quisquis und selbst Atahualpa nicht aus Huascar, seinem Onkel Yana Puma oder anderen Eingeweihten herauszukitzeln vermochten, war der genaue geographische Ort, an dem sich die »Geheime Stadt« befand. Einige wurden verbrannt, anderen wurde die Haut abgezogen, und Yana Puma gab man als erlauchtem Angehörigen der königlichen Familie geschmolzenes Gold zu trinken. Alle wußten jedoch ihr Geheimnis mit ins Grab zu nehmen. Atahualpa mußte sich zähneknirschend damit abfinden, daß es einen Ort gab, der von seiner Macht unberührt blieb und zu einem Ausgangspunkt für zukünftige Aufstände werden konnte.

»Such einen Führer!« befahl er seinem treuen Ruminjáhui

zornig. »Such einen dieser Offiziere, die den Weg kennen, und biet ihm alles an, was er fordert. Solange ich nicht über ›Das Alte Kondornest‹ herrsche, kann ich mich nicht als echten *inka* bezeichnen.«

»Kein Führer hat die Befugnis, die gesamte Wegstrecke zurückzulegen«, lautete die entmutigende Antwort. »Sie ist in Abschnitte unterteilt, und niemand darf unter Androhung der Todesstrafe mehr als einen Tagesmarsch kennen. So hat der *inka* Pachacutec verfügt, und so ist es immer gehalten worden.«

»Mein Vater hat mich geliebt«, klagte Atahualpa erbittert. »Er liebte mich mehr als diesen nutzlosen Huascar, aber dennoch hat er mir nie den Ort der Stadt verraten. Warum?«

»Weil traditionsgemäß nur der *inka* und seine engsten Berater ihn kennen dürfen. Huayna Capac wollte dich nur als König des Nordreichs, das weißt du doch.«

»Wirfst du mir vor, daß ich mich dem Wunsch meines Vaters widersetze?«

»Ich habe kein Recht, über dich zu urteilen, mein Gebieter. Ich gehorche dir nur. Wegen dir habe ich ein Auge verloren, und ich würde dir das andere opfern, wenn es dazu führte, den genauen Standpunkt jener Stadt ausfindig zu machen. Aber ich verberge vor dir nie, was ich denke: Laß sie in Frieden! Es sind weder dein Land noch deine Leute. Bau dein Reich nördlich von Cajamarca auf und arbeite dich gen Osten vor, bis zum Land der *inkas*. Huascar ist schwach und wird dich niemals angreifen. Er hat seine Lektion gelernt und wird für immer stillhalten. Laß uns von hier fortgehen.«

Aber Atahualpa strebte danach, *inka zu* sein und nicht König von Quito und der *inkas*. Daher schickte er Ruminjáhui in den Norden; er selbst blieb im Süden, besessen von der Idee, die »Geheime Stadt« zu finden, bis sich ihm zwei Wochen später ein erschöpfter *chasqui* zu Füßen warf mit der Nachricht, daß die großen schwimmenden Häuser der *Viracochas* gegenüber von Tumbez angelegt hätten und hundertachtzig Männer bis an die Zähne bewaffnet an Land gegangen seien. »Einige haben vier Beine«, schloß er. »Sie sind riesig, mit einer Haut aus Metall, spitzen Ohren, zwei Köpfen und einem Schwanz, so lang wie beim Fuchs.«

Atahualpa fühlte, wie sein Mut sank. Sollte sich die alte Legende bewahrheiten, sollten dieselben Götter, die ihm das heilige Land des »Alten Kondornests« vorenthielten, nun einen Feind schicken, der tausendmal stärker war als Huascar?

»Es sind nicht einmal zweihundert!« sagte er sich, und nur angesichts der geringen Anzahl konnte er ruhig einschlafen in dem Bewußtsein, daß er gegenüber einer so lächerlichen Truppe auf der Stelle ein Heer von fast einer Million Soldaten aufzubringen vermochte.

Aber waren es vielleicht Götter, wie viele behaupteten, oder nur andersgeartete Menschen, wie Chili Rimac behauptete, der immerhin mit einem Kontakt gehabt und einen anderen umgebracht hatte?

»Bring mir diesen Alonso de Molina!« befahl er ihm gebieterisch. »Er ist mit Chabcha Pusí in die östlichen Berge geflüchtet. Geh dorthin und komm nicht ohne ihn wieder. Ich muß ihn sehen, bevor ich mich mit den Ankömmlingen auseinandersetze; sie sprechen unsere Sprache nicht.«

Jetzt hatte Chili Rimac ihn geschlagen und erniedrigt vor sich, und nichts wünschte er sich sehnlicher, als ihn in derselben Nacht noch zu töten. Aber die Furcht vor dem Zorn Atahualpas und die Sicherheit, daß er nur so die Schwächen der Fremdlinge kennenlernen würde, hielten ihn davon ab. »Vier Männer sollen ihn unter ständiger Bewachung halten«, ordnete er dem befehlshabenden Offizier an. »Wenn er entkommt, enthäute ich euch alle bei lebendigem Leibe.«

Der Einarmige, der die Blutrünstigkeit seines Herrn zur Genüge kannte, nickte nur ergeben. »Keine Sorge, mein Gebieter«, sagte er. »Ohne meine Zustimmung wird er es nicht wagen, mit der Wimper zu zucken.«

So kam es, daß sich der Spanier am folgenden Morgen, als

sie den Marsch nach Cuzco antraten, von vier Männern umgeben sah, die ihn – mit scharfen Lanzen bewaffnet – bei der kleinsten Bewegung sofort festhielten. Calla Huasi erfuhr eine ähnliche Behandlung, und sogar die Frauen wurden scharf bewacht. Offensichtlich wollte Chili Rimac mit seinen Gefangenen im Palast des *inka* einen triumphalen Einzug halten.

Drei Tage lang mühte sich der Andalusier ab, Schritt zu halten. Er stolperte, fiel, riß sich Arme und Beine auf, schwitzte und fluchte, nach wie vor gefesselt und der eisernen Wacht der Soldaten unterstellt, die der Gedanke verfolgte, bei der geringsten Unachtsamkeit sofort ihr Leben zu verlieren. Chili Rimac hingegen lächelte, bequem in seiner Sänfte zurückgelehnt, vergnügt über Stolpern und Strapazen seines abscheulichen Feindes. Dennoch schien ihn dessen Sicherheit offenbar zu bekümmern, denn jedes Mal, wenn sie an einem Abgrund entlanggingen oder einen Fluß überquerten, befahl er seinen Männern, ihn gut festzuhalten.

Die Landschaft war ungewöhnlich unwirtlich. Selbst die mit der heiklen Aufgabe des Führens Betrauten gerieten anscheinend zunehmend in Schwierigkeiten, denn ständig hielten sie an, tuschelten nervös und diskutierten heftig über die einzuschlagende Richtung. Alle wußten, daß Cuzco südwestlich lag, aber der Südwesten erwies sich oft als absolut unzugänglich, denn die unerklimmbarsten Berge schienen ihnen hier und dort den Weg zu versperren.

Sie taten alles, das gefährliche Flußbett des Urubambas zu umgehen, denn dieser schoß in seinem oberen Teil wild zwischen messerscharfen Steilklippen oder unpassierbaren Hängen entlang, die von undurchdringlichem Wald tropischen Einschlags bedeckt waren. Darum hatten sie einen großen Bogen in Richtung Osten geschlagen und waren in einem Irrgarten aus hohen Bergkuppen und tiefen Schluchten gelandet, was die Geduld des leicht beirrbaren Chili Rimac allmählich zum Erschöpfen brachte. »Hier sind wir beim ersten

Mal nicht entlanggegangen«, sagte er. »Warum ein anderer Weg?«

»Irgendwo haben die Führer sich geirrt«, erwiderte der Einarmige ergeben. »Wir haben uns verlaufen.«

»Erinnere mich daran, daß ich ihnen den Kopf abschlage, sobald wir nach Cuzco gelangen. Allen!«

Am folgenden Morgen jedoch verkündeten die Führer lauthals, sie hätten schließlich doch einen Pfad gefunden, der den Spuren nach zu urteilen vor kurzem noch benutzt worden war. Zwar war er weder breit noch bequem und schlängelte sich zwischen Felsen durch Hohlwege und Wälder, aber glückselig folgten sie ihm vier Stunden lang, bis plötzlich ein Mann, bewaffnet mit einem schweren Bogen, auf einer Felsspitze auftauchte und ihnen mit autoritärer Stimme befahl, stehenzubleiben.

»Warum?« wollte Chili Rimac wissen.

»Weil es eine verbotene Zone ist«, lautete die Antwort. »Und wer keine Durchgangsgenehmigung Huascars vorweist, ist ein Todeskandidat.«

»Huascar ist nicht mehr *inka«,* erwiderte Chili Rimac wutentbrannt. »Das ist jetzt Atahualpa.«

»Ich erkenne lediglich Huascars Oberherrschaft an«, erklärte der andere unnachgiebig. »Kehrt um!«

Aber Chili Rimac zeigte nur mit dem Finger auf ihn und brüllte gleichzeitig dem Einarmigen hysterisch zu: »Töte ihn!« Der arme Offizier fand keine Gelegenheit mehr, nach seinen Waffen zu greifen, denn im gleichen Moment schwirrte ein Pfeil durch die Luft, der ihm die Gurgel durchbohrte.

Der Bogenschütze war so schnell, wie er aufgetaucht war, auch wieder von der Bergspitze verschwunden. Als ein halbes Dutzend Soldaten sie erklommen hatten, fanden sie keine Menschenseele vor und mußten hilflos mit ansehen, wie ein weiterer Pfeil dem Zielstrebigsten unter ihnen ein Ende bereitete.

»Der Weg zur ›Geheimen Stadt!« flüsterte Calla Huasi und

schaute nach unten, als könnte er nur schwerlich glauben, daß er gerade auf ihm stand. »Naika hatte recht, wir sind in der Nähe.«

»Und was soll nun geschehen?« erkundigte sich der Spanier.

»Wir werden umkehren müssen, oder er wird uns alle umbringen.«

»Ein einzelner Mann?« fragte Alonso de Molina erstaunt. »Die sind mehr als dreißig.«

»Er ist ein Wächter«, antwortete der Angesprochene mit Bewunderung in der Stimme. »Nur den besten Offizieren des Imperiums, den treuesten, geschicktesten und tapfersten, wird die höchste Ehre zuteil, die Wege zur ›Geheimen Stadt‹ zu überwachen. Sie kennen ihr Gebiet in- und auswendig, verfügen über hundert Verstecke, und wer nicht in Begleitung eines Führers von Huascar kommt, wird ihnen niemals entwischen.

Wie zur Bestätigung seiner Aussage durchkreuzte ein weiterer Pfeil die Luft, und ein dritter Mann fiel röchelnd zu Boden. Chili Rimac wagte kaum seine spitze Nase hinter der Sänfte hervorzustrecken, die ihm als Versteck diente, um seinen Männern den Befehl zuzubrüllen, nach dem unsichtbaren Bogenschützen zu suchen. Jeder Versuch, einen Schritt vor das Versteck zu tun, endete mit dem Tod.

»Carajo!« rief der Andalusier, der sich hatte zu Boden fallen lassen und an einem Felsen lehnte. »Das wird ja geradezu spannend. Hey, ›Flötengesicht‹!« schrie er. »Lach doch mal!« Aber der Exgouverneur von Tumbez verspürte gerade nicht das geringste Bedürfnis zu lachen, denn soeben hatte er seinen besten General verloren, saß wie angewurzelt mitten auf einem winzigen Pfad und hatte keine andere Wahl: entweder er wurde zur Zielscheibe für einen Pfeil von vorn, oder er begab sich wieder in das Labyrinth von Schluchten und Bergen.

»Was sollen wir machen?« fragte er eindringlich den nächstbesten Soldaten. Dieser drehte sich nur um und sah ihn entgeistert an, denn niemals hatte er erlebt, daß ein Vorgesetzter, und noch weniger ein Mitglied der königlichen Familie, ihn nach seiner Meinung fragte.

Die Zeit verging. Zuerst waren es Minuten, dann einige Stunden, die sich endlos dehnten, und je höher die Sonne stieg, desto gespannter wurde die Lage. Eine schwere Stille hatte sich über das Gebirge und den schmalen Weg gelegt.

Alle warteten auf Chili Rimacs Entscheidung, aber Chili Rimac war sich vollkommen bewußt, daß man sofort auf den nächsten Wächter stoßen würde, hätte er den ersten einmal beseitigt, und dann auf weitere und immer mehr, und daß jeder einzelne seine Truppe dezimieren und schließlich all diejenigen vollkommen auslöschen würde, die bis dahin noch nicht die Flucht ergriffen hätten.

»Hey!« rief er letzten Endes. »Bogenschütze! Hörst du mich?«

»Ja, ich höre dich«, erscholl die Antwort ganz aus der Nähe, so daß man meinen konnte, der Angesprochene befände sich nicht mehr als fünfzehn Meter entfernt. »Was willst du?«

»Zeig mir den Rückweg nach Cuzco.« Er unterbrach sich für einen Moment. »Ich weiß, daß wir unbemerkt in eine verbotene Zone geraten sind, und ich schwöre dir, daß ich überhaupt nicht daran interessiert bin, die ›Geheime Stadt‹ zu betreten. Ich habe nur diesen Mann Atahualpa vorzuführen. Er soll auf dem Treffen mit den *Viracochas* für ihn dolmetschen.«

»Zu spät.« Die Stimme erklang nun fast genau über ihren Köpfen. »Atahualpa hat sich in Cajamarca bereits mit den *Viracochas* getroffen.«

»Unmöglich!« Diese Neuigkeit wirkte auf Chili Rimac wie ein Keulenschlag. Sein hageres Gesicht schien noch scharfkantiger zu werden. »Das ist unmöglich!« wiederholte er. »Er wird doch nicht einen solchen Fehler begangen haben! Das war eine Falle!« Er wandte sich entsetzt an Alonso de Molina. »Das ist eine Falle, oder? Bei allen Göttern!« flehte er melodramatisch zum Himmel. »Das Ende des Imperiums naht, und ich könnte es verhindern, nur ein einziger Mann, bewaffnet mit einem jämmerlichen Bogen, hält mich davon ab. Warum? Warum nur?«

»Scher dich zum Teufel!« antwortete der Wächter seelenruhig. »Mein Befehl lautet, niemanden diesen Weg passieren zu lassen, und wenn die Welt untergeht. Du kannst also umkehren und versuchen, das Imperium woanders zu retten.«

»Du begehst einen Fehler!« erwiderte Chili Rimac. »So wahr ich Chili Rimac heiße: Du wirst deine Geburt noch verfluchen!«

»Chili Rimac!« rief der Bogenschütze und wechselte auf der Stelle seinen Tonfall. »Hättest du vorher gesagt, wer du bist, du verfluchter Mörder! Du, der du das Beste des Imperiums vernichtet hast, redest davon, es zu retten?«

Ein weiterer Pfeil zerschnitt die Luft, und der Exgouverneur von Tumbez fand gerade noch genügend Zeit, sich zu Boden zu werfen. »Die Schilde!« schrie er aufgebracht. »Bringt die Schilde herbei! Schnell! Zurück! Zurück!«

Die Soldaten stellten sich hastig vor ihm auf und bildeten eine regelrechte Schranke, die ihn völlig dem Blick des Bogenschützen entzog. Gemeinsam wichen sie nach und nach zurück, wobei sie aufmerksam all jene Punkte im Auge behielten, von denen irgendeine Gefahr ausging.

Genau jenen Augenblick der Verwirrung und des heillosen Durcheinanders in der Truppe nutzte Chabcha Pusí aus, um schattengleich hinter dem Felsen hervorzutreten, wo er sich stundenlang versteckt gehalten hatte, um mit einem einzigen Schnitt die Fesseln des Andalusiers durchzuschneiden, ihn vom Weg zu schleifen und einen Erdwall hinunterrollen zu lassen. Damit war er aus dem Blickfeld seiner Häscher, bevor ihm überhaupt klar wurde, wie ihm geschah.

»Ich dachte, du kämst nie!« rief er, als er sein Gleichgewicht wiedererlangte. »Wo warst du?«

Der Angesprochene zeigte auf ein paar Büsche in etwa fünfzig Meter Entfernung. »Immer in eurer Nähe, aber ich fand nie die Gelegenheit, einzugreifen.«

»Und die Kanone?«

»In der Quebrada.«

Minuten später, als der Exgouverneur von Tumbez immer noch versuchte, seine Truppen neu zu formieren und eine Methode zu finden, den einsamen Bogenschützen, der ihm nach dem Leben trachtete, auszuschalten, hatte er plötzlich den Eindruck, das Ende der Welt sei gekommen. Eine schreckliche Explosion betäubte seine Männer, ein Feuer scheuchte sie auf, der Qualm stiftete große Verwirrung, und die Schmerzensschreie der Verletzten bewirkten, daß jeder, der sich noch mit genügend Kraft auf den Beinen halten konnte, panikerfüllt die Waffen fortwarf, auf der Stelle zwischen den Felsen verschwand und nicht mehr gesehen ward.

Es wurde ein wahres Gemetzel, denn ein Funkenregen aus dem goldenen »Donnerrohr« war aus nächster Nähe auf die Menge der dichtgedrängten Soldaten niedergeprasselt, die nicht einmal Zeit fanden, mit ihren nutzlosen Schilden aus leichtem Holz etwas zu ihrem Schutz zu unternehmen.

Alonso de Molina fand Chili Rimac, der mit heraushängenden Eingeweiden sich im Todeskampf wand. Nachdem er ihn lange voller Erbarmen und Verachtung angeschaut hatte, sagte er: »Nun kann man deine Haut nicht einmal für eine Trommel benutzen, aber selbst so zahlst du noch nicht für deine Verbrechen.«

Der Angesprochene warf ihm nur einen furchterfüllten. Blick zu, wobei ihm die Augen fast aus den Höhlen traten. Unter hohem Kraftaufwand hob er die Hand und wies auf die Überreste der Kanone, als wollte er eine Frage stellen, die ihm nicht über die Lippen ging, denn als es ihm gelang, den Mund zu öffnen, erbrach er nur noch einen dicken Blutstrahl und starb.

Inzwischen hatten selbst die Träger die Flucht ergriffen. Es war ihnen gelungen, sich aller zu entledigen. Schweigend sahen sie einander an, froh über ihre wiedergewonnene Freiheit. Da ertönte die ihnen mittlerweile bekannte Stimme über ihren Köpfen: »Was ist passiert?«

Sie schauten zu dem Wächter auf, der wieder auf dem Felsen aufgetaucht war.

»Der *Viracocha*, Herr des Donners und des Todes, Verbündeter Huascars, hat seinen Feinden ein Ende bereitet«, erklärte Calla Huasi gelassen. »Wir sind vor dem Thronräuber Atahualpa geflüchtet und wollten die ›Geheime Stadt‹ suchen, bis Chili Rimac uns faßte, aber nun existiert er nicht mehr, und wir können unseren Weg fortsetzen.«

»Die Stadt ist ein Ort des Studiums und des Friedens, und nicht des Krieges und des Todes«, erwiderte der Bogenschütze trocken. »Leute wie euch brauchen wir nicht, niemand wird euch willkommen heißen.«

»Warte!« trat Naika eilig dazwischen. »Der *Viracocha* ist nicht nur Herr des Donners und des Todes, sondern auf vielen Gebieten des menschlichen Wissens ein weiser *amauta*, und vielleicht kann mein Vater Urco Capac die übrigen Mitglieder des Rates überzeugen, daß wir aufgenommen werden.«

»Urco Capac?« fragte der Wegbewacher verwundert. »Der königliche Astronom? Wie heißt du?«

»Naika.

»Urco Capac hat keine Tochter dieses Namens.«

»Als ich noch in der Stadt wohnte, hieß ich Quindi Quillu, das heißt ›Gelber Kolibri‹, aber in Cuzco nötigte man mich, im Alter von dreizehn Jahren einen anderen Namen anzunehmen, weil man ihn für einen Mädchen- und nicht für einen Frauennamen hielt.«

»Quindi Quillu«, wiederholte der Wächter bei sich. »Ich erinnere mich, daß du hier vorbeikamst, als man dich nach Cuzco brachte. Damals warst du ein kleines Mädchen.« In einer Geste der Ohnmacht öffnete er seine Arme. »Aber es tut mir leid«, fügte er hinzu. »Ich habe strikte Anweisungen, niemanden ohne Huascars Erlaubnis passieren zu lassen.« Er zeigte auf Alonso de Molina. »Und noch weniger mit einem Fremden.«

»Er ist mein Mann«, erwiderte das Mädchen stolz. »Und der Vater des Kindes, das ich erwarte. Wo soll es zur Welt kommen, wenn wir keine Bleibe finden?«

»Das weiß ich nicht«, lautete die Antwort. »Aber ich kann nichts tun. Mein eigenes Leben steht auf dem Spiel.«

»Hör mal!« versuchte der Andalusier ihn zur Vernunft zu bringen. »Huascar ist weiterhin in Gefangenschaft, die meisten seiner Anhänger wurden ermordet. Wahrscheinlich wird diesen Weg niemand je noch einmal beschreiten. Was willst du tun, als alter Mann sterben und dein Leben lang auf Reisende warten, die nie kommen werden?«

»Warum nicht?« Die Stimme klang vollkommen offen. »›Das Alte Kondornest‹ wird solange im verborgenen bleiben, bis selbst bei den Enkeln meiner Enkel kein Hauch von Erinnerung mehr übrig ist. Dazu wurde es doch erschaffen: damit es fortbesteht, unabhängig von allen Atahualpas und Huascars. Das ist meine Aufgabe. Ich soll es bewachen, ob mein Tod durch Gewaltanwendung eintritt oder aufgrund von Altersschwäche. So war es immer, und so wird es noch jahrhundertelang weiterhin sein.«

»Kannst du sie nicht wenigstens aufsuchen und sie von den Ereignissen in Kenntnis setzen?«

»Sobald ich abgelöst werde, tue ich das. Aber bis dahin wird ein Monat vergehen.« Zum Nachdruck legte er eine bedeutungsvolle Pause ein. »Außerdem«, fügte er hinzu, »weiß ich auch nicht, wo die Stadt liegt. Ich war nie dort.«

»Wir vergeuden unsere Zeit«, sagte Calla Huasi. »Mein Großvater Huaman Huasi war auch Wegwächter, und der versicherte, daß er sich eher noch einmal in den *zancay* sperren ließe, als jemanden ohne Erlaubnis passieren zu lassen.«

»Huaman Huasi ist bei uns wie eine Legende«, antwortete der Bogenschütze. »Der tapferste und treueste aller Wächter, die es je gab, aber genau deswegen, weil du sein Enkel bist, wirst du mich verstehen.«

»Und wohin sollen wir nun gehen? Das Land liegt weiterhin in den Händen Atahualpas. Hinter uns gibt es nur Gebirge und die großen Urwälder der *aukas*. Welche Richtung sollen wir einschlagen?«

»Es tut mir leid, aber ich kann euch keinen Rat geben. Ich kann nichts anderes tun als hier zu verweilen und meiner Aufgabe nachgehen. Viel Glück!«

Er verschwand urplötzlich, so wie er aufgetaucht war, und eine tiefe Stille trat ein.

Sie blickten sich an. Sie wußten, daß sie auf halber Strecke eines verbotenen Weges allein gelassen worden waren, mitten in der Hölle von Höhenzügen und Schluchten, umgeben von Leichen, über die in Kürze die Kondore herfallen würden. Sie hatten nicht die geringste Ahnung, was sie tun und welche Richtung sie einschlagen sollten.

Alonso de Molina, der seine Waffen wieder an sich genommen hatte und überprüfte, ob die Arkebuse unbeschädigt war, sagte, als er sich gerade den Degen in den Gürtel steckte: »Am besten kehren wir um und suchen einen Rastplatz. Langsam werde ich es leid, bergauf und bergab zu latschen. Seit meiner Ankunft in diesem verfluchten Land tue ich nichts anderes als durch die Gegend zu rasen.« Er wandte sich an den *curaca*. »Fällt dir etwas Besseres ein?«

Der Angesprochene schüttelte den Kopf. »Ich habe gar keine Meinung dazu, weil ich nicht gedenke, euch zu begleiten«, sagte er. »An eurer Seite bleibt es mir versagt, ein echter *runa* zu werden, weil ich mich, ob ich will oder nicht, immer in eure Probleme verstricke.« Er zeigte auf die Leichen. »Und da haben wir das Ergebnis!« Er hob die Hand und unterbrach seine Tochter, die soeben zum Protest anheben wollte. »Nein, sag nichts!« bat er. »Es ist besser so.«

»Aber wir brauchen dich!« klagte Shungu Sinchi.

»Das ist ja das Problem«, lautete die Antwort. »Ein *runa*

darf niemanden brauchen und genausowenig zulassen, daß er gebraucht wird. Sonst wird er seiner Lebensaufgabe nicht gerecht. Ich muß fort«, fügte er hinzu. »Und zwar allein.« Er stand auf und schaute sie lange an. Dann zeigte er mit dem Finger auf Alonso de Molina. »Sorg für meinen Enkel!« bat er. »Ich habe wieder geträumt, daß er ein großer Kazike wird.«

Der Angesprochene nickte entschlossen.

»Das werde ich tun.«

»Die Götter mögen euch beschützen.«

Langsam marschierte er los, aber der Spanier hielt ihn mit einer Handbewegung zurück. »Warte!« meinte er. »Wohin gehst du?«

»Zum ›Alten Kondornest‹«, erwiderte er, ohne sich umzudrehen.

»Sie werden dich töten.«

»Das bezweifle ich. Trotz allem bin ich immer noch ein *runa,* und daher steht es in ihrer Pflicht, mich aufzunehmen.« Er lächelte sanft. »Und wenn sie mich töten, gäbe es einen besseren Ort zu sterben?« Schleppenden Schrittes ging er einen Felsen entlang, als wäre er soeben um hundert Jahre gealtert, und verschwand.

23

Urco Capac verbrachte die Nacht, wie fast alle Nächte seines Lebens, im überdachten Fenstererker des Turms der *amautas* und beobachtete, wie die Sterne von einem Horizont zum anderen wanderten. Er sprach zu ihnen, als seien sie Gegenstände, die man sehr mag und die zu den einzigen Freunden werden, wenn das Interesse an Menschen erloschen ist. Er nannte jeden einzelnen Stern bei seinem Namen und kannte seine Strecke und Gewohnheiten, die Momente, in denen er besonders glänzte oder sich im tiefsten Inneren der finsteren

Höhlen verbarg. Er faßte die Sterne zu Familie, Stämmen und gar zu neuen Reichen zusammen, beobachtete das Auftauchen eines neuen, fernen Individuums von schwachem Glanz, das sich nicht eindeutig in sein starres Himmelsgefüge eingliedern ließ.

Dann kam unweigerlich wie immer der graue Morgen, der ihm jenes einzig wahre Vergnügen, das ihm im Leben noch blieb, verdarb, und der das Erscheinen jener dicken Feuerkugel ankündigte, die sein Volk anbetete und die er insgeheim verabscheute. Dabei war er sich bewußt, daß es in Wahrheit nur ein winziger Stern niederer Kategorie war, der ihm mit seiner einnehmenden, übermächtigen Nähe jeden Morgen die Möglichkeit stahl, das unvergleichliche Schauspiel am Firmament endlos weiter zu betrachten.

Ihn störte die Sonne in jeder einzelnen Erscheinungsform ihrer angeblichen Größe, angefangen bei der falschen Göttlichkeit, die ihr die Priester zuschrieben, bis hin zu der klebrigen Hitze, die von ihr ausging, oder jene betörende Helligkeit, mit der sie die Sterne vom Himmel ausradierte. Seit seiner letzten Reise nach Cuzco, wo er an der Hochzeit seiner Tochter teilgenommen hatte, hatte er sie kaum wieder gesehen, denn sobald sie ihr Aufgehen verkündete, verließ er die Turmspitze und flüchtete sich in den sanften Halbschatten seines Studierzimmers oder ging, wie an jenem Morgen, in den Ratssaal.

Er betrat immer als erster das riesige, runde Gemach und machte es sich auf dem Sitz aus schwarzem Stein bequem, der seit dem lang zurückliegenden Gründungstag der Stadt dem königlichen Astronomen vorbehalten war. Die langen Minuten des Wartens nutzte er dazu, sich die Ereignisse der Woche noch einmal durch den Kopf gehen zu lassen und sich auszumalen, was die verschiedenen Ratsmitglieder wohl diesmal als Diskussionsthema vorschlagen würden.

Fünf Wochen zuvor hatte er ausführlich über die besonderen Eigenarten des Kometen berichtet, der gerade am Firmament aufgekreuzt war, wobei er versucht hatte zu erklären, daß es sich nicht notwendigerweise um ein schlechtes Omen oder um die Prophezeiung unheilvoller Zeiten handeln mußte, sondern lediglich als logisches Ergebnis eines unabänderlichen Mechanismus zu betrachten war, den seine Vorgänger bereits vollständig untersucht und mathematisch genau berechnet hatten.

In letzter Zeit jedoch war der Rat fast ausschließlich von der Diskussion um die wirren, gewalttätigen Auseinandersetzungen eingenommen, die das Imperium erschütterten. Den *arnautas* des »Alten Kondornests« stand es zwar niemals zu, in die Politik einzugreifen, aber die derzeitige Situation betraf die Stadt unmittelbar, so daß es nur wenigen gelungen war, der Versuchung einer Diskussion zu widerstehen.

Man hätte meinen können, die Welt sei völlig durchgedreht und das seit Jahrhunderten feste Gefüge nunmehr in Frage gestellt, und selbst der greise *quipu camayoc* mit seinem unschlagbaren Gedächtnis erinnerte sich nicht, daß sich im Laufe der ausgedehnten Geschichte der *inkas* jemals ähnliche Ereignisse zugetragen hätten wie die, die in wildem Eifer Schlag auf Schlag gerade einander ablösten.

Eine Stunde später betrat der behäbige Topa Yupanqui schweigend das Gemach. Er trug wie gewöhnlich ein Sträußchen Kräuter bei sich, die er auf seinem täglichen Morgenspaziergang gesammelt hatte. Nachdem er ihn mit einer leichten Kopfverneigung gegrüßt hatte, setzte er sich auf seinen Platz und machte sich sofort daran, mit unendlicher Geduld die mitgebrachten Pflanzen zu untersuchen. Er war ein schweigsamer Mann und griff kaum in die Debatten des Rates ein, auch verkündete er nie öffentlich die Bedeutung seiner Errungenschaften, die er auf dem Gebiet der Botanik machte, sondern beschränkte sich darauf, das riesige Terrain seines Wissens mit einer kleinen Schar von Jüngern zu teilen, die ihn treu auf Schritt und Tritt begleiteten. Urco Capac schätzte ihn zwar wegen seiner Klugheit und Bescheidenheit, aber es wäre ihm lieber gewesen, wenn er sich aktiver an der Entscheidungsfindung des Rates beteiligt hätte, denn tauchte er einmal aus seiner Gedankenwelt auf, so trafen seine Einschätzungen gewöhnlich vollkommen zu.

An jenem Morgen schien er besonders abwesend zu sein, versunken in die Untersuchung eines gräulichen, in ein großes Tuch gewickelten Pilzes, und zwar so tief, daß er nicht einmal das allmähliche Eintreten all seiner Kollegen zu bemerken schien, die nach und nach ihre Plätze einnahmen. Er schaute nicht auf, bis der Gouverneur, der nicht die Stellung eines *arnautas* innehatte, durch sein Amt jedoch über das Privileg verfügte, den Rat zu leiten, die Anwesenden um Aufmerksamkeit bat.

Acht Augenpaare hefteten sich auf das ernste Gesicht Tito Amauris, und Urco Capac, der ihn seit über zwanzig Jahren kannte, sah ihm sofort an, daß sich etwas Besonderes ereignet hatte.

»Ich habe Neuigkeiten aus Cuzco erhalten«, begann er in neutralem Tonfall, in dem er über die Ereignisse der Außenwelt zu berichten pflegte, ohne dabei jemanden besonders anzusprechen. »Erschütternde Nachrichten: Wie es aussieht, ist der Verräter Atahualpa in Cajamarca in eine Falle geraten und befindet sich derzeit in der Macht der *Viracochas,* die in Tumbez gelandet sind.«

Er legte eine sehr lange Pause ein, um den Anwesenden Zeit zu lassen, das Ausmaß dieser Nachricht zu begreifen. Als er den Eindruck hatte, sie schenkten ihm wieder die in jenem schwierigen Moment erforderliche Aufmerksamkeit, fuhr er fort: »Offensichtlich ist das einzige, was die Fremden wollen, Gold, denn sie verlangten als Auslösung einen etwas größeren Raum als diesen hier gefüllt mit Gold, und zwar so hoch wie ein Mann mit erhobenem Arm.«

»Gold?« fragte überrascht Mayta Roca, der »Architekt der Architekten«, der Mann, dem sie den Entwurf einiger der prachtvollsten Bauten des Imperiums verdankten. »Das ist doch widersinnig. Wenn jemand einen *inka* in der Hand hat, und sei es nur ein Thronräuber, wie kann er dann einzig und allein Gold verlangen? Warum ausgerechnet Gold?«

»Wie es aussieht, interessiert die *Viracochas* nichts mehr in dieser Welt als Gold«, lautete die Antwort lakonisch. »Sie wollen keine Macht, Ländereien, Sklaven, Frauen, Nahrungsmittel oder Waffen. Nur Gold! Die müssen so sein wie die wilden *aukas* in den östlichen Wäldern, die sich von bunten Stoffen und nutzlosem Kleinkram blenden lassen.«

»Und nur wegen des Goldes haben sie eine so große Strecke zurückgelegt und derartige Gefahren auf sich genommen?« wollte Airy Huanco wissen, der Mann, dessen wundersames Gedächtnis und unübertreffliches Vermögen, die Geheimnisse der *quipus* zu entschlüsseln, ihn zum Meister der Geschichtswissenschaftler gemacht hatte. »Das bezweifle ich.«

»Ich auch!« gestand der Gouverneur. »Tatsächlich verlassen aber gerade Hunderte von Lamas goldbeladen Cuzco in Richtung Cajamarca.« Er setzte kurz ab. »Den Fremden diesen Wunsch zu erfüllen ist nicht schwer, aber wir müssen uns die Verzwicktheit der jetzigen Lage vor Augen halten.« Er machte eine weitere Pause, die er dazu nutzte, sich eine Handvoll Coca in den Mund zu werfen, auf der er sehr langsam herumzukauen begann, als suchte er in ihr eine Erleichterung. Dann fuhr er fort: »Unser Gebieter Huascar, der einzige, anerkannte *inka,* direkter Nachfahre des Sonnengottes, in dessen Adern das Blut all unserer Könige fließt, befindet sich als Gefangener des Bastards im Fort Sacsaywaman. Dieser wiederum ist diesen fremden Männern in die Hände gefallen, deren wahre Absichten wir nicht kennen. Was kann geschehen?«

Offensichtlich wollte sich niemand der Anwesenden auf eine Hypothese einlassen; sie zogen es vor, den Gouverneur erwartungsgemäß seine Gedanken weiter vortragen zu lassen.

»Am logischsten ist«, fuhr er schließlich fort, »daß Atahualpa davon ausgeht, Huascar werde mit den *Viracochas* ein Geschäft abschließen und ihnen noch mehr Gold anbieten, wenn sie im Gegenzug seinen Bruder gefangennehmen und ihn selbst freilassen. In diesem Fall wird Atahualpa, sobald er sich in Gefahr sieht, als erstes Huascar hinrichten lassen.«

»Das ist unmöglich!« rief Urco Capac. »Nicht einmal Atahualpa würde es wagen, einen *inka zu* töten.«

»Atahualpa ist zu allem fähig«, erwiderte mit rauher tiefer Baßstimme Tici Puma, Höchster Priester der Stadt, Bruder Yana Pumas und daher Huascars Onkel. »Ich stimme mit Tito Amauri überein, daß das Leben des *inkas* mehr in Gefahr ist denn je.« Pessimistisch schüttelte er sein Haupt. »Seit einigen Monaten haben wir zwei Herrscher, und beide sind derzeit eingesperrt. Was soll die Fremden davon abhalten, Cuzco einzunehmen?«

»Die Fremden sollen Cuzco einnehmen?« sprach Mayta Roca seine Worte nach. »Das dürfte ihnen im Traume nicht einfallen. Sie sind weniger als zweihundert.«

»Aber Cajamarca und Atahualpa sind bereits in ihrer Gewalt«, bemerkte Tito Amauri. »Sie sind Besitzer von Donner und Tod und haben riesige Tiere, mit denen sie sich schneller fortbewegen als der Flinkeste unserer *chasquis.«*

»Und was tut das zur Sache?« fragte der »Architekt der Architekten« hartnäckig. »Jedem einzelnen von ihnen können wir fünftausend Männer entgegenstellen.«

»Und wer wird sie anführen? Wer wird wissen, wie man sich gegen die neuartigen Waffen und die teuflischen Bestien verteidigt? Die Soldaten werden nicht entschlossen kämpfen, wenn sie nicht von einem echten Sonnensohn angeführt werden, dem sie vertrauen können, für den sie ihr Leben aufs Spiel setzen. Ruminjáhui und Quisquis sind gute Generäle, das ist mir klar, aber allein sind sie wertlos. Wir brauchen Huascar.

»Aber Huascar ist in Gefangenschaft.«

»Dann muß man ihn befreien. Man muß es so einfädeln, daß er von Sacsaywaman entkommt, bevor Atahualpa ihn umbringen läßt.«

Die acht *amautas,* denen – in den jeweiligen Bereichen des menschlichen Wissens mit der höchsten Auszeichnung der »Meister aller Meister« versehen – aufgrund ihrer Intelligenz die große Ehre zuteil geworden war, den Ältestenrat der »Geheimen Stadt« zu bilden, schauten sich verwirrt an, beinahe peinlich berührt, denn natürlich hatte keiner von ihnen die leiseste Idee, wie man ein so augenscheinlich albernes Vorhaben in die Tat umsetzen könnte.

»Wir sind Menschen des Friedens«, schaltete sich der dicke Topa Yuqanqui zum ersten Mal ein, für einige Augenblicke jenen merkwürdigen Pilz vergessend, von dem er dermaßen fasziniert war. »Und als der *inka* Pachacutec das ›Alte Kondornest‹ errichten ließ, hat er eindeutig festgelegt, daß es ein Ort des Studiums und der Wissenserhaltung sein sollte, ohne die Möglichkeit einzuräumen, in die Angelegenheiten der Außenwelt einzugreifen, wie immer sie auch geartet seien. Wenn wir deinen Vorstellungen nach handeln, wird es gegen unsere eigene Daseinsgrundlage verstoßen, und das wird der Stadt für immer anhaften.«

»Du vergißt, daß ich der Gouverneur bin«, merkte Tito Amauri an, »und somit der erste, der die Gesetze und Überlieferungen berücksichtigt, die seit Jahr und Tag bei uns maßgeblich sind. Aber niemals hat es sich bisher zugetragen, daß Wesen, die eher von einem anderen Planeten als aus fremden Ländern zu kommen scheinen, genau in dem Moment in das Imperium eingedrungen sind, als – ebenfalls zum ersten Mal – ein Bürgerkrieg ausbrach.« Er kaute wild auf den Cocablättern herum und spuckte dann die grünliche, dicke Flüssigkeit in ein kleines, neben ihm stehendes Goldnäpfchen. »Ihr erinnert euch sicherlich noch daran, daß ich mich als erster gegen die Oberherrschaft Atahualpas ausgesprochen habe und die Stadt im Verborgenen und der geltenden Gesetzesordnung unterworfen halten wollte, aber das hier ist etwas anderes, etwas völlig anderes!«

»Das stimmt«, meinte Urco Capac. »Jetzt an Hergebrachtem zu hängen, könnte bedeuten, daß wir bald gar nichts mehr haben, an dem wir hängen können.«

Mayta Roca und Tici Puma schlossen sich seinem Standpunkt an, während der Geschichtswissenschaftler Airy Huaco sich völlig quer stellte. Die übrigen Ratsmitglieder beschlossen, sich aus dieser Frage herauszuhalten, da sie diesbezüglich ohnehin keine Meinung hatten. Topa Yupanqui wollte sich so schnell wie möglich wieder der Untersuchung des gräulichen Pilzes widmen, während der Chemiker und der Mediziner einmal mehr ihren klugen Geist unter Beweis stellten, durch den sie bekannt geworden waren, und sich in absolutes Schweigen hüllten.

»Bevor ich meine Stimme abgebe, möchte ich wissen, was genau man zu unternehmen gedenkt«, sagte Tupac Queche leise und betrachtete die Fingerkuppen seiner höchst geschickten Hände, die ihm den Titel des besten Goldschmieds in der Geschichte des Inkareichs eingebracht hatten. »Wenn das ›Alte Kondornest‹ seine Neutralität aufgibt, dann nur bei eindeutigen Aussichten auf Erfolg. Andernfalls ist es besser, Stillschweigen zu bewahren. Ein Mißlingen wird das Image der Stadt unwiederbringlich zerstören.«

»Dafür sind wir ja hier«, meinte der Gouverneur. »Mayta Roca hat die Instandsetzungsarbeiten von Sacsaywaman geleitet und die Pläne für die meisten Geheimgänge angefertigt. In diesem Turm, so sollte man meinen, sind die hellsten Köpfe des Imperiums versammelt. Sollten wir alle gemeinsam nicht in der Lage sein, einen klugen Plan zu entwerfen, dann lassen wir von der Idee ab.«

»Ich habe mein ganzes Leben lang damit verbracht, Samen zum Keimen zu bringen und Ernten ertragreicher zu machen«, warf Topa Yuqanqui ein. »Ich sehe nicht, wie dieses Wissen zur Befreiung eines Mannes beitragen soll, auch wenn er *inka* ist, aber ich werde es versuchen. Was soll ich tun?«

»Nachdenken.«

»Einverstanden. Ich werde nachdenken. Unter wessen Befehl steht Sacsaywaman derzeit?«

»Unter Calicuchimas.«

Der Name machte zweifellos Eindruck auf die Anwesenden. Einen Augenblick lang fürchtete Urco Capac, daß mehr als einer aufstehen und die Diskussion auf der Stelle abbrechen würde. Aber wundersamerweise blieb selbst Airy Huaco auf seinem Platz sitzen, obgleich die Angst wie ein riesiger Kondor über ihren Köpfen schwebte.

»Calicuchima!« wiederholte Tupac Queché mit seiner hohen Stimme. »Atahualpa konnte sich keinen blutrünstigeren Wächter aussuchen.«

»Und dennoch kommt uns das zugute«, meinte Topa Yupanqui. »Das erleichtert die Dinge um einiges.«

»Was willst du damit sagen?«

»Da er weiß, wie angsteinflößend er wirkt, kommt niemand im Traum darauf, daß Huascar aus dem sichersten Fort aller Zeiten befreit werden könnte. Das halte ich an sich bereits für einen bemerkenswerten Vorteil.«

»Der einzige Vorteil, den ich entdecke«, unterbrach er Mayta Roca barsch, »besteht darin, daß wir jeden Gang von Sacsaywaman haargenau kennen, aber klar ist, daß keiner von uns ihn herausholen kann, auch wenn wir einen Weg finden, zu unserem Gebieter zu gelangen. Nicht ein Kämpfer hat jemals den Fuß in diese Stadt gesetzt. Wer von uns sollte also wissen, wie man einen Turm einnimmt oder lautlos einen Gefängniswärter tötet? Ich jedenfalls nicht.«

»Die Wächter des Weges!« fiel Urco Capac plötzlich ein. »Sie wurden doch unter den besten Soldaten der Nation ausgewählt und sind Anhänger Huascars.«

»Kein Wächter wird sich darauf einlassen, seinen Posten zu verlassen, auch nicht zur Rettung des *inkas*«, schnitt der Gouverneur ihm das Wort ab. »Der Eid verbietet es ihnen unter Androhung der Todesstrafe, und ich selbst würde nicht zögern, jeden zu töten, der gegenteilig handelt. Das ›Alte Kondornest‹ hat Vorrang, denn Huascar ist sterblich, und die Stadt nicht. Wir müssen noch an andere denken.«

»Die gibt es nicht.«

Alle wandten sich Airy Huaco zu, der sich am stärksten gegen die Idee aussprach, etwas zu unternehmen, das einen Fingerbreit von der ursprünglichen Idee des großen *inkas* Pachacutec abwich.

Der Geschichtswissenschaftler, der Wort für Wort die Anweisungen der zwölf Könige aufsagen konnte, wußte besser als jeder andere, inwieweit der Gründer der »Geheimen Stadt«, ein waghalsiger Eroberer und wilder Krieger, trotz allem gewünscht hatte, daß in dem »Alten Kondornest« nur von Frieden und Fortschritt gesprochen wurde. Der Ältestenrat war zur Bezeugung und als geistige Reserve einer Nation ins Leben gerufen worden, und nicht aus Willkür. Daher wurde es, traditionsgebunden und starr fundamentalistisch wie immer, als maßlose Ketzerei erachtet, daß sich dort, im Turm der *amautas* selbst, jemand erdreistete, offen von Gewalt und Tod zu sprechen.

»Die gibt es nicht«, wiederholte er unnachgiebig. »Denn jeder, der überhaupt fähig wäre, mit einer Waffe umzugehen, hätte keine Berechtigung, den heiligen Boden dieser Stadt zu betreten. Wenn Pachacutec noch lebte!«

»... dann hätten wir dieses Problem gar nicht«, unterbrach ihn Tito Amauri wütend. »Wir wissen, daß du dagegen stimmst, und deine Stimme wird berücksichtigt, aber bitte halt dich jetzt zurück. Irgendeine Idee?«

»Vielleicht in Cuzco selbst«, wagte Tici Puma zu bemerken.

»In Cuzco gibt es keinen Anhänger Huascars mehr«, erklärte der Gouverneur. »Die sind alle hingerichtet worden. Die Stadt ist ein Nest von Calicuchimas Spitzeln. Es muß jemand von hier sein.«

»Aber in dem Punkt hat Airy Huaco recht«, meinte der Botaniker. »Ich glaube nicht, daß wir in der ganzen Stadt einen einzigen Menschen finden, der mit einer Waffe umgehen kann.« Nachdrücklich setzte er hinzu: »Oder es auch nur wollte.«

Es entstand ein langes Schweigen, was eindeutig bewies, daß sie in eine Sackgasse geraten waren. Niemand der Anwesenden schien eine vernünftige Lösung für das Problem zu finden, bis Urco Capac nicht ohne Bedenken anmerkte: »Neulich kam mich ein *runa* besuchen. Vermutlich habt ihr ihn alle gesehen, weil er beschlossen hat, sich zurückzuziehen und den alten Hirtenschuppen zu beziehen.« Er wartete einen Augenblick, daß die anderen nickten, und fuhr mit der gleichen unsicheren Stimme fort: »Bevor er *runa* wurde, war er mit meiner Tochter Quindli Quillu verheiratet, an die ihr euch sicherlich noch erinnert. Er erzählte mir, daß Quindli Quillu nun mit einem *Viracocha* verheiratet ist und ein Kind erwartet.« Wieder legte er eine Pause ein, diesmal eine längere. »Dieser *Viracocha* ist allem Anschein nach ein tüchtiger Soldat, der sich von seinem Volk losgesagt und unseren Bräuchen angepaßt hat. Vielleicht möchte er uns helfen.«

»Ein *Viracocha?*« rief Airy Huaco entgeistert. »Ein Fremder? Wahrscheinlich handelt es sich um einen Spion, der den Standort der Stadt auskundschaften soll. Wie kannst du so etwas überhaupt in Erwägung ziehen?«

»Weil uns kein anderer Ausweg bleibt«, hielt ihm der Gouverneur düster entgegen. »Ich weiß, von wem du redest«, meinte er zu dem Astronomen. »Jener *Viracocha* hat sich mit zwei Frauen und einem ehemaligen Offizier von Lanzenwerfern drei Tagesmärsche von hier entfernt in einem der *tambos* am Wege niedergelassen. Offensichtlich wissen sie nicht wohin, und die Frauen sind schwanger. Unsere Wächter beobachten sie Tag und Nacht, obwohl sie nicht die Absicht zu hegen scheinen, sich der Stadt zu nähern.«

»Sie hätten sie umbringen sollen. So besagt es das Gesetz.«

Verärgert schaute Tito Amauri den Geschichtswissenschaftler schräg von der Seite an. »Ich kenne die Gesetze genauso gut wie du«, sagte er. »Und du vergißt, daß ich in Fragen der Sicherheit in dieser Stadt der einzige Verantwortliche bin. Um hierherzugelangen, müßten sie mindestens sieben Kontrollen passieren. Aber ich meine, man sollte sie besser in Ruhe lassen, als sich seinem fürchterlichen ›Donnerrohr‹ auszusetzen.«

»Er ist auch nur ein Mensch.«

»Der Chili Rimac und einen Teil seiner Eskorte tötete, indem er eine höllische Waffe knallen ließ.«

»Er hat Chili Rimac getötet?« fragte der Höchste Priester mit plötzlich erwachtem Interesse. »Dieses Verräterschwein hat das Blutbad von Cuzco angerichtet. Wer immer dem Leben dieses Mannes ein Ende bereitet hat, verdient all meinen Respekt, meine Freundschaft und meine Segnung.«

»Damit ist er immer noch ein Fremder.«

»Chili Rimac, Calicuchima oder Atahualpa persönlich sind schlimmer als jeder Fremde, weil sie imstande waren, ihr Volk zu verraten, einen Bürgerkrieg anzuzetteln und ihre Brüder zu ermorden.« Zum Nachdruck legte Tici Puma eine bedeutungsvolle Pause ein. Dann fügte er unter eindeutigen Anspielungen hinzu: »Und letzten Endes müssen wir bedenken, daß unser Prestige niemals angezweifelt wird, wenn ein Fremder in seinem Versuch scheitert, Huascar zu retten, weil allgemein bekannt ist, daß kein Fremder das ›Alte Kondornest‹ jemals betreten hat.«

24

Die auf jener Seite gehen *zurück nach Panama, um für immer in Elend und Ungnade zu leben. Die auf dieser Seite jedoch folgen mir, um neue Länder zu erobern und Ruhm und Reichtum zu erlangen.*

Wieder einmal fragte sich Alonso de Molina, welche Art von Ruhm und Reichtum ihm denn nun zugefallen war, nachdem er auf seiner Reise kreuz und quer durch das größte Reich der Neuen Welt eine Menge Mühsal erlitten hatte. Denn da saß er nun in der Tür eines alten *tambos* und starrte auf Wolken und spitze Gebirgszipfel. Auf ihm lastete die Verantwortung für zwei schlechternährte Frauen, die beide Kinder von ihm erwarteten.

Er befand sich genau auf halbem Wege zwischen Cuzco, wohin er nicht zurückkehren durfte, und einem mysteriösen Ort, zu dem er keinen Zugang hatte, und führte Zwiegespräche mit sich selbst. Er fragte sich, ob er zu einer Gesellschaft zählen wollte, die ihn immer noch nicht akzeptiert hatte, oder zu seinen Landsleuten zurückgehen sollte, mit denen er mittlerweile nichts mehr gemeinsam hatte. Zweifellos war es für einen Menschen, der seinen Geburtsort Ubeda verlassen hatte im festen Glauben, die Welt zu erobern, ein schwieriges Unterfangen, sich eine so eindeutige Niederlage einzugestehen.

Die Nachricht, daß der alte Pizarro in Tumbez an Land gegangen war, hatte ihn stark aufgewühlt, denn der Andalusier wußte besser als sonst jemand, daß der grausame Extremeño, hatte er sich einmal in den Kopf gesetzt, das Imperium an sich zu reißen, nur Gewalt, Verrat und Tod verbreitete. Und er, Alonso de Molina, war nicht bereit, an diesem schmutzigen, brutalen Kampf, der sich unweigerlich näherte, teilzunehmen, denn er fühlte sich, obgleich er es nicht offen auszusprechen wagte, in seinem tiefsten Innern Naika, Shungu Sinchi und Calla Huasi mehr verbunden als Pizarro, Bartolomé Ruiz oder irgendeinem seiner ehemaligen Gefährten.

Ihm war entfallen, wie lange er bereits in diesem Land war, aber in den letzten Monaten hatte er sich so weit eingelebt, daß seine gesamte frühere Existenz in eine Art Nebel gehüllt war, aus dem nur gelegentlich die Gesichter seiner Mutter oder seines Großvaters Rögero auftauchten, derjenige, der ihm seine Abenteuerlust eingeimpft und die Erzählungen Marco Polos nahegebracht hatte.

Der Andalusier bereute nicht, in Tumbez an Land gegangen zu sein, eine verrückte, ereignisreiche Reise unternommen zu haben, die im einsamsten Winkel der höchsten, entlegensten Gebirgszüge im unbekanntesten aller Reiche geendet zu haben schien. Noch weniger bereute er, zweimal geheiratet zu haben, und als er von weitem sah, wie Naika ihre zerlumpten Kleider zum Ufer eines winzigen Flüßchens mit eisigem Wasser trug, wurde ihm bewußt, daß er sich zwar verloren, vaterlandslos, verlassen und verlottert, im Tiefsten seiner Seele aber dennoch glücklich fühlte, denn er hatte gefunden, was er immer gesucht hatte: den Einklang mit sich selbst und die Liebe einer Frau, mit der er vollkommen eins war. Zweier Frauen, um es genau zu nehmen. Zu Beginn hatte er zwar Schwierigkeiten gehabt, sich an den Gedanken zu gewöhnen, mehr als eine Frau zu lieben, aber mittlerweile war ihm klargeworden, daß er Shungu Sinchi auch liebte. Sie erwies sich als eines der zärtlichsten, liebevollsten und aufopferungsbereitesten Geschöpfe der Welt.

Im Moment bestand seine größte Sorge hauptsächlich darin, einen endgültigen Niederlassungsort für seine »Familie« zu finden und den Ereignissen entgegenzusehen, die ihnen ins Haus standen, denn sowohl bei der winzigen Naika wie auch bei der strahlenden Shungu Sinchi machten sich die ersten Anzeichen für ihre bevorstehende Niederkunft bemerkbar.

Das *tambo* hatte bisher eine bequeme Unterkunft geboten. Vor zwei Jahrhunderten zu dem Zweck errichtet, die Reisenden auf dem Weg zur »Heiligen Stadt« zu beherbergen, war es immer in makellosem Zustand gehalten worden. Die Lebensmittel jedoch, die traditionell für die seltenen Gäste zum Verzehr dort gelagert wurden, erschöpften sich allmählich, und zur Selbstversorgung bot die unwirtliche Umgebung nur wenig Tiere, Fische oder Wildfrüchte.

Was sollten sie tun und wohin gehen?

Er betrachtete seine abgelaufenen Stiefel, von der geschickten Shungu Sinchi tausendfach geflickt, oder seine Fetzen, die einst edlen Kleidungsstücke eines spanischen Capitáns, und mußte feststellen, daß er langsam in eine ähnliche Lage geriet wie damals auf der Isla del Gallo, als sie sich gezwungen sahen, ihr Lederwerk zu essen, um ihren Hunger zu stillen. Einige vereiste Kartoffeln, drei Gefäße Mais und ein halbes Dutzend Fleischstücke – das war alles, was es im *tambo* noch gab.

So schnell wie möglich mußte eine Entscheidung gefällt werden, denn bald würden die bevorstehenden Schneefälle die Gebirgspässe unpassierbar machen.

Calla Huasi war der Ansicht, daß man zur Lagune *Cuichi Cocha* zurückkehren und versuchen sollte, die schlimmsten Kälte- und Regenmonate dort zu verbringen. Der Spanier fürchtete jedoch, daß Naika, durch die Schwangerschaft merklich geschwächt, den langen Fußmarsch nicht durchhielt, wenn man zudem in Rechnung stellte, daß nach den letzten Richtungswechseln durch Chili Rimacs Führer sich niemand sicher war, wo das winzige Tal genau lag. Die Aussicht, wochenlang über einen felsigen Boden zu stolpern oder die Frauen unter freiem Himmel schlafen lassen zu müssen, beunruhigte ihn zutiefst. Es widerstrebte ihm, den Befehl zum Abmarsch zu erteilen, auch wenn ihm einleuchtete, daß jeder Tag der Verzögerung gegen ihn arbeitete.

»Wir könnten nachts reisen, Cuzco im Dunkeln durchqueren und uns den Spaniern in Cajamarca anschließen«, hatte Calla Huasi einmal vorsichtig vorgeschlagen. »Abgesehen von der Rückkehr in das Tal ist das die einzige Lösung, die mir einfällt.«

»Das nie«, lautete die Antwort trocken. »Zu denen zurückzugehen wäre für mich das Ende der Lebensform, die ich mir wünsche. Naika und Shungu Sinchi würde man einfach zu Konkubinen von einem dieser vielen Glücksritter degradieren und meine Kinder zu allseits herumgestoßenen Mestizen.«

»Du verdammst dich selbst zum Alleinsein.« Der Spanier zeigte auf die Mädchen, die gerade schliefen. »Die bleiben bei mir.« Er lächelte flüchtig. »Und du. Und ein paar Kinder, die auf die Welt kommen, ohne daß ihnen jemand vorwirft, daß ihre Eltern verschiedenen Rassen angehören oder eine andere Hautfarbe haben.« Mit einer Kopfbewegung wies er auf die endlosen Höhenketten, die sich wie eine unüberwindbare Mauer vor ihnen aufbauten. »Bei so viel leerem Raum muß es doch einen Ort geben, an dem Gold, religiöser Glaube oder die Hautfarbe keine Rolle spielen.«

»Du träumst.«

»Wenn ich nicht immer ein Träumer gewesen wäre, hätte ich Ubeda nie verlassen, wäre Pizarro nicht auf die Isla del Gallo gefolgt und nie in Tumbez gelandet.« Er schüttelte den Kopf. »Ich sperre mich gegen die Vorstellung, daß meine Träume hiermit besiegelt sein sollen.«

»Laß uns aufbrechen!« beharrte der Indio. »Wir können ein paar Tragen bauen, und wenn eines der Mädchen müde wird, tragen wir sie. Wir sind doch stark!«

Sie waren zwar wirklich kräftig, aber noch kräftiger wirkten die Gebirgskämme, Abgründe und reißenden Flüsse der Östlichen Kordilleren. Der Andalusier bezweifelte nach wie vor, ob man den Frauen dieses Wagnis der tausend Gefahren, die auf dem strapaziösen Marsch auf sie lauerten, zumuten konnte.

Ein Seemuschelhorn ertönte. Sein Klang hallte in der Quebrada wider, sprang schwerfällig von Fels zu Fels, und als das Echo des ersten Tons in der Ferne verklungen war, ertönte der nächste, ein eindeutiger Hinweis darauf, daß jemand sich bemerkbar machen und auf irgendeine Art mitteilen wollte, daß er im Zeichen des Friedens kam und niemanden überraschen wollte. Trotzdem ließ Alonso de Molina Calla Huasi zum Schutze des *tambos* zurück, lud seine Arkebuse und ging dem großen Gefolge auf dem breitesten Teil des Weges entgegen.

Es erstaunte ihn vor allem, daß sich nicht ein bewaffneter Mann darunter befand. Auch wies die seltsame Kleidung der Träger nicht die traditionellen Farben ihres *ayllus* auf, sondern bestand lediglich aus schwarzen Ponchos, auf denen nur ein einzelner goldener Stern zu erkennen war. Schwarz war auch die Sänfte, und schwarz waren die mit fünfzackigen Sternen versehenen Vorhänge, und als schließlich ein grauhaariger Greis feierlich den Fuß auf den Boden setzte, sah man, daß auch er ein langes, einfaches, schwarzes Gewand trug, auf dem eine schwere, goldene Kette mit einem ähnlichen Stern als Anhänger lag.

Nach einem raschen Blickaustausch war Alonso de Molina, noch bevor er ein Wort sagte, bereits klar, um wen es sich bei dem unerwarteten Besucher handelte.

»Ich bin Urco Capac, Königlicher Astronom.«

»Ich bin Alonso de Molina aus Ubeda, dein Schwiegersohn.«

»Wie geht es Quindli Quillu?«

»Gut, wenn sie auch etwas geschwächt ist. Es gibt nicht viel zu essen hier.«

Der Greis machte eine leichte Handbewegung, und einige der Träger gingen mit großen Körben beladen an dem Andalusier vorbei zum *tambo*.

»Ich habe einen Vorschlag des Ältestenrates zu unterbreiten«, erklärte Urco Capac ohne Umschweife. »Wenn du den *inka* Huascar aus seiner Gefangenschaft befreist, werden wir deine Frauen mit Freuden aufnehmen und dir eine endgültige Bleibe verschaffen.«

»Und Atahualpa?«

»Deine Leute halten ihn in Cajamarca gefangen.«

»Gefangen?« fragte der Andalusier verblüfft. »Willst du mir damit weismachen, der alte Pizarro habe Atahualpa mit einem Handstreich erledigt?«

»Genau.«

»Verfluchter Teufel!« Er stöhnte aus voller Kehle. »Er hat

es geschafft! Kaum setzt der schlaue Fuchs den Fuß an Land, und schon hat er bei der erstbesten Gelegenheit den *inka* überrumpelt. Heiliger Himmel!«

»Atahualpa ist nicht der *inka*. Der *inka* ist immer noch Huascar, der sich in der Gewalt seines Stiefbruders befindet. Wir fürchten um sein Leben.«

»Zu Recht. in der Hand der Spanier kann Atahualpa sich keinen anderen *inka* leisten, mit dem sie in Verhandlung treten könnten.«

Urco Capac verschwieg lieber, daß sie bereits von Kontakten zwischen Huascar und den spanischen Capitánes Hernando de Soto und Pedro del Barrio erfahren hatten. Dabei hatte der *inka* unklugerweise erklärt: »Ich werde die Auslösung, die Atahualpa verlangt hat, verdreifachen, und den Saal ohne Obergrenze bis unter die Decke füllen, da ich den geheimen Ort kenne, an dem mein Vater und seine Vorfahren ihre enormen Schätze verborgen haben. Den kennt mein Stiefbruder nicht, und um sein Versprechen zu erfüllen, wird er die Tempelausstattung rauben müssen.«

Den Ältestenrat hatte diese Äußerung tief getroffen, denn sie stellte einen offensichtlichen Beweis dafür dar, daß Huascar bereitwillig die Schätze der »Geheimen Stadt« feilbot mit dem Risiko, die Stadt einer großen Gefahr auszuliefern, da er in seinem verzweifelten Überlebenskampf offen ihre Existenz zugab.

Wie sein Bruder vorausgesagt hatte, mußte Atahualpa sich an den Schätzen der Tempel Cuzcos vergreifen. Obgleich unendliche Herden von Lamas goldbeladen nach Cuzco zogen, schien die Gier von Pizarros Männern, denen sich die Truppen seines Kumpanen Almargo angeschlossen hatten, keine Grenzen zu kennen. Angesichts der gefährdeten Sicherheit seiner Person würde der Thronräuber Huascar wahrscheinlich foltern lassen, um ihm zu entlocken, wo sich die enormen Reichtümer seiner Vorfahren befanden, um somit die Habgier seiner Häscher befriedigen zu können.

Ob aus eigenem Willen oder unter Zwang, der entthronte *inka* setzte das meistgehütete Geheimnis des Inkareiches einer ernsthaften Gefahr aus. Das hatte die Ratsmitglieder zu ihrem Entschluß gebracht, Alonso de Molina mit der riskanten Befreiungsaktion zu betrauen.

Der Spanier begriff zwar gleich das Ausmaß der Gefahr, die das waghalsige Unternehmen in sich barg, aber Risiken hatte er an sich nie gescheut, und diese Aufgabe stellte zweifellos die Lösung für fast all seine Probleme dar. »Ich nehme an, aber unter einer Bedingung«, meinte er, als sie an jenem Abend zum Abendessen gemeinsam um das Feuer saßen. »Sollte ich nicht zurückkommen, werden meine Frauen, meine Kinder und Calla Huasi definitiv in der ›Geheimen Stadt‹ wohnen bleiben.«

»Ich nicht«, entfuhr es Calla Huasi. »Ich gehe mit, und wenn du nicht zurückkehrst, komme ich auch nicht zurück.«

Der Andalusier wußte aus Erfahrung, daß jede Auseinandersetzung mit jemandem, der sich gewöhnlich nur in eisernes Schweigen hüllte, zwecklos war, denn dieser tat am Ende doch, wonach ihm der Sinn stand. Daher beschied er mit einem Achselzucken: »Einverstanden, du begleitest mich. Aber die Bedingungen bleiben dieselben: Naika und Shungu Sinchi werden sofort in die Stadt gebracht und standesgemäß behandelt.«

»Naika ist meine Tochter«, erinnerte ihn Urco Capac mit einem flüchtigen Lächeln. »Und Shungu Sinchi die eines geliebten Freundes, der zudem für meine Tochter sorgte, bevor er sie heiratete. Verständlicherweise bin ich wohl am meisten an der Einhaltung dieses Vertragsteils interessiert, aber es gibt noch zwei Probleme.« Er öffnete die Handflächen, als wollte er damit seine Unschuld beweisen. »Zunächst müßt ihr mit verbundenen Augen reisen. Das ist ein Gesetz aus den Zeiten Pachacutecs, und niemand hat daran gerüttelt. Zweitens wirst du als Fremder nur einen bestimmten Teil der Stadt zu sehen bekommen. Kenntnisse bezüglich ihres Standortes und Lageplans sind dir verwehrt; du darfst nur mit Leuten sprechen, die über eine ausdrückliche Besuchsgenehmigung verfügen.«

Dem Andalusier kamen die Sicherheitsmaßnahmen reichlich übertrieben vor, aber ihm war völlig bewußt, daß er keine Wahl hatte und daß sie recht daran taten, die Sicherheitsvorkehrungen streng zu halten. Denn so wie er Pizarro kannte, traute er ihm zu, daß der leiseste Verdacht, es könne einen Ort wie das »Alte Kondornest« geben, ihn auf seine Spur brachte und der Plünderung bald nichts mehr im Wege stand.

Er fragte sich, warum sein alter Capitán noch nicht die Hauptstadt eingenommen hatte, obgleich Atahualpa in seiner Gewalt und der Weg nach Cuzco frei war. Sechs Monate, nachdem der alte Fuchs in Tumbez angelegt hatte, war es ihm bereits gelungen, seinen Hauptfeind gefangenzunehmen, und das in einer Blitzaktion; statt diesen Vorteil zu nutzen und mit einem endgültigen Schlag gegen die Hauptstadt des Imperiums auszuholen, hielt er sich lieber zurück und scheffelte lediglich die Reichtümer, während er öffentlich verkündete, den Gefangenen auf der Stelle freizulassen, wenn dieser sein Versprechen eingelöst und einen Saal so weit mit Gold gefüllt hatte, wie der ausgestreckte Arm eines ausgewachsenen Mannes reichte.

»Er wird das Gold behalten und Atahualpa später die Gurgel durchschneiden«, erklärte Alonso de Molina. »Dieser gerissene Dreckskerl ist wie ein Bluthund: Wenn seine Zähne erst einmal im Fleisch stecken, läßt er sein Opfer nicht mehr los. Man muß ihm erst die Zähne ziehen.«

Alonso de Molina wußte genügend über die Inkas, um einzusehen, daß mit einem toten Atahualpa und einem eingesperrten Huascar niemand im Land in der Lage wäre, Pizarro Widerstand zu leisten. Es bliebe keine hinreichend autoritäre Persönlichkeit mehr übrig, die Entscheidungen fällen konnte. Und das Volk war mit eiserner Disziplin, ob zu seinem Guten oder Schlechten, so erzogen worden, daß es ohne Befehl von oben keinen Finger rührte.

Was sollten diese Menschen, die sich aus Gewohnheit an starren Verhaltensregeln orientierten, gegenüber den geschickten Zügen einer Bande von anarchischen Abenteurern tun, die durch Einfallsreichtum und Betrügereien ihr Überleben sicherten? Jeder Spanier konnte je nach den Umständen Soldat, Dieb oder General gleichzeitig sein, während die Inkas nur Soldaten waren, und das nur unter ganz bestimmten Umständen. Den Tag, an dem Pizarro das herausfände, würde er nur noch abwarten, bis Atahualpa Huascar umbrächte, um ihn anschließend hinzurichten. So würde ihm ein Land mit fünf Millionen Einwohnern problemlos in die Hände fallen.

Vielleicht hatte er diese Möglichkeit bereits entdeckt, und seine Tatenlosigkeit gehörte zu einem raffiniert durchdachten Plan. Vielleicht wußte er, daß eine Hinrichtung Atahualpas oder ein zu früh anberaumter Marsch auf Cuzco das ganze Volk auf Huascars Seite bringen würde und Widerstand bedeutete.

Bisher war kein Tropfen spanischen Bluts vergossen worden, während bei der wilden Schlacht von Cajamarca auf der Seite der Inkas Hunderte umgekommen waren. Pizarro zog sich einen leichten Schnitt an der Hand zu, als er verhinderte, daß einer seiner gewalttätigsten Capitánes dem Leben seines königlichen Gefangenen ein Ende setzen wollte. Vielleicht strebte der verlogene Extremeño einen glücklichen Ausgang seiner ungeheuerlichen Heldentat an und wollte das größte und reichste aller Imperien an sich reißen, ohne in seinen eigenen Reihen einen einzigen Verlust zu beklagen.

Alonso de Molina beschwor noch einmal die Worte Pizarros herauf, die er auf der Isla del Gallo gesprochen hatte:

»... um neue Länder zu erobern und Ruhm und Reichtum zu erlangen«, und er mußte sich verblüfft eingestehen, daß der alte Pizarro offensichtlich dabei war, seine verrückten Träume wahrzumachen.

25

Mayta Roca, »Architekt der Architekten«, und Tupac Queché, Königlicher Goldschmied, hatten all ihre Zeit, Geschicklichkeit und ihr Erinnerungsvermögen darauf verwandt, ein Modell des mächtigen Forts Sacsaywaman anzufertigen, dem weder das geringste Detail der winzigen Figürchen fehlte – der Punkt, an dem sich die Wächter befinden mußten – noch die Zelle, in der der *inka* Huascar festgehalten wurde.

Für Alonso de Molina, der bisher nur die erhabenen, an sich schon beeindruckenden Außenmauern bewundern konnte, bestätigte sich durch das genauere Kennenlernen des Bauwerks die Vorstellung, daß auf dem Alten Kontinent weit und breit nichts annähernd Ähnliches zu dem existierte, was nördlich von Cuzco von fünfundzwanzigtausend Arbeitern in acht Jahren unermüdlichen Schaffens errichtet worden war.

Die gesamte Bevölkerung der Hauptstadt und ihrer Umgebung konnte auf jenem gigantischen Gelände untergebracht werden. Dem verrücktesten General wäre es nicht eingefallen, einen Angriff auf ein solches Bollwerk zu starten; es schien dazu geschaffen, problemlos ganze Heere von Angreifern zu schlucken. Nur durch List, grenzenlose Tapferkeit und haargenaue Kenntnis jedes einzelnen der unzähligen Geheimgänge und unterirdischen Tunnel würde es gelingen, Huascar zu befreien. Der Spanier schien auf den ersten Blick zu begreifen, daß trotz Mayta Rocas Bemühungen und Tito Amauris Enthusiasmus die Chance, jenes riskante Unternehmen zu einem ruhmvollen Ende zu bringen, eins zu eine Million stand.

»Deinen Plänen nach«, sagte er zu Mayta Roca, »werden wir wahrscheinlich tagelang in diesem Labyrinth umherirren. Wer das entworfen hat, muß wirklich verdreht im Kopf gewesen sein.«

»Das war ich.«

»Herzlichen Glückwunsch!«

»Eigentlich habe ich es nicht entworfen. Ich habe nur die

alte Konstruktion, die durch ein Erdbeben stark beschädigt war, instand gesetzt.« Aus einem Lederbeutel zog er eine lange Kordel hervor, an der weitere Kordeln in verschiedenen Farben hingen. »Diese *quipus* und einige Hinweise, die du auf den Ecksteinen findest, werden dir den Weg weisen.«

»Großartig!« rief der Spanier spöttisch. »Jetzt brauche ich nur noch einen Kursus in der Entschlüsselung der *quipus* zu besuchen. Schöne Aussichten!«

»Einer meiner Männer wird dich begleiten«, erwiderte gereizt Mayta Roca, dessen Sinn für Humor sich nicht sonderlich von dem seiner Landsleute unterschied. »Konzentrier du dich auf die Soldaten.«

»Wie viele?«

»Die derzeitige Garnison dürfte sich auf etwa zweitausend Männer belaufen. Wo du meiner Vorstellung nach entlanggehen sollst, wirst du jedoch nicht mehr als dreißig antreffen.«

»Und zu wie vielen werden wir sein?«

»Im Moment du, Calla Huasi und der Führer«, schaltete sich Tito Amauri ein. »Wir haben sonst niemanden, dem wir vertrauen können.«

»Und die Wächter des Weges?«

»Die sind unantastbar.«

»Aber geschult«, erwiderte der Spanier. »Ich sah einmal einen von ihnen kämpfen. Genau den brauche ich, und zwei weitere.«

»Nein!«

»Hör mal!« protestierte Alonso de Molina. «Du kannst von mir keine Wunder erwarten. Ich weiß nicht, wie viele Wächter ihr habt, aber vermutlich sind es genügend viele, die dann und wann aussetzen und sich gegenseitig ablösen. Ich glaube nicht, daß es zuviel verlangt ist, in einer so besonderen Situation drei abzustellen und die übrigen zusätzlich arbeiten zu lassen. Die Chancen auf Erfolg sind eh gering, aber für nur zwei einzelne Männer sind sie gleich null.«

Aber er erreichte nur das vage Versprechen, daß man es sich überlegen wolle. Die folgenden Tage verbrachte der Spanier also damit, auf die Antwort zu warten. Indes versuchte er sich die komplizierte Anlage der riesigen Zitadelle im einzelnen einzuprägen, denn seit seiner Ankunft im »Alten Kondornest« wurde er praktisch wie ein Gefangener behandelt. Alles, was er sah, war ein großer, von hohen Mauern eingefaßter Hof, ein Stück Himmel am Tag und Sternenmyriaden in der Nacht, und als er die seltene Gelegenheit hatte, Calla Huasi über die Stadt auszufragen, erhielt er keine brauchbare Auskunft.

Oftmals lehnte sich alles in ihm dagegen auf, mitten in einem Ort zu sein, den er für eine der schönsten Stätten der Erde hielt, ohne ihn bewundern zu dürfen. Wenn die Wellen seines Zorns und seiner Enttäuschung jedoch am höchsten schlugen, suchte er sich mit dem Argument zu beschwichtigen, daß der Gouverneur Tito Amauri im Grunde richtig handelte, wenn er einem Fremden nicht gestattete, das Wunderwerk des »Alten Kondornests« eingehend kennenzulernen.

Naika hatte erzählt, daß dort tausendmal mehr Schätze lagen als in Cuzco selbst und daß die berühmte Goldscheibe, die den Sonnengott darstellte und die er im Palast Inti-Huasi bei seinem ersten Gespräch mit Huascar zu Gesicht bekommen hatte, nur ein trauriger Abklatsch der echten Scheibe war, die der *inka* Pachacutec mitten auf dem Hauptplatz der »Geheimen Stadt« aufstellen ließ. »Faustgroße Smaragde zieren sie, einer von ihnen, ›Das Auge des Mondes‹, ist so groß wie der Kopf eines Kindes.«

Der Andalusier fragte sich unaufhörlich, was für eine Miene seine Waffengefährten wohl machen würden, wenn sie ein derartiges Schauspiel anträfen, und wieviel Blut sie bereit wären zu vergießen, nur um sich solch unvorstellbare Reichtümer anzueignen.

Damals konnte er nicht ahnen, daß jene prunkvolle Sonnenscheibe, die er in Cuzco bewundert hatte, bei der Aufteilung der Beute einem seiner ältesten Freunde, dem spielsüchtigen Pedro Manso de Leguizamo, zufiel, der sie noch in der gleichen Nacht im Würfelspiel verlor.

Jetzt mußte er sich mit der Hoffnung begnügen, vielleicht verhindern zu können, daß ein so wunderschönes Land endgültig ein paar skrupellosen Abenteurern in die Hände fiel. Er suchte nach einem Rezept, das ihm eine winzige Garantie für die Rettung Huascars einräumte. Dabei fragte er sich ständig, welchen Unterschied es eigentlich machte, ob das Imperium nun von Huascarc, Atahualpa oder Pizarro regiert wurde, denn ihm erschienen die Herrschenden eine Sippschaft, in der Hautfarbe, Sprache oder Herkunftsort nicht die geringste Rolle spielten, so als hätte der Ehrgeiz sie alle gleichzeitig zur Welt gebracht mit der Aufgabe, sich später über die ganze Welt zu zerstreuen.

Er hatte genügend Herrscher kennengelernt, um zu wissen, daß sie nur von ihrem Machtstreben gelenkt wurden. Sowohl der verwöhnte Huascar mit seinen fünftausend Konkubinen wie auch der mystische Kaiser Karl, der blutrünstige Atahualpa oder der asketische Pizarro, von dem böse Zungen behaupteten, daß er mit seinen mehr als fünfzig Jahren noch unberührt war, verband der unbändige Wunsch, ihren Willen durchzusetzen, koste es, was es wolle, als stellte der blinde Gehorsam des Volkes ihre einzige Lebensgrundlage dar.

Jenes furchterregende Bedürfnis zu befehlen hielt er immer schon für die mörderischste Knechtschaft; rein logisch betrachtet machte man sich durch Befehle zwangsläufig abhängig von denen, die einem gehorchten, und er, Alonso de Molina, würde immer Alonso de Molina bleiben, dort, in Ubeda oder mitten auf dem Ozean, während der allmächtige Kaiser Karl das nicht mehr wäre, sobald er auch nur einen Schritt vor die Grenzen seines Reiches tat und allein war. Einen Druck von Tausenden von Menschen im Nacken sitzen zu haben, denen man sagen mußte, was sie tun sollten, stellte für ein so freiheitsliebendes Individuum wie ihn einen zu hohen

Preis dar. Daher hatte er vor langer Zeit all diejenigen verachten gelernt, die nichts als Opfer ihrer eigenen Ruhmsucht waren.

Der *inka* Huascar hatte seine Untergebenen in simple Marionetten verwandelt, Atahualpa in reine Soldaten, und wenn Pizarro das Land eroberte, würden sie unter ihm zu Sklaven im Dienste von Kirche und Krone gemacht. Während er in einer Ecke des Hofes saß und der Regen heftig auf die Stadt niederzuprasseln begann, fragte sich der Andalusier das ein oder andere Mal, was sich am Schicksal dieser armen Leute wohl änderte, wenn sie von einem zum anderen gereicht würden.

»Eine Gesellschaftsordnung wird zerstört und durch eine andere ersetzt; dem armseligen Landbewohner wird es nichts einbringen, genausowenig dem einsamen Hirten auf dem Altiplano; es wird höchstens mehr Glaubenskämpfe und Rassenhaß geben.«

Er wußte, daß es so ausgehen würde, weil er es an all den Orten gesehen hatte, die seine Landsleute zuvor erobert hatten, denn trotz aller anscheinend gutgemeinter Gesetze und der Bemühungen von Männern wie Fray Bartolomé de las Casas versuchten die meisten spanischen Capitánes nach der Landnahme im allgemeinen nichts anderes, als mit Gewalt eine Religion und Gebräuche einzuführen, die häufig der Charakteristik und den Bedürfnissen der Eingeborenen diametral entgegenliefen.

Der Analphabet Pizarro hatte keinen Grund, mit der eigenständigen Kultur friedlicher und respektvoller umzugehen als Cortés, Balboa, Alvarado oder irgendein anderer der vielen Eroberer, die er seit seiner Ankunft in der Neuen Welt kennengelernt hatte. Alles würde am Ende geplündert, die Spuren einer tausendjährigen Geschichte verwischt. Alonso de Molina war sich völlig im klaren, daß mit dem Degen, der Köpfe abschlug, immer das Kreuz einherging, das Anschauungen einengte, und mit den Soldaten, die Paläste plünderten und Frauen vergewaltigten, fanatische Priester, die Tempel anzündeten und Bildnisse zerstörten. Daher befiel ihn eine tiefe Furcht um die Zukunft der herrlichen Gebäude, die er in Cuzco bewundert hatte, und all die anderen im »Alten Kondornest«, deren Anblick ihm nicht vergönnt war.

Dann verstrichen zwei Tage, ohne daß ihm Mayta Roca, der Gouverneur, seine üblichen Besuche abstattete oder die Dienstmagd, die ihm das Essen brachte, ihm irgendeine Erklärung dafür lieferte, bis eines bleigrauen Nachmittags, der die großen sintflutartigen Regenfälle ankündigte, ein Klageschrei aus der Ferne ertönte, immer lauter werdend, so daß sich ihm die Haare sträubten, bis er die ganze Stadt erfüllte.

Ein Volk weinte, und der Schmerz schlug gegen die Hausmauern, gegen die Steilwände der Gebirge, welche die tiefste, je geäußerte Verbitterung wie ein Echo zurückwarfen.

Huascar ist tot!

Der *inka* ist tot!

Gott ist tot!

»Atahualpa hat den Befehl erteilt, ihn zu ermorden, und Calicuchima hat ihn ausgeführt«, erklärte ihm in der gleichen Nacht der um Jahre gealterte Urco Capac niedergeschmettert. »Sie haben ihn bei lebendigem Leibe zerstückelt: zu fünft rissen sie ihm einen Arm aus, den Calicuchima und seine Offiziere brieten und unter den Augen Huascars vor Ort verzehrten. Dann stach ihm der General ein Auge aus und aß es ebenfalls. Später machten sie sich über den anderen Arm her, und dann über seinen Kopf, den sie solange gemeinsam verrenkten, bis er sich vom Rumpf löste. Niemand hätte ein so grausames Ende für möglich gehalten!«

»Was für Tiere!«

»Er war doch Gott, der Sonnensohn!« jammerte der Greis. »Und was soll nun aus uns werden?« schluchzte er leise. »Welches Schicksal erwartet ein Volk, in dem die Menschen sich gegenseitig zerfleischen?«

Der Spanier wußte keine Antwort, weil ihm der schreckliche Tod des Mannes sehr naheging, den er als den Allmächtigen Herrn eines gigantischen Imperiums kennengelernt hatte, ein Mann, dem er die stumme Angst vor einer Zukunft angesehen hatte, die allen Voraussagen nach mörderisch enden sollte. Nicht in seinen schlimmsten Träumen hätte sich Huascar ausmalen können, daß er einmal an einer kannibalistischen Zeremonie teilnehmen sollte, in der er als Opfer und Zeuge zugleich auftrat, und daß sein eigener Bruder, mit dem er als Kind gespielt hatte, einen so grausamen Festakt abhalten ließ.

Urco Capac hatte ermattet auf dem Boden Platz genommen. Er lehnte den Kopf an die hohe Mauer und schaute zu den Sternen auf. »Manchmal wünschte ich, alles begänne zu wachsen und zu wachsen, bis es über uns zusammenfiele und uns erschlüge«, sagte er. »Eine solche Katastrophe ginge schneller und erträglicher vonstatten als dieser schleichende Umwandlungsprozeß, den mein Volk schweigend bis ans Ende seiner Tage zu erdulden haben wird. Unser Schicksal ist besiegelt.«

Der Spanier wollte nicht darauf eingehen, weil er wußte, daß der Alte recht hatte und Huascars Tod dem gerissenen Pizarro genau die ersehnte Chance bieten würde; der jedenfalls wußte, daß mit Atahualpa in seiner Gewalt es niemanden mehr gab, um den sich Widerstand gegen die Eroberer formieren konnte. Mit der Hinrichtung des *inkas* hatte der grausame, törichte Calicuchima auch den Schauplatz des Imperiums selbst zerstört, weil fünf Millionen Männer und Frauen mit einem Schlag gar kein Volk mit einem gemeinsamen Ziel vor Augen mehr darstellten. Wer würde ihnen nun sagen, was sie tun sollten? Wer würde die Richtlinien für die Gemeinschaftsarbeit festlegen, die Feiertage, die Verteilung der Ernte, den Zeitpunkt für eine Hochzeit oder den Ehepartner bestimmen? Und wer sollte nun bestimmen, welche Gottheiten sie anzubeten hatten und welche nicht?

Sie, ihre Eltern, Großeltern, Urgroßeltern, Ururgroßeltern waren im Schatten der Sonnensöhne, die im Goldpalast von Cuzco lebten, geboren und aufgewachsen, sie hatten sich vermehrt und waren gestorben, aber plötzlich entdeckten sie, daß jene Halbgötter sich gegenseitig zerfleischten und sie ihrem Schicksal überließen, während andere, neue Götter, möglicherweise so falsch wie die vorherigen, sich auf den Rücken von furchteinflößenden, wiehernden Tieren ungehindert durch das Land bewegten.

Was würde nun geschehen?

Genau wie Alonso de Molina es sich gedacht hatte: Es geschah gar nichts. Sie führten nur emsig den letzten Befehl aus, den sie erhalten hatten, schickten das gesamte Gold des Imperiums nach Cajamarca und warteten panikerfüllt die nächsten Befehle ab.

Diese Befehle erfolgten aber nicht. Und sie sollten nie erfolgen.

Die spanischen Capitánes reisten mit einer kleinen Eskorte von einem Dutzend Bogenschützen quer durch das Land, und ganze Heere von Inkas schauten tatenlos zu. Mit Fußtritten, Steinwürfen oder ein paar Fausthieben hätten sie sie einfach umbringen können, aber ihr eingefleischter Fatalismus und eine unbesiegbare, abergläubische Angst hielten sie davon ab, auch nur den Kopf zu heben. So drangen ein halbes Dutzend bärtiger, in Metall gekleideter Ungeheuer unversehens in die Hütten ein und vergewaltigten die Frauen, aber niemand wehrte sich; ein Bogenschütze jagte einem Landbewohner aus Spaß einen Pfeil in den Kopf, und kein Zweig bewegte sich; die Schätze und Götter der Tempel wurden geraubt, und die Welt drehte sich unermüdlich weiter, denn eine gesamte Nation, die bis dahin funktioniert hatte, war plötzlich einer unerklärlichen Starre zum Opfer gefallen.

Einzig die »Geheime Stadt« schien die gleiche zu bleiben, weil ihr unbändiger, auf Fortbestand ausgerichteter Geist genau das war, was der *inka* Pachacutec ihr bei ihrer Gründung wohlweislich eingepflanzt hatte. Mehr als hundert Jahre lang hatte sich das »Alte Kondornest« nur auf die schwierige Prüfung vorbereitet, die gerade bevorstand. Der Gouverneur Tito Amauri hielt eine außerordentliche Versammlung im Ältestenrat ab und teilte mit, daß das Unternehmen, das Fort Sacsaywaman zu überfallen, nicht durchgeführt würde. Nach einer wirren Rede, in der er jede persönliche Meinungsäußerung vermied, stellte er zur Abstimmung, ob man die Oberherrschaft Atahualpas annahm oder nicht, denn der *inka,* dessen treue Anhänger sie gewesen waren, existierte nicht mehr.

Der Geschichtswissenschaftler Airy Huaco drückte in einem kurzen Beitrag, in dem seine Stimme einer gewissen Dramatik nicht entbehrte, das allgemeine Empfinden aus: »Atahualpa ist nach wie vor ein Bastard, Thronräuber, Verräter, Mörder und Brudermörder. Als er in Gefangenschaft saß, wäre es seine Pflicht gewesen, Huascar zu befreien, damit dieser sich den Fremden widersetzen und sie aus dem Land hätte jagen können. Die internen Auseinandersetzungen hätten zu einem späteren Zeitpunkt gelöst werden können. Statt dessen stellte er seine eigenen Interessen denen des Imperiums voran. Daher halte ich ihn für unwürdig, über Pachacutecs heilige Stadt zu herrschen. Ich schlage aus diesem Grund vor, daß wir Manco Capac, Huascars Sohn, als einzigen *inka* anerkennen.«

Der Antrag wurde einstimmig angenommen. Dem Höchsten Priester, Tici Puma, trug man an, heimlich nach Cuzco zu reisen und seinem Großneffen die Entscheidung des Ältestenrates zu übermitteln, der zufolge er als der einzige Erbe des Imperiums und unbestrittener Gebieter über das »Alte Kondornest« galt.

Topa Yupanqui fiel noch kurz vor Abschluß der Sitzung ein zu fragen: »Was machen wir mit Alonso de Molina?«

In dieser Frage fand sich jedoch keine so einfache Lösung wie im Falle der Anerkennung eines *inkas.* Während Airy Huaco die Gruppe anführte, die sich für eine sofortige Hinrichtung aussprach, argumentierten Urco Capac und der Architekt Mayta Roca, dies sei ein sinnloser Tod, töricht und uneffektiv. »Immerhin ist er nicht nur mein Schwiegersohn und ein Mann, der bereit war, Huascar zu befreien, sondern auch der einzige Fremde, der unsere Sprache spricht, unsere Sitten kennt und durch Blutsverwandtschaft an uns gebunden ist«, meinte der Astrologe. »Ihn zu töten, wäre ein großer Fehler, ein Verrat und eine Ächtung meiner Person und meiner Würde, denn schließlich habe ich persönlich ihn dazu bewegt, unter meinem Schutz in meiner Sänfte mitzukommen.« Er schaute einen nach dem anderen an und fügte hinzu: »Ich erinnere euch daran, daß die Vollversammlung des Ältestenrates mich gebeten hat, ihn zu holen.«

»Das stimmt«, gab Tito Amauri zu, und dessen Meinung fiel gewöhnlich stark ins Gewicht. »Sein Tod wäre absurd und seiner unwürdig. Aber was sollen wir mit ihm tun? Als Gouverneur darf ich nicht zulassen, daß er sich mit den einzelnen Gegebenheiten der Stadt vertraut macht.«

»Laß ihn, wo er ist.«

»Für immer?«

»Zumindest bis wir eine bessere Lösung finden. Vielleicht wäre es sinnvoll, ihn als Unterhändler zu Pizarro zu schicken; er könnte ihn bitten, Manco Capac als Herrscher noch über Atahualpa anzuerkennen.«

»Glaubst du, jemand sei so blöd und akzeptiert einen *inka,* der frei ist und ihm Widerstand leisten kann, während er den einzigen Herrscher, den es derzeit gibt, in seiner Gewalt hat?« fragte Topa Yupanqui. »Ich würde jedenfalls jeden auslachen, der mir einen derartigen Vorschlag macht.«

Der Botaniker bewies wieder einmal seine unbestrittene Fähigkeit, den Nagel auf den Kopf zu treffen. Daher kam der Rat insgesamt zu dem Schluß, daß es gerade keine andere Möglichkeit gab, als den Spanier eingesperrt zu halten und den nächsten Ereignissen entgegenzusehen, die sicherlich nicht lange auf sich warten lassen würden.

»Das ist ungerecht!« protestierte Alonso de Molina, als der Gouverneur ihm auf einem Besuch die Entscheidung des Ältestenrates mitteilte. »Ich bin auf das Wort von Urco Capac hin gekommen und habe bisher meinen Teil des Vertrags eingehalten. Wenn dir nicht paßt, daß ich die Stadt kennenlerne, dann laß mich wenigstens gehen.«

»Wohin?«

»Dorthin, wo ich mit meiner Familie ein friedliches Leben führen kann. Laut Vertrag würdet ihr mir einen Ort zur Verfügung stellen, an dem ich mich mit Naika und Shungu Sinchi niederlassen kann, wenn ich euch helfe, Huascar zu befreien.«

»Huascar ist tot, und das Land befindet sich derzeit in der Hand Calicuchimas, Quisquis' oder einiger *Viracochas*, die du unserer Ansicht nach auf keinen Fall treffen darfst. Du würdest ihnen unter Umständen von diesem Ort berichten und sie damit auf unsere Fährte setzen.«

»Das Geheimnis würde ich nie verraten, das weißt du.«

»Möglicherweise«, lenkte Tito Amauri ein. »Aber ich kann nie völlig sichergehen.« Er hatte sich auf einen kleinen Hokker gesetzt. Man merkte ihm seine Erschöpfung an. »In dieser Zeit habe ich dich zu schätzen und dir zu vertrauen gelernt«, fügte er hinzu. »Aber nur auf persönlicher Ebene. Offiziell, als Gouverneur des ›Alten Kondornests‹, ist es meine Pflicht, mich ohne Rücksicht auf Verluste für die Sicherheit der Stadt einzusetzen. Bevor ich das geringste Risiko einginge, würde ich dich in Stücke reißen. Solange die Spanier im Land sind, werde ich dich hier nicht fortlassen.«

»Pizarro wird niemals gehen.«

»Wenn er das Gold hat, das er sucht, wird er es tun.«

»Du irrst. Ihn persönlich interessiert doch das Gold gar nicht. Es ist lediglich eine Art, seine Männer zu bezahlen und den Kaiser zufriedenzustellen, damit der ihm freien Handlungsspielraum läßt. Was er will, ist Macht. Auf der Schwelle zur Übernahme des Imperiums wird er sich keinen Schritt zurückbewegen, nicht einmal nach seinem Tod. Er wird in Cuzco einziehen, oder er kommt auf dem Weg dorthin um.«

»In dem Fall wirst du diesen Ort nie wieder verlassen.«

»Darf ich mich also als Gefangener betrachten?«

»Wir alle sind heutzutage Gefangene«, lautete die seltsame Antwort. »Du in diesen Mauern, wir in einer Stadt, die wir nie wieder verlassen dürfen, Atahualpa ist Gefangener Pizarros, und Pizarro Gefangener einer Machtgier, die ihm den Rückzug aus einem Land versperrt, das gar nicht ihm gehört.« Er blickte ihn eine Weile an und fragte ihn dann höchst interessiert: »Was treibt einen Mann wie ihn dazu, Ozeane zu überqueren und den Tod so weit von seinem Vaterland entfernt zu suchen?«

»Drüben hat er Schweine gehütet.«

Sein Gesprächspartner überlegte einen Moment und schüttelte ungläubig den Kopf. »Darin liegt zweifellos der Unterschied: Keiner von unseren Hirten würde etwas anderes anstreben, als Vieh zu hüten. Nur den Königen ist es vorbehalten, neue Länder zu erobern. Jeder weiß, wo sein Platz im Leben ist, und er rüttelt nicht daran.«

Wieder allein starrte Alonso de Molina erneut in den Regen, der sich anscheinend der Erde bemächtigen wollte, und ließ sich das Gespräch mit Tito Amauri noch einmal durch den Kopf gehen. Dabei kam er zu dem Schluß, daß dieser wie alle in der Stadt bereits wußte: die alte Prophezeiung um die zwölf Inkas stand kurz davor, Wirklichkeit zu werden, und eine Lebensweise, die vier Jahrhunderte lang vorgeherrscht hatte, ging ihrem Ende entgegen. Ein Volk, das sich vierhundert Jahre lang erfolgreich gegen eine verteufelte Orographie, ein aggressives Klima, Hunderte von wüsten Erdbeben und Dutzende von feindlichen, wilden Stämmen behauptet hatte, fand trotzdem nicht den Weg, sich gegen eine Handvoll Abenteurer durchzusetzen. Eine der ausgefeiltesten gesellschaftlichen Organisationsstrukturen stand kurz vor dem Auseinanderfallen.

26

Shungu Sinchis Sohn wurde zuerst geboren. Naika gebar eine Woche später und brachte ein weiteres Kind zur Welt, kleiner und zierlicher, aber hellhäutiger und mit Zügen, die leicht an seinen Vater erinnerten.

Dieser erhielt die Nachricht in seiner Abgeschlossenheit und wartete ungeduldig auf das Erscheinen der beiden Frauen mit ihren Kleinen, die ihm zu Beginn wie zwei behaarte Äffchen vorkamen und zunächst nichts anderes im Sinn hatten, als verzweifelt die Brüste ihrer Mütter zu suchen.

»Gefallen sie dir?«

»Ich habe etwas anderes erwartet.«

»Was denn?«

»Ich weiß nicht, weil ich nie so winzige Geschöpfe gesehen habe, aber vermutlich werden sie sich mit der Zeit verändern. Wie heißen sie?«

»Bisher haben sie noch keine Namen«, meinte Naika. »Sie werden solange keine bekommen, bis wir sie besser kennen. Bislang nennen wir meines Punjuisiqui, das bedeutet ›Schlafmütze‹, und Shungu Sinchis Huacaisiqui, das bedeutet ›Heulpeter‹.«

»Punjuisiqui und Huacaisiqui«, sprach der Spanier nach. »Das klingt wie Zungenbrecher.« Er zeigte mit einer Armbewegung fatalistisch auf seine Umgebung. »Wenigstens werde ich hier reichlich Zeit haben, um sie mir einzuprägen.«

»Wie lange werden sie dich noch eingesperrt halten?«

»Schwierige Frage!« entgegnete er und zuckte die Achseln. »So wie es aussieht, lassen sie mich nicht lebend gehen.« Abwesend streichelte er einem der Kleinen das Kinn. »Und dafür habe ich Verständnis«, erklärte er resigniert. »Tito Amauri ist kein schlechter Mensch, aber ich an seiner Stelle würde mich so schnell wie möglich einer so schweren Belastung, wie ich sie derzeit darstelle, entledigen.«

»Mein Vater wird nie zulassen, daß dir etwas zustößt.«

»Dein Vater ist nur eines der Ratsmitglieder und wird sich dem allgemeinen Willen beugen müssen.« Er ergriff die Hände von beiden und streichelte sie liebevoll. »Und wenn mir nur die Wahl bleibt, den Rest meines Lebens zwischen diesen Mauern zu verbringen, möchte ich lieber so schnell wie möglich sterben. Ich weiß, daß ich lebe, um zu sterben, aber nicht hinter Gittern.«

»Wir werden dir bei der Flucht helfen!«

Der Andalusier lächelte traurig. »Wie? Mit den beiden Rotznasen auf dem Rücken?« entgegnete er kopfschüttelnd. »Das ist auch keine Lösung. Gemeinsam könnten wir nicht flüchten, alleine hätte ich dazu auch keine Lust. Wohin sollte ich gehen? Zu Pizarro? Der würde anfangen mich auszufragen, und wenn der Wind von der Existenz dieses Ortes bekommt, dann wird er ihn finden, und wenn er jeden Stein in diesem Land umdrehen müßte.«

»Warum ist deinen Leuten Gold so wichtig?« erkundigte sich Shungu Sinchi. »Ihm derartig hinterherzulechzen, kommt mir äußerst kindisch vor.«

»In meinem Land gibt es kaum Gold, so daß es zum Symbol für Reichtum und Macht geworden ist. Wer Gold besitzt, besitzt alles.«

»Meine Mutter erzählte mir, daß es drüben in den Wäldern des Ostens eine Gegend gibt, in der man keine Steine findet«, meinte Naika.

»Es gibt nichts als Flüsse, Bäume, sumpfigen Boden, so daß für die *inkas* jener Gegend ein Stein das Symbol für Reichtum und Macht darstellt. Seid ihr etwa so primitiv wie die *inkas?«*

»Das ist sehr gut möglich«, sagte er. »Obgleich ich gestehen muß, daß ich gar nicht mehr beurteilen kann, was primitiv und was zivilisiert ist, nach allem, was ich gesehen habe. Zwar habe ich mal das Gefühl, aus einer rohen Welt zu kommen, mal kommt es mir so vor, als seid ihr die Wilden, aber diese Zweifel wird die Geschichte zerstreuen müssen: Der

Verlierer wird der Wilde sein, der Gewinner der Zivilisierte. So läuft das immer.

Genauso geschah es Wochen später, als am 16. Juli 1533 Pizarro, der treue Anhänger des Christentums und des Kaisers Karl, den Heiden *inka* Atahualpa auf dem dreieckigen Platz von Cajamarca hinrichten ließ, obgleich dieser bereits einen Großteil des geforderten Goldes für seine Freilassung geliefert hatte. Als Gründe wurden Thronraub und Mord an seinem Bruder Huascar angeführt.

Niemand erwähnte mit einem Wort, daß Pizarro Verhandlungen über die Freilassung Huascars geführt und das Dreifache von Atahualpas Goldmenge bezogen hatte. Ebensowenig wurde erwähnt, daß er sich heimlich mit General Calicuchima verbündet hatte, der in der Stunde der Wahrheit den *inka* gefoltert und bei lebendigem Leibe verspeist hatte. Mit seiner dreigleisigen Vorgehensweise war der skrupellose Extremeño mit einem Handstreich seine drei Hauptfeinde losgeworden, denn bei der nächsten Gelegenheit ließ er Calicuchima, diesen Verräter, verbrennen.

Der Weg nach Cuzco, dem »Nabel der Welt«, war damit frei, und wenn es niemand verhinderte, so war die restliche Eroberung des Landes nur noch ein Kinderspiel.

Diejenigen, die nicht der abgeschlossenen königlichen Kaste angehörten, verfolgten die Ankunft der Invasoren mit skeptischer Teilnahmslosigkeit, aber die anderen, für die sehr viel auf dem Spiel stand, suchten fieberhaft nach einer Lösung. Nach einer schnellen, unbemerkten Reise nach Cuzco gelang es dem Höchsten Priester der »Geheimen Stadt« mit dem blutjungen Manco Capac, erstgeborener Sohn des verstorbenen Huascars, ein Gespräch unter vier Augen zu führen.

Er warf sich seinem Großneffen zu Füßen und hielt ihm schweigend die rote Quaste, das Erkennungszeichen der *inkas*, Söhne der Sonne, entgegen.

»Was soll ich damit?« lautete die Antwort kühl.

»Sie an dich nehmen, denn ab jetzt wirst du Unser Herr sein.«

»Um wie mein Vater am Ende aufgefressen zu werden, oder erdrosselt wie mein Onkel? Was hast du mir außer einem Stück Stoff zu bieten, um mich den fremden Soldaten entgegenzustellen? Worte?«

»Und ein Heer von einer Million Männer. Das ganze Volk wird dir in die Schlacht folgen.«

»Was weiß ich schon von Schlachten? Wo sind meine Generäle? Mein Vater wurde am Apurimac geschlagen und seine Anhängerschaft ermordet. Wen soll ich zu Hilfe rufen, Quisquis und Ruminjáhui, die mich dafür hassen, daß ich der Sohn dessen bin, dessen Sohn ich nun einmal bin? Ehe ich meine Truppen diesen Verrätern in den Rachen werfe, würde ich mich lieber freiwillig im *zancay* einsperren.«

»Irgend jemanden wird es doch geben!«

»Wen?« Der junge Manco Capac war nicht bereit, sich von Versprechen leiten zu lassen. »Wen?« fragte er noch einmal fast angriffslustig. »Mit dem alten Atox würde ich mich trauen, gegen die monströsen ›Donnerrohre‹ und die tänzelnden Bestien dieser Dämonen anzutreten, aber der arme ›Fuchs‹ ist tot.« Mit einer gebieterischen Handbewegung hieß er ihn aufstehen und sagte abschließend: »Bring mir jemanden, der imstande ist, es mit den *Viracochas* aufzunehmen, und ich verspreche dir, die rote Quaste anzunehmen, mich zum *inka* zu krönen und gegen Pizarro anzugehen. Andernfalls werde ich mich auf seine Seite schlagen, sobald ich sehe, daß ich ihn nicht besiegen kann.«

»Du wirst dich mit ihm verbünden?« fragte Tici Puma aufgebracht. »Du würdest dich zum Werkzeug der Feinde deines Volkes machen lassen?«

»Wenn ich es nicht tue, dann tut es mein Neffe Toparca, der in den Händen der Invasoren zu einer Marionette verkommt. Wenn Pizarro mir den Thron anbietet, werde ich annehmen und auf die Chance warten, ihn bei der ersten Gelegenheit ins Meer zu werfen.«

»Ein gefährliches Spiel!« Tici Puma ließ sich nicht so leicht überzeugen.

»Gefährlicher wäre es, in diesem Moment mit leeren Händen einen Aufstand anzuführen«, lautete die trockene Antwort. »Noch kennen wir die *Viracochas* nicht. Wir wissen nicht, über welche Kräfte sie wirklich verfügen und welchen Nachschub sie möglicherweise von der anderen Seite des Meeres erhalten. Sie müssen eine Schwäche haben, aber solange ich die nicht entdeckt habe, werde ich mich nicht von der Stelle rühren.« Er überreichte ihm die rote Quaste. »Nimm sie mit!« befahl er. »Wenn ich bereit bin, lasse ich dir Bescheid geben.«

Tici Puma kehrte in das »Alte Kondornest« zurück in der Überzeugung, daß der junge Manco Capac einen prächtigen *inka* abgeben würde, denn er zeigte in dem kurzen Augenblick viel mehr Verschlagenheit, Klugheit und Weitsicht als sein Vater oder sein Onkel ihr ganzes Leben lang. Eigentlich hatte ihn sein Auftreten sehr an seinen Großvater Huayna Capac erinnert.

»Als erstes müssen wir Toparca, den Sohn Atahualpas, eliminieren«, erklärte er selbstsicher vor dem versammelten Ältestenrat im runden Turm der *amautas.* »Pizarro scheint ihn für den Thron in Cuzco auserwählt zu haben, und sobald er ihn einsetzt, wird er durch diesen Mittelsmann regieren und bald selbst absoluter Gebieter des Landes sein. Die Beseitigung ist daher unumgänglich.«

»Wie soll das geschehen?« wollte Tito Amauri wissen.

»Das ist doch uninteressant!« erwiderte Tici Puma abweisend. »Er muß sterben, das ist alles. Die Zukunft des Imperiums steht auf dem Spiel, weil wir nicht noch einmal riskieren dürfen, zwei *inkas* zu haben.«

»Du sitzt hier mitten im ›Alten Kondornest‹ und redest davon, ein Verbrechen zu begehen«, sagte Airy Huaco. »Fällt dir nicht auf, was das bedeutet?«

Der Angesprochene zeigte nur mit dem Finger auf ihn und

erwiderte im gleichen eiskalten Tonfall: »Hör mal gut zu, Airy Huaco! Wenn du eine Geschichte mit Zukunft haben möchtest, so ist es hier und jetzt, wo diese Geschichte geschaffen werden muß, denn sonst werden wir für immer von der Bildfläche verschwinden. Toparca soll sterben, und Manco Capac muß den Thron besteigen und einen General finden, der in der Lage ist, die Fremden zu schlagen.« Seine Stimme wurde dramatischer denn je. »Genau das, oder wir sind am Ende!«

Die übrigen Mitglieder des Ältestenrates kannten Tici Puma zu gut um zu wissen, daß er kein Freund hochtrabender Worte war, und wenn er zu einem solchen Schluß kam, so nur, weil kein anderer existierte. Daher bewahrten sie Stillschweigen und dachten über das soeben Gehörte nach. Sie versuchten sich an die Vorstellung zu gewöhnen, daß sie eine Entscheidung von historischer Tragweite zu fällen hatten, bis Topa Yupanqui, der sich durch die Ereignisse gezwungen sah, seine Kräuterbündel beiseite zu legen, um sich auf die heiklen politischen Probleme zu konzentrieren, mit merklichem Unwillen erklärte: »Es gibt ein Mittel, Toparca aus dem Weg zu schaffen. Trotz seines jugendlichen Alters wurde er von seinem Vater bereits in die Welt der Coca und der halluzinogenen Pilze eingeführt, und ich weiß, daß er sie sehr häufig in hohen Dosen nimmt.« Er legte eine kurze Pause ein. »Ich habe eine experimentelle Variante entwickelt, die ihn innerhalb von fünf Tagen umbringt, wenn er sie zwischen die Finger bekommt.«

»Wir spielen sie ihm zu«, meinte der Gouverneur, als wäre damit nur ein winziges Hindernis beseitigt. »Es bleibt nur noch das zweite Problem: Da Atox tot ist und Quisquis und Ruminjáhui nicht in Frage kommen, gibt es nicht einen angesehenen General mit entsprechenden Fähigkeiten, unsere Armee neu zu organisieren.« Er blickte die Anwesenden alle nacheinander an und fragte schließlich: «Irgendein Vorschlag?«

Naika, Shungu Sinchi und ihren Kindern wurde endlich erlaubt, in die Unterkunft Alonso de Molinas zu ziehen, der nach monatelanger Gefangenschaft in nahezu totaler Isolierung überglücklich und dankbar war, seine Familie wieder bei sich zu haben.

Die Babys hatten sich sehr verändert. Sie waren nun zwei kräftige Geschöpfe, die dem Andalusier, der seine echten, väterlichen Gefühle entdeckte, wirklich Freude bereiteten. Daher vergingen zwei der glücklichsten Wochen seines Lebens, denn er hatte trotz des Verbotes, die von Mauern umgebene Höhle zu verlassen, alles Lebensnotwendige um sich. Sogar Calla Huasi durfte ihm Besuche abstatten, und obgleich der Inka nie besonders gesprächig war, freute er sich über dessen Gesellschaft.

Calla Huasi zufolge begann sich das »Alte Kondornest« auf eine lange Isolation vorzubereiten und brach den einzigen Kontakt ab, den es über einen Weg durch unwegsame Berge noch zur Außenwelt aufrechterhalten hatte. Auf diese Weise verwandelte es sich in eine absolut eigenständige Einrichtung, die die Gebräuche, Gesetze und Überlieferungen der Inkas über Jahre oder gar Jahrhunderte hinaus erhalten sollte, je nachdem, wie lange die Invasion der Fremden andauerte.

»Wenn Pizarro Cuzco einnimmt«, meinte Calla Huasi, »verschwindet die ›Geheime Stadt‹ praktisch vom Erdboden, weil niemand außerhalb dieser Mauern ihre genaue Lage kennt und hier drinnen sie unter Todesstrafe bestimmt niemand verlassen darf.«

»Bis wann?«

»Bis der Komet, der alle siebzig Jahre am Himmel auftaucht, wiederkommt. Genau an dem Tag wird man einen Spion nach Cuzco schicken, und wenn alles beim alten ist, wird man noch mal siebzig warten müssen.«

»Siebzig Jahre! Die sind ja verrückt!«

»Findest du es schlauer, Pizarro alles ausrauben zu lassen, wie er es jetzt schon tut?«

»Nein, natürlich nicht. Aber siebzig Jahre, das ist zu lang!«

»Dieses Gesetz wurde von Pachacutec erlassen. Er kam unter dem Licht des Kometen zur Welt, den viele zwar für ein Zeichen schlechter Zeiten halten, den er aber anhimmelte.«

»Eine Stadt darf sich nicht vor der Außenwelt verschließen und wie ein Mensch verstecken«, protestierte der Spanier. »Das ist absurd!«

»Warum?« fragte der Inka überrascht. »Das ›Alte Kondornest‹ wurde so konzipiert, daß es im Verborgenen bleibt und sich selbst versorgen kann. Es hat Anbauterrassen, riesige Zisternen zur Speicherung von Wasser und Weiden für das Vieh. Ein Heer kann einen Steinwurf weit entfernt vorbeiziehen ohne zu entdecken, daß die Stadt sich hier oben befindet. Dank einer einwandfreien Kontrolle wird ein übermäßiger Anstieg der Geburtenrate und damit ein Anwachsen der Bevölkerung verhindert. Wenn sie ein Jahrhundert lang fast ohne Kontakt zur Außenwelt überlebt hat, wird sie auch tausend Jahre ohne Probleme durchhalten.«

»Wie eine Insel mitten im Gebirge?«

»Genau.«

»Und wann soll das geschehen? Wann werden die Wege endgültig gesperrt?«

»Das weiß niemand. Gerüchten zufolge reist Tici Puma noch einmal nach Cuzco, um heimlich mit Manco Capac zu konferieren. Nach seiner Rückkehr soll der Ältestenrat eine Entscheidung fällen.« Man merkte Calla Huasi an, daß ihm das Thema arg zu schaffen machte. »Das muß gut überlegt werden«, fügte er hinzu. »Sie wissen, daß der Tag, an dem sie den Befehl erteilen, für die Zukunft wegweisend sein wird.«

»Und was werden sie mit uns tun?«

»Ich habe nicht die leiseste Ahnung«, antwortete er ausweichend.

»Ehrlich nicht?«

»Nein«, erwiderte er mürrisch. »Ich vermute, daß unsere Zukunft in der Hand des Ältestenrates liegt. Du bist ein Fremder, und ich Soldat, zwei Umstände, die sich mit den Grundgesetzen dieser Stadt überhaupt nicht vereinbaren lassen.« Er legte eine lange Pause ein. »Ich fürchte, daß wir in der Stunde der Wahrheit mit nicht mehr als drei von neun möglichen Stimmen rechnen dürfen, mit der von Urco Capac, dem Gouverneur, Tito Amauri, und vielleicht noch mit der des Architekten Mayta Roca.«

»Und wenn du flüchten würdest?« ermunterte ihn der Spanier. »Dich hält hier nichts. Du bist nur wegen uns in diese Angelegenheit hineingeraten. Geh, bevor es zu spät ist.«

»Dazu ist es bereits zu spät«, gab ihm der andere mit einem flüchtigen Lächeln zu verstehen. »So schwer es ist, die Stadt zu betreten, so unmöglich ist es, sie zu verlassen. Schroff abfallende Klippen umgeben uns, und es gibt nur einen scharf bewachten Pfad, der hinunterführt. Wenn der Gouverneur zu gegebener Zeit anordnet, die Brücken zu kappen, wird niemand mehr hinunter- oder hinaufkommen. Pachacutecs Ingenieure wußten genau, was sie taten. Wenn das ›Alte Kondornest‹ verlorengeht, wird es Jahrhunderte dauern, bis man es findet, da kannst du sicher sein.«

27

Nach Tici Pumas Rückkehr aus Cuzco versammelte sich der Ältestenrat ein weiteres Mal im Turm der *amautas* und zitierte den Spanier, der bereits im Bett lag, nach langen Stunden der Beratung zu sich. Der Gouverneur Tito Amauri, der als erster das Wort ergriff, verhielt sich ganz anders als sonst; sein Aussehen entsprach nun eher dem eines kühl berechnenden Mannes, hart und allem Anschein nach fest entschlossen, sein Ziel um jeden Preis zu erreichen.

»Pizarro hat die Absicht, Cuzco in Angriff zu nehmen«, sagte er und kam wie immer gleich zur Sache. »Wenn er die Stadt erreicht, wird er das Land einnehmen, und wir werden von den Spaniern versklavt.« Er begann, heftig auf seiner Coca herumzukauen. »Zu unserem Glück ist sein Thronkandidat soeben verstorben; zu unserem Unglück ist die einzige Person, die es mit ihm aufnehmen könnte, Manco Capac, der Sohn Huascars, nicht bereit, gegen ihn anzutreten, solange er niemanden hat, der seine Truppen befiehlt.« Er sah ihm direkt in die Augen. »Wir haben beschlossen, daß du diesen Posten übernehmen sollst.«

»Ich?« fragte Alonso de Molina entgeistert.

»Genau.«

»Willst du damit sagen, daß ihr der Meinung seid, ein spanischer Capitán soll gegen seine eigenen Landsmänner und ehemaligen Waffengefährten antreten? Das ist doch heller Wahnsinn!«

»Das ist helle Verzweiflung, aber nicht heller Wahnsinn!« erklärte Tito Amauri kalt. »Wir haben keine andere Wahl, da niemand von uns weiß, mit welchen Methoden diese Fremden kämpfen, wo ihre Schwächen liegen oder wie man den Widerstand von Männern bricht, die im Besitz von riesigen Tieren und gewaltigen ›Donnerrohren‹ sind. Du erscheinst uns am besten geeignet.«

»Jeder andere ist geeigneter als ich, weil ich nicht zum Verräter geboren bin.«

»Es sind aber doch nicht mehr dein Volk und deine Leute«, meinte der Gouverneur, nachdem er den grünen Saft in seinen goldenen Napf gespuckt hatte. »Deine Frauen, deine Söhne und deine Freunde sind doch hier, und sie solltest du auch verteidigen.«

»Aber nicht, indem ich gegen die Spanier kämpfe.«

»Warum nicht? Sie sind eine Horde von Verbrechern, die alles, was ihnen in die Quere kommt, vergewaltigen und plündern. Sie haben Atahualpa und Calicuchima zur rechten Zeit hingerichtet, aber sie haben auch Hunderte von Unschuldigen ermordet, deren einziger Wunsch war, nicht zu ihren Sklaven zu werden. Wirst du denn zuschauen, wenn sie mit deinen Frauen und Kindern das gleiche tun? Sie gehören unserer Rasse an und sind in ihren Augen nicht anderes als Wilde wie für uns die *inkas* in den östlichen Wäldern.«

»Hör mal!« unterbrach ihn Alonso de Molina barsch. »Hört alle gut zu, weil ich das nicht zweimal sagen werde! Nie, unter keinen Umständen werde ich gegen die Spanier kämpfen. Man mag mich als Deserteur und Heimatlosen bezeichnen, weil ich mich von meinem Kaiser, meinem Glauben und meiner Staatszughörigkeit losgesagt habe, aber sicher werde ich mich nie in eure Streitereien einschalten. Niemals!«

»Willst du damit sagen, daß du dich nicht als einen von uns betrachtest? Als Inka?«

»Hättet ihr mich, wenn ich es wäre, so lange eingesperrt?« antwortete er beschwörend. »Tag für Tag habt ihr mich spüren lassen, daß ich ein Fremder bin, und jetzt wollt ihr das plötzlich vergessen.« Er schüttelte fassungslos den Kopf. »Wie dumm seid ihr bloß! Wenn ich meine Leute verriete und den Befehl über eure Armee übernähme, wer würde euch garantieren, daß ich mich nicht wieder gegen euch wende? Einmal Verräter, immer Verräter.«

»Deine Frauen und Kinder würden hierbleiben und mit ihrem Leben die Folgen für deine Entscheidung tragen, aber wir wollen nicht solche Extreme durchspielen.« Man merkte, daß Tito Amauri versöhnlich wirken wollte. »Du kennst deine Leute gut; du weißt, daß sie gekommen sind, um uns auszulöschen, um unser Land und unsere Kultur zu vernichten, um uns zu versklaven. Warum?«

»Weil sie überzeugt sind, daß sie etwas Besseres zu bieten haben.«

»Und haben sie das?«

»Nein, auf keinen Fall.«

»Und warum willst du uns dann nicht helfen, ihnen Einhalt zu gebieten? Wir dringen nicht in ihr Land ein, wir töten nicht ihre Männer oder vergewaltigen ihre Frauen. Wir möchten nur, daß sie gehen.«

»Sie werden aber nicht gehen. Hundertmal habe ich es gesagt: Ich kenne Pizarro und weiß, daß er nicht von seinem Unternehmen ablassen wird, nicht über seine eigene Leiche.«

»Ist dir denn sein Leben mehr wert als Naikas und Shungu Sinchis?« schaltete sich Urco Capac ein. »Oder Punjuisiquis und Huacaisiquis?«

»Nein, natürlich nicht«, meinte der Spanier. »Aber so wie ich niemals die Hand gegen sie erheben würde, werde ich sie auch nicht gegen meinen ehemaligen Capitán erheben.«

»Du wirst es tun müssen!«

Alonso de Molina wandte sich Airy Huaco zu, aus dessen Mund diese kategorische Äußerung gekommen war. »Willst du mich etwa zwingen?« fragte er aggressiv.

»Ich nicht«, lautete die erboste Antwort. »Die Vollversammlung hat es beschlossen, auch wenn sich niemand traute, es so offen auszusprechen. Du wirst nach Cuzco gehen und dich an die Spitze unserer Armee stellen, die fremdländischen Dämonen besiegen und sie ein für alle Mal ins Meer werfen. Wenn du das tust, wirst du zum General auf Lebenszeit ernannt und als neues Mitglied der königlichen Familie dem Ältestenrat des *inka* Manco Capac angehören. Ansonsten werden deine Frauen lebendig begraben und deine Kinder den Göttern geopfert, damit sie unseren Truppen den Sieg schenken.«

»Du verdammter Dreckskerl!«

Der Andalusier versuchte sich auf ihn zu stürzen, aber Tito Amauri und Urco Capac drängten sich zwischen die beiden.

»Warte!« schrie ersterer. »Airy Huaco ist nicht schuld! Was er gesagt hat, stimmt: Es ist ein einstimmiger Beschluß!«

»Einstimmig?« fragte der Spanier erstaunt und wandte sich ungläubig an Urco Capac. »Du hast also auch dafür gestimmt?«

»Die Abstimmungen im Rat sind geheim«, meinte der Gouverneur. »Aber seine Beschlüsse werden von allen getragen.

Du wirst wohl zwischen deinen Waffengefährten und deiner Familie zu wählen haben.«

»Kanaillen!«

»Keiner möchte jemanden töten, am allerwenigsten Neugeborene. Aber es handelt sich um ein ganzes Volk, um Millionen von anderen Kindern, die von jetzt an als Sklaven zur Welt kommen werden. Versteh das bitte! Uns hat man keine andere Wahl gelassen.«

»Kinder zu opfern steht niemals zur Wahl, genausowenig, einen Mann zwischen Hammer und Amboß zu stellen und von ihm zu verlangen, gegen seine eigenen Leute anzutreten.«

»Es sind nicht mehr deine Leute! Du hast es selbst oft gesagt.«

»Ja«, gab der Andalusier auf einmal erschöpft nach. »Das habe ich oft gesagt. Aber es nur zu sagen oder gar zu empfinden ist etwas anderes, als plötzlich festzustellen, daß du gar nicht mehr bei ihnen bist, sondern ihnen sogar gegenüberstehst. Das ist etwas völlig anderes!« rief er verbittert.

Mit gesenktem Kopf blieb er eine Weile auf einem steinernen Treppenabsatz sitzen. Den Kopf auf die Hand gestützt, starrte er zu Boden und lauschte dem Regen, der draußen in Strömen niederprasselte. Schließlich fragte er, ohne aufzuschauen: »Und was weiß ich schon davon, wie man eure Armee organisiert? Nie habe ich sie kämpfen sehen, ich habe keine Ahnung von ihren Kampfmethoden und ihren Strategien. Ich bin nur ein einfacher Truppenführer von Büchsenschützen und verrichte meine Arbeit gut, solange ich nicht mehr als tausend Männer unter mir habe. Einen General zaubert man nicht aus der Tasche.«

»Aber du weißt, wie ihre großen ›Donnerrohre‹ funktionieren. Du hast eins angefertigt und mit ihm den Verräter Chili Rimac getötet. Hier haben wir so viel Gold und so viele Goldschmiede, daß du sie zu Dutzenden bauen könntest, ja, zu Hunderten, und das noch zehnmal so groß.«

»Kanonen?« fragte der Andalusier und schaute zu dem

Gouverneur auf. »Bittest du mich damit, dir beizubringen, wie man Kanonen baut? Gott im Himmel!«

»Warum nicht? Wir wollen Kanonen von dir und das schwarze Pulver, das seinen Geist verkörpert.«

»Glaubst du, das reicht? Pulver und Kanonen?«

»Natürlich!« schaltete sich Airy Huaco angriffslustig ein. »Unter gleichen Voraussetzungen würden wir sie ein für alle Male ins Meer jagen!«

»So einfach ist das nicht!« sagte der Spanier selbstsicher und unnachgiebig. »Man braucht etwas mehr als Kanonen und eine Million Männer, um dem Leben Pizarros ein Ende zu setzen.«

»Ist er vielleicht Gott?«

»Nein, er ist nicht Gott. Er ist nur ein Mensch, ein Mann, und zwar ein alter. Aber hart zu besiegen.«

»Kann eine Kanone ihn umbringen?«

»Selbstverständlich!«

»Wenn das so ist, verschaff uns die Waffen, und wir erledigen ihn selbst.«

»Das bezweifle ich.«

»Warum?« fragte der Geschichtswissenschaftler ungehalten. »Warum, wenn man das erfahren darf?«

»Ganz einfach, weil es um Pizarro geht, und er hat bewiesen, daß er mit knapp zweihundert Mann imstande ist, ein ganzes Reich einzunehmen.«

»Er würde nicht weit kommen, wenn wir seine Waffen hätten!«

»Dann täte er es auch. Und wenn ich euch fünfzig Kanonen beschaffe und hundert Sack Pulver, er wird in Cuzco einziehen, selbst wenn ihr ihm eine Million Soldaten entgegenhaltet.«

»Für so unfähig hältst du uns?«

Er schüttelte heftig den Kopf. »Keineswegs, ich bewundere euch. Als Volk und als Soldaten. Ich weiß, daß ihr großartig seid und ein besseres Schicksal verdient, als Pizarro in die

Hände zu fallen. Aber er hat etwas, was über das Menschliche hinausgeht.« Er unterbrach sich für einen Moment, überlegte lange und schien am Ende eine schwere Entscheidung gefällt zu haben: »In Ordnung!« sagte er. »Ich werde Kanonen bauen und Pulver herstellen. Ich werde euch beibringen, wie man damit umgeht, aber unter einer einzigen Bedingung: Sobald diese Kanonen samt Pulver nach Cuzco geschickt werden, werde ich diese Stadt mit meiner Familie als völlig freier Mann verlassen.«

»Wohin willst du gehen?«

»In die östlichen Wälder, in das unermeßlich große Land der *inkas*, wo ich hoffentlich von Pizarro oder Manco Capac nichts mehr zu Gehör bekomme. Ich bin Krieg, Tod und das ständige Hin und Her zwischen der Treue zu meiner ehemaligen und der zu meiner jetzigen Heimat leid.« Er kratzte sich aufgewühlt den Bart. »Ich suche nur einen ruhigen Ort, wo ich gemeinsam mit denen, die ich liebe, mein Leben lebe. Das genügt mir.«

Der Höchste Priester Tici Puma schaute ihn interessiert an. Nachdem er einen verständnisvollen Blick mit dem Gouverneur ausgetauscht hatte, fragte er: »Wenn wir darauf eingingen, würdest du schwören, nie zurückzukehren?«

»Auf jeden Fall!«

»Und niemandem gegenüber die Existenz des ›Alten Kondornests‹ erwähnen?«

»Bei meiner Ehre würde ich das schwören.«

Die neun Ratsmitglieder flüsterten leise, bis schließlich Tito Amauri als amtlicher Sprecher erneut das Wort ergriff: »Wie viele Kanonen könntest du uns beschaffen?«

»Etwa fünfzig.«

»Und wieviel Pulver?«

»Hundert Sack.«

»Was bräuchtest du dazu?«

»Gold für die Kanonen, und Salpeter, Schwefel und Holzkohle für das Pulver.«

»Wirst du uns beibringen, wie man damit umgeht?« fragte Amauri zweifelnd.

»Natürlich.«

»Wie lange wirst du brauchen?«

»Das hängt von euch ab«, erwiderte der Andalusier und hob die Stimme an, da das Geräusch des Regens kurzzeitig stärker wurde. »Aber ich denke, daß in ein paar Wochen alles fertig sein kann.«

»Ich würde gern glauben, daß du uns nicht hereinlegst«, meinte Urco Capac. »Wenn du es tätest, würde mich das sehr schmerzen.«

»Euch hereinlegen?« fragte der Spanier überrascht. »Wie, zum Teufel, sollte ich euch nach der Übergabe der Kanonen und des Pulvers denn hereinlegen?«

»Das möchte ich auch wissen.«

»Hör mal!« erwiderte Alonso de Molina sichtlich bemüht, nicht die Ruhe zu verlieren. »Du hast mich einmal betrogen, indem du mich hierhergeholt hast, um mich einzusperren. Aber eines sage ich dir.« Er ließ den Arm in einem Halbkreis über alle Anwesenden schweifen. »Allen sage ich es: Es ist mir völlig gleich, was ihr tut. Ihr könnt die Spanier meinetwegen zerhacken! Ich werde jedenfalls alles tun, um den Ausgang dieses Unternehmens nicht mehr in Erfahrung zu bringen, weil ich bis dahin hoffentlich im tiefsten Urwald verschwunden sein werde. In meinen Augen werdet ihr alle gleich sein, mit den einen wie mit den anderen werde ich abgeschlossen haben.« Er schwieg für einen Augenblick, bis er schließlich herausfordernd erklärte: »Ab jetzt gibt es für mich weder Inkas noch Spanier. Ab jetzt wird für mich nur noch Alonso de Molina und seine Familie zählen. Der Rest von euch ist für mich gestorben.«

28

Es regnete. Tagelang, wochenlang. Monatelang. Die Welt schien sich in einen Vorhang aus Wasser verwandelt zu haben, der die Sicht auf die riesige grüne Weite versperrte, die sich am Fuß des letzten Gebirgsmassivs vor dem unentwirrbaren Labyrinth aus Schluchten und Bergkämmen der erhabenen, unwegsamen Östlichen Kordilleren erstreckte.

Dort an ihrem Fuße, dreitausend Meter tiefer, begann endlich der dunkle, dichte, feuchte, geheimnisvolle Urwald der wilden *inkas*, der sich über sechstausend Kilometer hinweg mit unmerklichem Gefälle den abgelegenen Ufern des Atlantischen Ozeans entgegenneigte, jenes Ozeans, der auch die spanischen Küsten umspülte.

Es regnete.

Der Boden bestand aus glitschigem Morast, auf dem man oft nur schwer das Gleichgewicht halten konnte. Sie waren bis auf die Knochen durchnäßt; nur Punyuisiqui und Huacaisiqui lagen warm und trocken in den großen Alpakafelltaschen, die ihre Mütter auf ihrem Rücken trugen.

Nach einem beschwerlichen Marsch hielten sie an und starrten versunken auf den smaragdgrünen Teppich, auf dem weiße Nebelfetzen und einzelne Wolken hier und dort ihre Spuren hinterließen, als hätte ein unsichtbarer Gnom sie aus Spaß auf ein unvorstellbar großes Stück Leinen gemalt und wieder weggewischt.

Es regnete.

Sie setzten sich auf einen Felsen und ließen das Wasser, das mittlerweile Teil ihres Lebens zu sein schien, gleichgültig auf sich niederprasseln. Schweigend betrachteten sie das Meer aus unglaublich hohen Bäumen, in das sie bald endgültig abtauchen sollten, um ein neues Leben zu beginnen, das mit dem bisher Gekannten nichts mehr zu tun haben würde.

»Da ist er«, rief Alonso de Molina am Ende aus und wies

mit einer Kopfbewegung nach vorn, »ein ganzer Dschungel für uns allein!«

»Was erwartet uns?«

Er drehte sich nach Shungu Sinchi um, die soeben diese schwierige Frage gestellt hatte. »Das weiß nur Gott allein. Obwohl ich das Gefühl habe, daß selbst der von hier oben nicht einschätzen kann, was sich dort unten abspielt.«

»Wird es das geben, was wir suchen?« forschte Naika. »Ich verlange nicht viel, nur einen Ort, an dem wir zusammensein können. Und trocken muß er sein.«

»Wenn es ihn gibt, werden wir ihn finden«, antwortete der Spanier. »Hast du Angst?«

»Ja.«

»Und du?«

Shungu Sinchi nickte und wandte sich an Calla Huasi, der nachdenklich ins Leere starrte. »Woran denkst du?«

»Ich fühle mich, als sei ich soeben noch einmal aus dem Bauch meiner Mutter gestoßen worden«, erwiderte der Inka sehr leise. »Ich hätte nie gedacht, daß ich eines Tages nicht mehr im Gebirge leben würde. Es ist, als zwänge man mich, neu geboren zu werden.«

»Noch hast du Zeit umzukehren«, meinte der Spanier.

»Nein«, lautete die Antwort entschlossen. »Ich möchte genau wie du lieber nicht erfahren, was in Cuzco geschieht und wer wen auslöscht. Ich will weiter in der Hoffnung leben, daß meine Welt die gleiche ist, daß sich nichts verändert hat und daß das Reich tausend Jahre alt wird.«

»Das hoffe ich auch«, meinte der Andalusier. »Etwas in vielerlei Hinsicht so Wunderbares verdient es nicht, vom Erdboden zu verschwinden.«

»Aber du bist nicht sicher, ob es klappt, stimmt's?«

»Nein, natürlich nicht.«

»Trotz allem, was du getan hast?«

»Ich habe nichts getan«, erwiderte Alonso de Molina, seiner Sache sehr sicher. »Überhaupt nichts.«

»Du hast das mühsam erhaltene Gleichgewicht ins Wanken gebracht.«

»Wer bin ich schon, um das Gleichgewicht der Geschichte ins Wanken zu bringen?« lautete die Antwort sanft. »Die eine Hälfte in mir fühlte als Spanier, die andere als Inka. Was sollte ich unternehmen, als meine Hände in Unschuld zu waschen und mich aus ihren Kämpfen herauszuhalten?«

»Aber du hast dich ja nicht herausgehalten.«

»Doch, das habe ich, weil ich gezwungen war, mit den einen wie mit den anderen ein sauberes Spiel zu spielen. Manco Capac steht fast eine Million Mann zur Verfügung, Pizarro Kanonen und Arkebusen. Es wäre ebenso ungerecht gewesen, Pizarro Männer zu stellen, wie Manco Capac Kanonen.«

»Aber ich habe gesehen, wie du sie ihnen gebaut hast!« wandte Calla Huasi ein. »Fünfzig Kanonen aus Gold und hundert Sack Pulver hast du ihnen geliefert! Ich habe gesehen, wie sie damit übten.«

»Bist du dir sicher?«

»Völlig sicher. Ich sah sie schießen. Alle funktionierten. Und dann habe ich gesehen, wie sie sie nach Cuzco mitnahmen. Es ist zwar eine lange Reise, aber sie müßten jetzt dort ankommen.«

»Möglicherweise«, meinte der Spanier seltsam ungerührt. »Möglicherweise funktionieren sie und werden nach Cuzco gebracht, aber so wie es manchmal besser ist, etwas zu glauben, was man nicht sieht, ist es manchmal angebracht, nicht zu glauben, was man sieht. So ist das Leben.«

»Ich begreife nicht, was du meinst.«

»Eines Tages wirst du es verstehen, aber einer Sache kannst du dir völlig sicher sein: Auch wenn diese Kanonen und Pulversäcke ihren Bestimmungsort erreichen, wird in der Stunde der Wahrheit jeder mit seinen eigenen Waffen kämpfen; je nach eigenen Verdiensten wird er gewinnen oder verlieren, aber das werden wir nie erfahren!«

»Warum?«

»Weil wir weit weg sind, sehr weit weg!«

Er stand auf, schaute zum Himmel und ließ sich wieder naß regnen. Er nahm seine Arkebuse und die wasserundurchlässige Alpakafelltasche, das einzige, worin er das Schießpulver trocken aufbewahrte, in einer Welt, die nur aus Wasser zu bestehen schien. Dann machte er sich an den gefährlichen, glitschigen Abstieg, hinab in den endlosen amazonischen Urwald, seiner neuen Zukunft entgegen.

Madrid-Lanzarote, 1987

GLOSSAR

altiplano	peruanisch-bolivianisches Hochland
amauta	Philosoph und/oder Wissenschaftler, die Weisen des Inkareichs
chasqui	Botenläufer, fliegende Boten im Stafettenlauf
curaca	Herr über Vasallen
llagta kamayoc	Weginspektor
llano	große Ebenen und Steppen
paramo	öde, kalte, meist hochgelegene Gegend
quebrada	Trockenfluß, der nur während der Regenzeit Wasser führt
quipu	Meldung in Form von Knotenschnüren
runantinya	Trommel, bespannt aus der Haut eines Feindes, Kriegstrophäe
soroche	gefürchtete Höhenkrankheit
tambo	Rasthaus
tihvantinsuyo	Reich der vier Himmelsrichtungen, Bezeichnung für das Inkareich
tortora	Binsenart
Viracocha	»Meeresschaum«, Herr der Schöpfung